高等职业教育汽车类教学改革成果教材

汽车材料

第 2 版

主　编　李明惠　谢少芳
参　编　伍文艳　蒋　波　王忠文
主　审　卢晓春

机械工业出版社

本书以高职汽车运用与维修技术专业"汽车材料"课程的教学需要来编排内容，主要介绍了现代汽车应用的各类相关材料（如黑色金属、有色金属、非金属材料等）的力学性能、组织结构、材料强化技术及其在汽车上的应用实例，以及常用汽车运行材料（如汽车燃料、汽车润滑材料与工作液、汽车轮胎和汽车美容材料）的特性和运用。

本书适合作为高等职业技术学院和高等专科学校汽车类专业学生的基础课程教材，也可供有关专业技术人员、汽车维修技师和汽车维修工参考。

本书配有电子课件，**凡使用本书作为教材的教师**可登录机械工业出版社教育服务网（www.cmpedu.com）注册后免费下载。咨询电话：010-88379375。

图书在版编目（CIP）数据

汽车材料/李明惠，谢少芳主编. —2 版. —北京：机械工业出版社，2020.7（2024.2 重印）

高等职业教育汽车类教学改革成果教材

ISBN 978-7-111-66244-0

Ⅰ.①汽… Ⅱ.①李… ②谢… Ⅲ.①汽车—工程材料—高等职业教育—教材 Ⅳ.①U465

中国版本图书馆 CIP 数据核字（2020）第 140038 号

机械工业出版社（北京市百万庄大街 22 号　邮政编码 100037）
策划编辑：葛晓慧　责任编辑：葛晓慧　谢熠萌
责任校对：潘　蕊　封面设计：严娅萍
责任印制：李　昂
北京中科印刷有限公司印刷
2024 年 2 月第 2 版第 6 次印刷
184mm×260mm・14.25 印张・349 千字
标准书号：ISBN 978-7-111-66244-0
定价：45.00 元

电话服务　　　　　　　　　网络服务
客服电话：010-88361066　　机 工 官 网：www.cmpbook.com
　　　　　010-88379833　　机 工 官 博：weibo.com/cmp1952
　　　　　010-68326294　　金 书 网：www.golden-book.com
封底无防伪标均为盗版　　机工教育服务网：www.cmpedu.com

前言

　　本书是在第1版的基础上修订而成的，本书第1版自2002年出版以来，得到了国内同类院校的认可和采用。根据教育部有关汽车运用与维修技能型紧缺人才示范性培养培训基地建立及国家示范性高等职业院校及重点专业建设的要求，本书以近年来汽车运用与维修专业系列课程体系改革的研究与实践成果为基础，以加强实践、培养学生的技术应用能力为出发点，紧跟社会进步和技术的发展，力求保持职业教育的鲜明特色，以汽车材料的性能和运用为主题优化课程内容，并及时反映汽车新材料、新技术和新成果，以适应社会对汽车类专业人才的需求，达到实用化与综合化兼顾的目标。

　　与第1版比较，本次修订主要优化体现在以下几个方面。

　　1）结合汽车技能型紧缺人才的培养要求，调整优化汽车材料课程内容。

　　2）根据汽车新技术、新材料、新结构的发展，更新了与行业联系紧密的实例和图表。

　　3）适当调整材料结构部分的内容及难度，满足汽车制造与维修技术高等技能型人才的知识结构要求。

　　4）更新了汽车新技术、新标准和新材料的应用，突出专业性和技能培养与应用，适应汽车技能型紧缺人才培养的需求。

　　本书分项目介绍了金属材料的力学性能、黑色金属材料、有色金属材料、非金属材料、汽车零件的选材、汽车燃料、汽车润滑材料与工作液、汽车轮胎、汽车美容材料。

　　本书共九个项目。其中，绪论、项目一由李明惠编写；项目二、项目五由谢少芳编写；项目四、项目六由伍文艳编写；项目三、项目七由蒋波编写，项目八、项目九由王忠文编写。本书由李明惠、谢少芳任主编，并负责全书的统稿工作。

　　本书由广东交通职业技术学院卢晓春主审，卢晓春对本书的编写工作进行了悉心指导和大力支持，在此深表感谢。在本书的编写过程中，我们参考了大量资料和文献，在此对原作者表示深切的谢意。

　　由于编写者水平有限，书中难免有不足之处，欢迎读者批评指正。

编　者

目 录

前　言

二维码索引

绪论 ··· 1

项目一　金属材料的力学性能 ·· 8
　课题一　强度与塑性 ·· 9
　课题二　硬度 ··· 11
　课题三　韧性与疲劳极限 ··· 14
　项目小结 ··· 15
　强化训练 ··· 15

项目二　黑色金属材料 ·· 17
　课题一　钢铁材料的生产 ··· 17
　课题二　金属的晶体结构与结晶 ·· 18
　课题三　铁碳合金 ··· 24
　课题四　碳钢 ··· 28
　课题五　钢的热处理 ·· 30
　课题六　合金钢 ·· 40
　课题七　铸铁 ··· 48
　课题八　粉末冶金材料简介 ·· 53
　项目小结 ··· 56
　强化训练 ··· 56

项目三　有色金属材料 ·· 59
　课题一　铝及铝合金 ·· 59
　课题二　铜及铜合金 ·· 65
　课题三　其他有色金属简介 ·· 71
　课题四　滑动轴承合金 ··· 74
　项目小结 ··· 77
　强化训练 ··· 77

项目四　非金属材料 ··· 79

课题一	橡胶	80
课题二	玻璃	84
课题三	塑料	88
课题四	陶瓷材料	93
课题五	复合材料	98
课题六	摩擦材料	103
课题七	胶黏剂	104
课题八	涂装材料	108
课题九	隔热、隔光、隔声及密封材料简介	111
项目小结		113
强化训练		114

项目五 汽车零件的选材

课题一	零件的失效分析	116
课题二	零件的选材原则	119
课题三	典型汽车零件的选材	122
项目小结		132
强化训练		132

项目六 汽车燃料

课题一	石油与石油产品的基础知识	134
课题二	汽油	139
课题三	轻柴油	145
课题四	汽车新型清洁能源	152
课题五	油料的技术管理	156
项目小结		160
强化训练		160

项目七 汽车润滑材料与工作液

课题一	机油	164
课题二	车辆齿轮油	172
课题三	润滑脂	176
课题四	汽车制动液	179
课题五	液力传动油	183
课题六	汽车其他工作液	184
课题七	在用机油的质量监测	189
项目小结		195
强化训练		196

项目八 汽车轮胎

课题一	轮胎的作用、分类及组成	199
课题二	轮胎的合理使用	203
项目小结		207

强化训练 ………………………………………………………………………………… 207
项目九　汽车美容材料 ……………………………………………………………… 209
　课题一　汽车美容概述 ………………………………………………………………… 209
　课题二　常用汽车美容材料的品种与分类 …………………………………………… 211
　课题三　常用汽车美容材料的选用及美容护理工艺 ………………………………… 215
　项目小结 ………………………………………………………………………………… 217
　强化训练 ………………………………………………………………………………… 217
参考文献 …………………………………………………………………………………… 219

绪 论

材料是人类生产和生活所必需的物质，人类社会的发展过程中各种材料不断被开发和利用。目前，世界上已存在的自然材料和人工材料有近百万种，自然材料仅占 1/20，其余均为人工材料。世界上绝大多数的生产和生活用品是采用人工材料制造的。在现代工业中，材料、能源、信息被称为现代科技三大支柱，而能源和信息的发展在某种程度上依赖于材料的进步。因此，材料科学在现代工业中占有举足轻重的地位。

同样，材料是汽车工业的基础。汽车工业作为现代工业社会的一个重要标志，带动和促进着石油、化工、电子、材料等工业，以及交通运输、旅游等 30 余个其他行业的发展，在国民经济中占有着重要的地位。据统计，世界上每年钢材产量的 1/4、橡胶产量的 1/2、石油产品的 1/2，均用于汽车及其相关工业。

据统计，汽车上的零部件采用了 4000 余种不同的材料加工制造。从汽车的设计、选材、加工制造，到汽车的使用、维修和养护，无一不涉及材料。以现代轿车用材为例，按照质量来换算，钢材占汽车质量的 55%~60%，铸铁占 5%~12%，有色金属占 6%~10%，塑料占 8%~12%，橡胶占 4%，玻璃占 3%，其他材料（油漆、各种液体等）占 6%~12%。在本书中，我们将系统地介绍汽车应用材料的基础知识，使学生对汽车上应用的各种工程材料及汽车在运行过程中使用的各种运行材料有基本的了解。

一、汽车材料概述

汽车材料是指生产汽车以及汽车在运行过程中所用到的材料。按照用途来分，一般将其划分为汽车工程材料和汽车运行材料。

（一）汽车工程材料

工程材料指用于机械、车辆、船舶、建筑、化工、能源、仪器仪表、航空航天等工程领域中的材料。它既包括用于制造工程构件和机械零件的材料，也包括用于制造工具的材料和具有特殊性能的材料。汽车工程材料指用于制造汽车零部件的材料。

汽车工程材料大致可分为金属材料和非金属材料两大类。常用汽车工程材料的分类如图 0-1 所示。

1. 金属材料

金属材料是目前汽车上应用最广泛的工程材料。工业上，通常把金属材料分为两大部分：黑色金属和有色金属。黑色金属指钢铁材料；有色金属指除钢铁材料以外的所有金属材

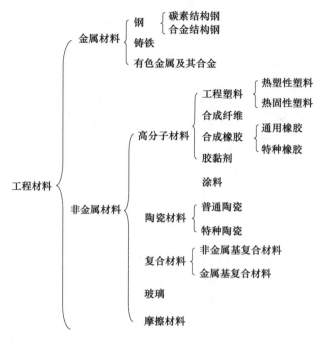

图 0-1　常用汽车工程材料的分类

料，例如铝、铜、镁及其合金。按照特性来分，有色金属可分为轻金属、重金属、贵金属、稀有金属和放射性金属等多个种类。

钢铁材料在我国汽车工业生产中仍占主流地位。一辆中型载货汽车上钢铁材料的质量约占汽车总质量的3/4。钢铁材料最大的特点是价格低廉，比强度（强度/密度）高，便于加工，因而得到广泛的应用。汽车用钢铁材料有钢板、结构钢、特殊用途钢、钢管、烧结合金、铸铁及部分复合材料等，主要用于制造车架、车轴、车身、齿轮、发动机曲轴、气缸体、罩板、外壳等零件。

有色金属因具有质量小、导电性好等钢铁材料所不及的特性，在现代汽车上的用量呈逐年增加的趋势。例如：铝合金材料具有密度低、强度高和耐蚀性好的特性，在轿车的轻量化中占举足轻重的地位。据统计，近10年来，轿车上的铝及其合金用量已从占汽车总质量的5%左右上升至10%左右。此外，采用新型镁合金制造的凸轮轴盖、制动器等零部件，可以减轻重量和降低噪声。在轿车制造行业，采用铝、镁、钛等轻金属替代钢铁材料减轻自重，是轿车轻量化的一个重要手段。

2. 高分子材料

高分子材料属于有机合成材料，亦称聚合物。高分子材料可分为天然高分子材料（如蚕丝、羊毛、油脂、纤维素等）和人工合成高分子材料。后者因具有较高的强度、良好的塑性、较强的耐蚀性、很好的绝缘性和较小的质量等特点，很快成为工程上发展最快、应用最广的一类新型结构材料。在工程上，根据人工合成高分子材料的力学性能和使用状态，一般将其划分为塑料、合成纤维、橡胶、胶黏剂和涂料等种类。

塑料主要指强度、韧性和耐磨性较好的，可用于制造某些零部件的工程塑料。塑料具有价廉、耐蚀、降噪、美观、质量小等特点，它正式应用于汽车始于20世纪60年代石油化工工业的兴盛期。现代汽车上的许多构件，例如汽车保险杠、汽车内饰件、高档车用安全玻璃、仪表板等零部件，均采用工程塑料制造，与钢铁材料相比其更具有安全性，并可降低造价，大大改善了汽车的安全性、舒适性和经济性。

其他高分子材料在汽车上也有着广泛的应用。合成纤维是由单体聚合而成的具有很高强度的高分子材料，例如常见的尼龙、聚酯等。汽车的坐垫、安全带、内饰件等，多数是由合成纤维制造的。橡胶通常用来制造汽车的轮胎、防振橡胶、软管、密封带、传动带等零部件。各种胶黏剂起到黏接、密封等作用，并可简化制造工艺。各种车用涂料对车身的防锈、美化及提升商品价值有不可忽视的作用。

3. 陶瓷材料

陶瓷材料是人类最早利用自然界提供的原料进行加工制造而成的材料，具有耐高温、硬度高、脆性大等特点。陶瓷材料属于无机非金属材料，主要为金属氧化物和非金属氧化物。传统的陶瓷多采用黏土等天然矿物质原料烧制，而现代陶瓷则多采用人工合成的化学原料烧制。典型的工业用陶瓷材料有普通陶瓷和特种陶瓷等。

普通陶瓷（传统陶瓷）主要为硅、铝氧化物的硅酸盐材料；特种陶瓷（现代陶瓷）主要为高熔点的氧化物、碳化物、氮化物、硅化物等的烧结材料。近年来，金属陶瓷得到了发展，金属陶瓷主要指用陶瓷生产方法制取的金属与碳化物或其他化合物的粉末制品。陶瓷在汽车上的最早应用是制造火花塞。现代汽车中，陶瓷的用途得到大大拓展：一部分陶瓷作为功能材料被用于制作各种传感器，例如爆燃传感器、氧传感器、温度传感器等部件；另一部分陶瓷则作为结构材料替代金属材料制作发动机和热交换器零件。近年来，一些特种陶瓷用于制造发动机部件或整机、气体涡轮部件等，可以达到提高热效率、降低能耗、减轻自重的目的。

4. 玻璃

玻璃的主要成分是SiO_2。汽车上使用的玻璃制品主要为窗玻璃，要求其具有良好的透明性、耐候性（对气温变化不敏感）、足够的强度和很高的安全性。因而，汽车用玻璃必须是安全玻璃，主要有钢化玻璃、区域钢化玻璃、普通复合玻璃和 HPR（High Penetration Resistance）夹层玻璃等几种类型。其中，HPR 夹层玻璃是具有高穿透抗力的夹层玻璃。当汽车受到冲撞时，乘员若撞到车窗玻璃，HPR 玻璃不会被击穿，从而避免了乘员因玻璃碎裂而受伤的危险。在欧美等国家或地区，已规定前风窗玻璃只允许使用 HPR 夹层玻璃。

5. 复合材料

复合材料指由两种或两种以上不同材料组合而成的材料。由于它是由不同性质或不同组织结构的材料以微观或宏观形式组合形成的，因此不仅保留了组成材料各自的优点，而且具有单一材料所没有的优异性能，在强度、刚度、耐蚀性等方面比单纯的金属材料、陶瓷材料和高分子材料都优越。

原则上来说，复合材料可以由金属材料、高分子材料和陶瓷材料中任意两种或几种制备而成。按基体材料的种类来分，复合材料可分为非金属基复合材料和金属基复合材料两大类。非金属基复合材料指以聚合物、陶瓷、石墨、混凝土为基体的复合材料，其中纤维增强聚合物基和陶瓷基复合材料最常用；金属基复合材料指以金属及其合金为基体，与一种或几种金属或非金属增强的复合材料。

复合材料是一种具有很大发展前途的工程材料。它起初主要应用于宇航工业，近年来在汽车工业中逐步得到应用。对于汽车车顶导流板、风窗框等车身外装板件，采用纤维增强聚合物基复合材料（FRP）制造，具有质量小、耐冲击、便于加工异形曲面、美观等优点；汽车柴油发动机的活塞顶、连杆、气缸体等零件，采用纤维增强金属基复合材料（FRM）来制造，可显著提高零件的耐磨性、热传导性、耐热性，并能减小热膨胀。

（二）汽车运行材料

汽车运行材料通常指汽车赖以运行并且在运行过程中因消耗而需不断补充、更新的消耗性材料，主要包括燃料、润滑油、工作液及轮胎等。这些材料大多属于石油产品。汽车运行材料的分类如图 0-2 所示。

随着汽车结构、性能和运行条件的变化，以及引进国外新型汽车和先进汽车技术等不断增加，汽车对运行材料提出了更高的要求，使燃料、润滑剂和轮胎等的新品种、新规格也不断增多。因此，了解汽车运行材料的性能和规格，掌握使用技术和管理知识，对充分发挥汽车的使用性能、保证安全运行、节约能源、减少环境污染、降低运输成本都有着重要的意义。

1. 燃料

燃料通常指能够将自身储存的化学能通过化学反应（燃烧）转变为热能的物质。汽车燃料主要指汽油和轻柴油。汽油作为点燃式发动机（汽油机）的主要燃料，是从石油中提炼出来的密度小、易于挥发的液体燃料。

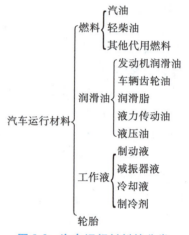

图 0-2 汽车运行材料的分类

轻柴油（可简称柴油）是车用高速柴油机的燃料。与汽油相比，轻柴油的密度较大，易自燃。

2. 润滑油

汽车用润滑油主要包括发动机润滑油（机油）、车辆齿轮油、润滑脂、液力传动油、液压油等。由于汽车可运行的地域辽阔，各地区的气候条件相差很大，因而对汽车用润滑油的要求比一般的润滑油高。汽车发动机润滑油的主要功用是在汽车摩擦零件间（曲轴、连杆、活塞、气缸壁、凸轮轴、气门）进行润滑，除此以外，性能优良的发动机润滑油还应具有冷却、洗涤、密封、防锈和消除冲击负荷的作用。车辆齿轮油是用于变速器、后桥齿轮传动机构及传动器等传动装置机件摩擦处的润滑油，它可以降低齿轮及其他部件的磨损、摩擦，分散热量，防止部件腐蚀和生锈，对保证齿轮装置正常运转和齿轮使用寿命具有十分重要的作用。

润滑脂是稠化了的润滑油。与润滑油相比，润滑脂蒸发损失小，高温、高速下的润滑性好，附着能力强，还可起到密封作用。

3. 工作液

汽车用制动液、减振器液、冷却液及制冷剂等，统称为汽车用工作液。

制动液是汽车液压制动系统中传递压力的工作介质，俗称刹车油，是液压油中的一个特殊品种。发动机冷却液是发动机冷却系统中的冷却介质。其中，防冻冷却液不仅具有防止散热器冻裂的功能，而且具有防腐蚀、防锈、防垢和"防开锅"（高沸点）的功能，可以有效地保护散热器，改善散热效果，提高发动机效率，保障汽车安全行驶。减振器液是汽车减振器的工作介质。它利用液体流动通过节流阀时产生的阻力起到减振作用。制冷剂是汽车空调的工作介质。它在汽车空调系统中循环，不断地被压缩和膨胀，在膨胀蒸发时吸热，达到制冷的目的。

4. 轮胎

轮胎的主要作用是支承全车重量，与汽车悬架共同衰减汽车行驶中产生的振荡和冲击，保持汽车的侧向稳定性，保证车轮与路面有良好的附着性能。汽车轮胎以橡胶为原料制成。世界上生产的橡胶约80%用于制造轮胎。轮胎的费用占整个汽车运输成本的25%左右。轮胎使用性能的好坏，直接影响着车辆的安全性、行驶稳定性和经济性。随着车辆行驶速度的不断提高，车辆对轮胎的技术和安全要求越来越高。掌握轮胎特征，正确地使用和养护轮胎，可以延长轮胎的使用寿命，降低汽车的运行成本。

随着我国汽车工业的迅速发展及大量国外先进汽车的引进，汽车的种类越来越多，结构越来越复杂，性能越来越好，促使我国汽车运行材料的生产及应用水平迅速提高。我国大部分运行材料骨干生产企业已经能够批量生产中高档燃料和高性能车用轮胎，不少产品的性能、品质已接近或达到国际同类先进产品的水平。国产汽车运行材料的生产及应用水平与国际先进水平的差距正在逐步缩小。

总之，汽车运行材料的生产与应用，在很大程度上依赖于汽车制造业的发展，而汽车运行材料生产及应用水平的提高，反过来对汽车制造业的进步有强有力的推动作用，两者相辅相成。国外发达国家汽车运行材料的生产及应用，一直摆在与汽车制造技术同等重要的地位。汽车运行材料的开发研究及应用研究是与汽车新产品开发同步进行的，有时甚至超前于汽车新产品的开发。

二、汽车材料的使用模式与选用原则

汽车应用材料是多种多样的，汽车材料的合理选用是汽车工业发展的重要因素。汽车各种材料的使用模式如图0-3所示。

选择适合的材料是设计和制造产品的必要条件，汽车选材也不例外，必须遵循材料的选择原则。材料的种类繁多，性能、作用和应用场合也各不相同，材料的选择主要应从3个方面进行：

1）材料的使用性能。所选用的材料制造的零件在使用过程中要具有良好的工作性能。
2）材料的工艺性能。所选用的材料要能够确保零件便于加工。
3）经济性。所选用的材料要能使产品具有较低的总成本。

三、汽车材料的发展前景

汽车工业的发展一直是与汽车材料及材料加工工艺的发展同步的。现代社会中，人们对汽车的要求从代步、运输逐渐转向多功能需求。因此，现代汽车要满足安全、舒适、自重轻、污染排放低、能耗小、价格低等要求，首先就要从材料方面考虑。总体来说，随着现代新技术、新材料的不断开发应用，以及现代社会人们生活水平和环境意识的提高，汽车轻量化和减少污染已成为汽车工业发展的主流方向。

1. 汽车工程材料的发展

对于汽车工程材料来说，其总的发展趋势是：结构材料中钢铁材料所占比例将逐步下

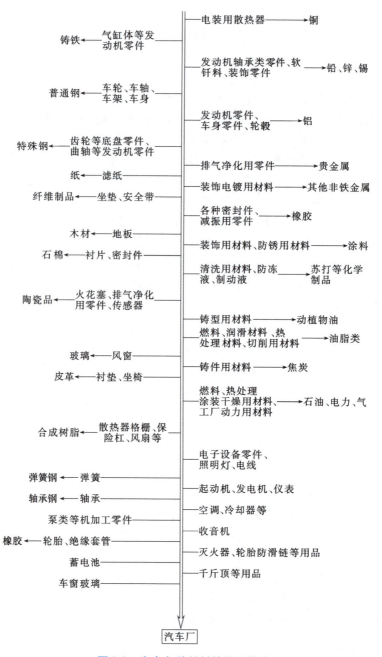

图 0-3　汽车各种材料的使用模式

降，有色金属、陶瓷材料、复合材料、高分子材料等新型材料的用量将有所上升。在性能可靠的条件下，应尽可能多地采用铝合金、复合材料等轻型、新型材料取代钢铁材料。大量新材料（如高分子材料、复合材料等）的迅速发展，为现代汽车的发展提供了必要的条件。复合材料、陶瓷材料、特殊用途材料（耐蚀、耐高温、隔光、隔热材料等）的用量呈增长趋势。

为了满足汽车轻量化的要求，汽车上采用了纤维增强聚合物基复合材料（FRP）、铝合金或纤维增强金属基复合材料（FRM）材料取代原有的钢结构零件；采用了新型高强度陶瓷材料制造汽车发动机部件乃至整机；运用了碳纤维增强树脂基复合材料（CFRP）制造驱动轴等。此外，汽车运行材料趋向采用绿色环保材料或燃料。这些措施使汽车向轻量化、高效、节能、低噪声、高舒适度以及高安全性方向发展。

近年来发展起来的纳米材料，对传统材料带来了一定的冲击。与常规材料相比，纳米材料体现出许多新奇特性，其光、热、电磁等物理性质与常规材料不同。例如，纳米金属材料的电阻率会随尺寸的变化而变化；氧化物纳米材料对红外线微波有良好的吸收特性和光致发光现象。另外，由于纳米材料的化学性质与常规材料截然不同，因此可开发出许多在传统工艺中难以生产的材料。例如，将金属纳米颗粒放入常规陶瓷中可大大改善材料的力学性能，放入金属或合金中可以使晶粒细化；纳米氧化铝加到透明玻璃中，既不影响透明度又提高了玻璃抗高温冲击的能力。

纳米陶瓷材料在硬度、韧度和变形性等方面较传统陶瓷有突破性的发展，它既可降低成本，又可提高经济效益。此外，纳米技术还广泛应用于汽车玻璃、纳米塑料合成、橡胶改性等方面。

对于汽车制造业，纳米技术也在近年来不断被开发。在汽车纳米材料和技术的开发中，迄今为止所取得的有实用价值的成果是生产了微电子零部件，这些部件最常应用于汽车安全气囊的传感器。由我国研发的纳米汽油是纳米技术在汽车上的又一个具体应用。纳米汽油具有节约燃油、降低污染、改善车辆性能等特点。据测，在汽油中加入微乳化剂制成的纳米汽油，可使汽车油耗降低10%~20%，动力性能提高25%，尾气排放污染物降低50%~80%。

2. 汽车运行材料的发展

现代汽车的结构日趋复杂，性能日益提高，汽车运行时的热负荷、机械负荷不断强化，加上世界性能源危机加剧，石油资源日渐枯竭匮乏，人类赖以生存的大气环境、生态环境恶化加剧。为了兼顾汽车、能源、环境三者的需要，汽车运行材料必然要朝着多功能、高性能、低消耗、使用寿命长、节能、低污染（包括低排放、低噪声）的方向发展。

在汽车润滑材料方面，由于润滑材料添加剂、复合配方及综合炼制技术的高速发展，日、美、德等国已经开始生产所谓"超级强化通用型"发动机润滑油和齿轮油，可适用于目前生产的所有汽车。这类发动机润滑油、齿轮油的润滑性能高，抗氧化、抗腐蚀、去污和散热能力极强，性能稳定，使用寿命长，不受环境气温限制，可以全球全年通用。采用这类材料润滑的发动机，传动摩擦小，工作零件表面可以始终保持光亮如新，没有油泥污染，可降低燃料消耗及行车成本，延长零件使用寿命，实现不换油。目前，这类产品由于生产成本高而价格昂贵，尚未大批量投放市场推广应用。但是，未来汽车的润滑材料，无论是润滑油还是润滑脂，向"超级强化通用型"方向发展已是大势所趋。

此外，随着科学技术的不断进步，新材料、新工艺、新设备、新的配方设计和产品结构设计的不断涌现（特别是计算机应用技术的普及和发展）新型轮胎不断问世，世界轮胎工业转向了技术革新和技术革命的方向，汽车轮胎产品也正朝着节能、轻量、高速、安全、耐用、舒适、低能耗、低噪声的方向发展。

随着科技水平的不断进步和发展，相信会有更多的汽车新材料不断问世，不断应用于汽车行业之中。

项目一 金属材料的力学性能

项目导入

什么是金属？什么是金属材料？金属是指具有良好的导电性和导热性，有一定的强度和塑性，并具有表面光泽的物质，例如铁、铝和铜等。金属材料是由金属元素或以金属元素为主要材料组成的、并具有金属特性的工程材料，包括纯金属和合金。金属及其合金，统称为金属材料。金属材料主要通过冶炼和轧制得到。

金属材料选择与使用的主要依据是其使用性能与工艺性能。

使用性能指金属材料在使用过程中表现出来的性能，包括物理性能、化学性能和力学性能。

金属材料在各种物理条件作用下所表现出的性能称为物理性能。它包括：密度、熔点、热膨胀性、导热性、导电性、磁性等。金属材料的化学性能是指其在室温或高温下抵抗外界介质化学侵蚀的能力。金属材料的化学性能主要有：耐蚀性、抗氧化性、耐酸碱性等。

金属材料的力学性能是指金属材料在载荷（外力）作用下表现出来的性能。常用的力学性能有强度、塑性、硬度、韧性等。显然，不同的载荷，将有不同的力学性能判据。材料的力学性能主要取决于材料的化学成分、组织结构、冶金质量、表面和内部的缺陷等内在因素，但一些外在因素（如载荷性质、应力状态、温度、环境介质等）也会对材料的力学性能有较大的影响。因此，力学性能不仅是零件设计和选择材料的重要依据，也是验收、鉴定材料性能的重要依据之一。

用来表征材料力学性能的各种临界值或规定值均称为力学性能指标。材料力学性能的优劣就是用这些指标的具体数值来衡量的。

工艺性能指金属材料在各种加工过程中表现出来的性能，包括铸造性能、锻造性能、焊接性能、热处理性能和可加工性能等。

汽车应用材料主要以金属材料和非金属材料为主。由于非金属材料的性能指标及测试方法与金属材料相同或相似，所以本项目内容主要以金属材料为例阐述工程材料的一般性能及主要指标，重点介绍材料的力学性能及相关力学性能指标。

学习目标

1. 知识目标

1）了解材料在汽车工业中的重要作用及汽车应用材料的组成和分类。

2）掌握材料使用性能及相关性能指标。

3）了解材料的工艺性能。

2. 能力目标

1）能描述金属材料的各项力学性能指标。

2）能够识读各项力学性能指标符号及含义。

3）能进行材料的拉伸测验操作及硬度测验。

课题一　强　度　与　塑　性

力学性能是材料最重要的使用性能，是指材料在外加载荷作用下所表现出来的性能，是选材和设计的主要依据。强度是指金属材料抵抗塑性变形和断裂的能力。塑性是指断裂前金属材料塑性变形的能力。

要研究材料的力学性能，必须先了解零件所承受的载荷的性质和作用方式。根据载荷的性质，载荷一般分为静载荷、冲击载荷和交变载荷。静载荷指载荷的大小和方向不变或变动极缓慢的载荷，汽车在静止状态下，车身对车架的压力属于静载荷。冲击载荷指以较高速度作用于零部件上的载荷，当汽车在不平的道路上行驶时，车身对悬架的冲击即为冲击载荷。交变载荷指大小与方向随时间发生周期性变化的载荷，运转中的发动机曲轴、齿轮等零部件所承受的载荷均为交变载荷。根据载荷形式的不同，载荷可分为拉伸载荷、压缩载荷、弯曲载荷、剪切载荷和扭转载荷等。载荷的形式如图1-1所示。

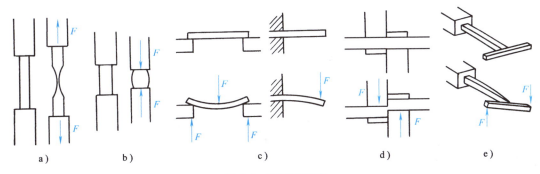

图1-1　载荷的形式

a）拉伸载荷　b）压缩载荷　c）弯曲载荷　d）剪切载荷　e）扭转载荷

金属材料受到载荷作用时，发生的几何尺寸和形状的变化称为变形。变形一般分为弹性变形和塑性变形。弹性变形是指材料受到载荷作用时产生变形，载荷卸除后恢复原状的变形。塑性变形是指材料在载荷作用下发生变形，且当载荷卸除后不能恢复的变形，也称为永久变形。

强度和塑性的判据主要通过拉伸试验测定。试验时，先将被测金属材料制成标准试样，拉伸试样示意图如图1-2所示。

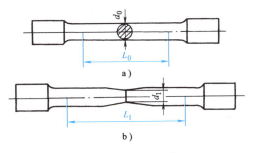

图1-2　拉伸试样示意图

a）拉伸前　b）拉押后

当 $L_0 = 10d_0$ 时，为长试样；当 $L_0 = 5d_0$ 时，为短试样。将试样装夹在拉伸试验机上，加载并记录然后计算，即可算出强度和塑性的主要判据。载荷 F 和伸长量 ΔL 之间的关系曲线，称为拉伸曲线，即 F-ΔL 曲线。低碳钢的 F-ΔL 曲线如图 1-3a 所示。

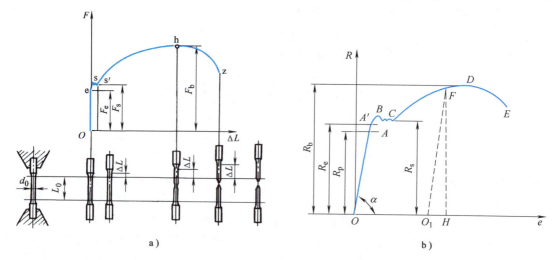

图 1-3 拉伸曲线示意图
a) 低碳钢的 F-ΔL 曲线 b) R-e 曲线

材料受外力作用将产生形变。随作用力的增大，材料由弹性变形过渡到塑性变形，最终断裂。将载荷 F 除以试样原始横截面积 S_0，得到应力 $R = F/S_0$。将伸长量 $\Delta L = L_e - L_0$ 除以试样原始长度 L_0，得到延伸率 $e = \Delta L/L_0$。以 R 为纵坐标，e 为横坐标，可画出应力-延伸率曲线，即 R-e 曲线（图 1-3b），可以直接反映材料的力学性能指标。

一、强度的主要指标

材料的强度是材料最重要的力学性能指标之一。根据加载形式的不同，强度可分为抗拉强度、抗压强度、抗弯强度、抗剪强度和抗扭强度等。

通过拉伸试验测定材料的屈服强度和抗拉强度力学性能指标如下。

（1）屈服强度　金属材料产生屈服时对应的最低应力称为屈服强度，用符号 R_{eL} 表示，单位为 MPa。

$$R_{eL} = F_s/S_0$$

式中　F_s——试样发生屈服变形时的载荷（N）；

S_0——试样原始横截面积（mm^2）。

机械零件经常因过量的塑性变形而导致失效，一般来说不允许零件发生明显的塑性变形。正因为如此，工程中常根据 R_{eL} 确定材料的许用应力。

除退火和热轧的低碳钢和中碳钢等少数材料在拉伸过程中有屈服现象以外，工业上使用的大多数材料没有屈服现象。因此，须采用规定塑性延伸强度 R_p 作为力学性能指标。GB/T 228.1—2010《金属材料拉伸试验第 1 部分：室温试验方法》中规定：塑性延伸率等于规定的引伸计标距 L_e 百分率时对应的应力，附下脚标说明所规定的塑性延伸率，例如 $R_{p0.2}$ 表示规定塑性延伸率为 0.2%时的应力。

(2) **抗拉强度**　抗拉强度指试样在拉伸过程中所能承受的最大应力值，用符号 R_m 表示，单位为 MPa。

$$R_m = F_b / S_0$$

式中　F_b——试样断裂前所承受的最大载荷（N）；

　　　S_0——试样的原始横截面积（mm²）。

抗拉强度 R_m 是设计和选材的主要依据之一，是工程技术上的主要强度指标。一般来说，在静载荷作用下，只要工作应力不超过材料的抗拉强度，零件就不会发生断裂。

在工程上，屈强比 R_{eL}/R_m 是一个有意义的指标。其比值越大，越能发挥材料的潜力。但是为了使用安全，该比值亦不宜过大，适当的比值一般在 0.65~0.75 之间。另外，比强度 R_m/ρ 常被提及，它表征了材料强度与密度之间的关系。在考虑汽车轻量化的问题时，会用到比强度。

二、塑性指标

工程上广泛应用的表征材料塑性好坏的力学性能指标为断裂总延伸率和断面收缩率 Z。

(1) **断裂总延伸率**　断裂总延伸率指试样拉断后标距伸长量与原始标距的百分比，用符号 A_t 表示，即

$$A_t = \frac{L_e - L_0}{L_0} \times 100\%$$

式中　L_e——试样断裂后的标距（mm）；

　　　L_0——试样的原始标距（mm）。

(2) **断面收缩率**　断面收缩率指试样拉断后横截面积的缩减量与原始横截面积之比，用符号 Z 表示，即

$$Z = \frac{S_0 - S_1}{S_0} \times 100\%$$

式中　S_1——试样断裂处的最小横截面积（mm²）；

　　　S_0——试样的原始横截面积（mm²）。

由上述公式可知，A_t、Z 值越大，材料的塑性越好。材料具有一定的塑性可以提高零件使用的可靠性，零件在使用过程中偶然过载时，若发生一定的塑性变形，就不至于突然断裂，造成事故。同时，对于金属材料来说，具有一定的塑性才能顺利地进行各种变形加工。例如汽车车身外用钢板件，只有采用具有优良塑性的冷轧钢板，才能确保加工出各种复杂的形状。

课题二　硬　　度

硬度是衡量材料软硬程度的指标，它表示材料抵抗局部变形和破坏的能力，是重要的力学性能指标之一。硬度通过硬度试验测得。生产和科研中应用最广泛的硬度试验方法有布氏硬度试验和洛氏硬度试验。

一、布氏硬度及布氏硬度试验

布氏硬度在布氏硬度试验机上测定,其试验原理如图1-4所示。

布氏硬度试验应根据被测金属材料的种类和试样厚度,选用不同的硬质合金球直径D、施加载荷F和保持时间,试验时应按表1-1所列的常用布氏硬度试验规范正确选择。根据GB/T 231.1—2018规定,硬质合金球直径有10mm、5mm、2.5mm和1mm共4种,试验力-球直径平方的比率$0.102 \times F/D^2$有30、15、10、5、2.5和1共6种。

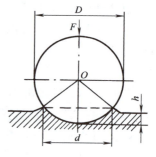

图1-4 布氏硬度的试验原理

表1-1 常用布氏硬度试验规范

材　料	布氏硬度/HBW	硬质合金球直径 D/mm	试验力-球直径平方的比率 $0.102 \times F/D^2$/(N/mm²)
铸铁	<40	10、5、2.5	10
	≥140	10、5、2.5	30
铜和铜合金	<35	10、5、2.5	5
	35~200	10、5、2.5	10
	>200	10、5、2.5	30

标注时,硬度值写在符号前面,符号后面按顺序用数值表示试验条件,例如,120HBW10/1000/30,表示直径为10mm的钢球,以1000kgf(1kgf=9.8N)的试验力,保持时间30s后测得的布氏硬度值为120。

不同硬软、不同厚薄的金属材料,在进行布氏硬度试验时,要求使用不同的试验力和不同直径的压头。

布氏硬度试验结果较准确,但压痕面积较大,损伤工件表面,且试验过程较麻烦,因此布氏硬度试验只适于测试原材料、半成品、铸铁、有色金属及退火、正火、调质钢件,不适于检测成品件、太薄太小件和过硬件。

二、洛氏硬度及洛氏硬度试验

洛氏硬度在洛氏硬度机上测定,其试验原理如图1-5所示。

用顶角为120°的金刚石圆锥或直径为1.588mm的淬火钢球作为压头,先加初试验力F_0,压入金属表面,深度为h_1;再加主试验力F_1,在总试验力$F=F_0+F_1$的作用下,压头压入深度为h_2;保持一段时间后卸除主试验力F_1并保留初试验力F_0后,由

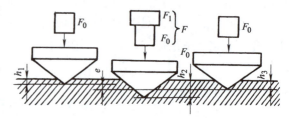

图1-5 洛氏硬度的试验原理

于金属弹性变形的恢复而使压头略有回升,则残余压痕深度增量$e=h_3-h_1$值越小,材料硬度越高,e值越大,材料硬度越低。用每0.002mm的压痕深度为一个硬度单位。为适应人们习

惯上数值越大，硬度越高的概念，采用常数 K 减去 $e/0.002$ 来表示硬度值的大小，用符号 HR 表示，即

$$HR = K - e/0.002$$

式中　K——常数（金刚石圆锥压头的 K 为 100；淬火钢球压头的 K 为 130）。

为了在硬度机上测定不同硬度的材料，须用不同的压头和试验力组成不同的硬度标尺，并用字母在 HR 后面加以注明，常用的洛氏硬度标尺有 A、B、C 三种。洛氏硬度标注时，硬度值写在硬度符号前面（如 50HRC）。常用洛氏硬度试验规范见表 1-2。

洛氏硬度试验操作简便，可直接从表盘上读出硬度值。其压痕小，基本不损坏工件表面，可直接测量成品和较薄工件的硬度，但测得的数据不太准确和稳定，故需在不同部位测定 3 点取其算术平均值。

表 1-2　常用洛氏硬度试验规范

硬度符号单位	压头类型	初试验力 F_0/N	主试验力 F_1/N	总试验力 F/N	适用范围
HRA	金刚石圆锥	98.07	490.3	588.4	20HRA~95HRA
HRBW	直径为1.588mm的淬火钢球	98.07	882.6	980.7	10HRBW~100HRBW
HRC	金刚石圆锥	98.07	1373	1471	20HRC~70HRC

三、硬度的实用意义

硬度是强度的局部反映（抵抗局部塑变的能力），一般情况下强度越高，其硬度也越高。而硬度试验相对拉伸试验来说，更为简便迅速、经济实用，且可直接用于工件的测试而无须专制试样，故在生产科研中取得了广泛的应用。同时，对于研磨磨损而言，钢的耐磨性会随其硬度提高而增加，所以常把硬度判据作为技术要求标注在零件图上。

四、其他硬度试验简介

除布氏硬度试验和洛氏硬度试验外，还常采用维氏硬度、显微硬度等方法检测工件硬度，但它们都需专门的硬度机，且被测的材料尺寸和形状受到一定的限制。为此，在实际生产工作中，常采用一些更简便实用的硬度试验方法。尽管简便的硬度试验方法测量精度较低，但因其巨大的实用价值而备受欢迎，特别是对于一个具有丰富实践经验的技术人员来说，测量误差可缩小到很小，甚至不低于专用硬度机的测量精度。

(1) **肖氏硬度试验**　其试验原理为用一定质量、一定硬度的钢球从一定的高度自由下落到被测金属材料的表面，根据钢球回弹的高度来判定材料的硬度范围。材料硬度越大，则钢球回弹的高度越高。

(2) **锉刀硬度试验**　该试验是用一把标准锉刀去锉削工件的表面，根据锉削的情况判断工件硬度的范围。一把标准锉刀的正常硬度一般在 60HRC 左右，用一定的力去锉削工件时，将出现下列 3 种情况：

1) 锉刀打滑，即没有锉屑出现，表明被测工件的硬度大于锉刀的硬度。
2) 感觉锉削较吃力，有少量锉屑出现，表明工件硬度与锉刀硬度相近。

3) 锉削不费劲，很容易锉削，有大量锉屑出现，表明工件硬度远小于锉刀硬度。

若想进一步提高测定精度，可专制一组不同硬度的锉刀，每把锉刀的硬度值相差 5HRC 左右，这样在测试过程中分别用不同硬度的锉刀去锉削工件，直到刚能锉动工件为止，此时锉刀的硬度即为工件的硬度。锉刀硬度试验是最方便实用的硬度试验方法。

（3）声音判定法 金属材料特别是钢质工件，其硬度与声音有一定的关联性，硬度高的，声音清脆悦耳，反之则闷哑难听。敲打工件，听其声音即可大致判断工件硬度的大小。此法虽较粗略，但有时却很有实用价值。

（4）其他方法 如果没有任何设备工具或不方便借用，若能熟练掌握金属材料的基本知识和热处理工艺等常识，也可较准确地说出其硬度值范围。具体来讲，根据工件的化学成分、结构形状、用途范围、工作原理和受力情况及具体使用要求等，即可判断工件的使用性能或工艺性能要求，根据其性能要求，便能分析判定其硬度可能或应该达到的数值范围。

课题三　韧性与疲劳极限

强度、塑性、硬度等都是在静试验力（静载荷）作用下的力学性能。实际上，许多机件常在冲击载荷或交变载荷作用下工作，例如锤杆、冲头、齿轮、弹簧、连杆和主轴等。对于这些承受冲击载荷的零件，其性能不能用静载荷作用下的指标来衡量，因为即便是采用强度较高的材料，在冲击载荷作用下也可能会发生断裂。所以用于这类零件的材料，还必须考虑其抵抗冲击载荷的能力。韧性是在动载荷作用下测定的金属力学性能。

一、韧性

金属材料抵抗冲击载荷而不被破坏的能力称为韧性。韧性的测定在摆锤式冲击试验机上进行。金属材料的韧性用摆锤一次冲断试样所消耗的能量、即吸收能量的大小来表示，吸收能量的单位为 J。吸收能量越大，表明材料韧性越好。

实际上，许多机件在工作时往往承受小能量多次冲击后才断裂。实践表明，抵抗这种小能量多次冲击而不被破坏的能力主要取决于材料的强度，因此，可通过改变热处理工艺（降低回火温度）来提高强度，从而达到提高机件韧性的目的。韧性实际上是材料强度和塑性的综合反映。韧性与脆性是对立的，且能互相转化，因为韧性值与试验时的温度有关，随试验温度下降而降低。有些材料在低于某一温度时，韧性显著下降呈脆性，容易发生断裂。这一转变温度称为韧脆转变温度。韧脆转变温度低的，其低温韧性好，否则韧性差，将不宜在高寒地区使用，以免在冬季低寒气温条件下金属构件发生脆断现象。

二、疲劳极限

疲劳指工件在交变应力作用下，过早发生破坏的现象。所谓交变应力是指应力的大小、方向呈周期性变化的应力。疲劳破坏事先没有明显的征兆，具有很大的突发性和危险性，往往会造成严重事故。例如汽车的轴颈、气缸盖、齿轮、弹簧等工件的损坏失效，大部分属于疲劳破坏。

疲劳极限是指材料经受无数次应力循环而不被破坏的最大应力值。一般认为，钢铁材料应力循环次数约为 10^7 次，有色金属应力循环次数约为 10^8 次。经测定，钢材的疲劳极限只有抗拉强度的 40%~60%。

任何材料发生脆断，都是材料中微小裂纹突然失稳扩展的结果。材料抵抗裂纹扩展即脆断的能力称为材料的断裂韧度。由于材料中微小裂纹难以避免，故断裂韧度是安全设计中重要的力学性能指标。为提高材料的疲劳极限，一般可从以下几个方面考虑。

1）设计方面，应尽量使零件避免尖角、缺口和截面突变，以避免应力集中及其所引起的疲劳裂纹。

2）材料方面，应减少材料内部存在的夹杂物和由于热加工不当而引起的缺陷，例如疏松、气孔和表面氧化等。

3）机械加工方面，要降低零件表面的表面粗糙度值，表面刀痕、碰伤和划痕都是疲劳裂纹源。

4）零件表面强度方面，可采用化学热处理、表面淬火、喷丸处理和表面涂层等工艺，在零件表面造成压应力，以抵消或降低表面可能引起疲劳裂纹的拉应力。

项目小结

1. 金属材料的力学性能是指金属材料在载荷（外力）作用下表现出来的性能。常用的力学性能有强度、塑性、硬度、韧性等。用来表征材料力学性能的各种临界值或规定值均称为力学性能指标。

2. 强度是指金属材料抵抗塑性变形和断裂的能力。塑性是指断裂前金属材料塑性变形的能力。根据加载形式的不同，强度可分为抗拉强度、抗压强度、抗弯强度、抗剪强度和抗扭强度等。

3. 通过拉伸试验测定材料的强度力学性能指标主要有：屈服强度 R_{eL}，抗拉强度 R_m；塑性指标主要有：断裂总延伸率 A_t，断面收缩率 Z。

4. 硬度是衡量材料软硬程度的指标，它表示材料抵抗局部变形和破坏的能力。硬度试验方法有布氏硬度试验和洛氏硬度试验。布氏硬度值用符号 HBW（硬质合金球压头）表示。常用的洛氏硬度标尺有 A、B、C 3 种。

5. 韧性是在动载荷作用下测定的金属力学性能。金属材料抵抗冲击载荷而不被破坏的能力称为韧性；疲劳极限是指材料经受无数次应力循环而不被破坏的最大应力值。

强化训练

一、选择题

1. 汽车发动机中要求采用质量小、运动时惯性小的活塞，多采用（ ）材料制成。
   A. 铸铁　　　　B. 铝合金　　　　C. 陶瓷　　　　D. 塑料

2. 在做疲劳试验时，试样承受的载荷为（ ）。
   A. 静载荷　　　B. 冲击载荷　　　C. 交变载荷

3. 工件热处理质量检查中，常采用（ ）试验测验硬度。

A. 布氏硬度　　　B. 洛氏硬度　　　C. 维氏硬度

4. 洛氏硬度 C 标尺使用的压头是（　　）。

　　A. 淬火钢球　　　B. 金刚石圆锥　　　C. 硬质合金球

二、判断题

1. 金属材料拉伸时的强度一般用拉伸力来度量。（　　）
2. 拉伸试验时，试样的伸长量与拉伸力总成正比。（　　）
3. 屈服强度代表试样在试验过程中力不增加，而仍能继续伸长（变形）时的应力。（　　）
4. 韧性是材料抵抗静载荷的能力，工程上用延伸率 A_t 表示。（　　）
5. 金属材料的强度越大，则硬度越大，其塑性、韧性越差。（　　）

三、填空题

1. 材料的力学性能包括_____、_____、_____、_____等。
2. 变形是指_____。变形按卸除载荷后能否完全消失可分为_____和_____两种。
3. 衡量试样拉伸试验的强度指标有_____、_____等，它们分别用符号____、____表示。
4. 材料常用的塑性指标有_____和_____。
5. 常用的硬度指标有_____和_____，它们分别用_____和_____作为硬度值。
6. 在热加工时，必须考虑材料_____的影响，以减小零件的变形与开裂。
7. 金属材料的工艺性能包括铸造性能、锻造性能、焊接性能、_____和_____等。

四、简答题

1. 什么是材料的性能？金属材料的使用性能有哪些？
2. 由拉伸试验可测得哪些力学性能指标？
3. 结合物理和化学性能，举出两个例子说明考虑该项性能指标的意义。
4. 下列各物件应选择何种硬度试验方法来测定其硬度？写出相应的硬度符号。

1) 锉刀；2) 黄铜轴套；3) 供应状态的各种碳钢；4) 硬质刀片；5) 灰铸铁。

5. 有一紧固螺栓使用后发现其有塑性变形（伸长），分析材料可能有哪些性能没有达到要求。

项目二 黑色金属材料

项目导入

金属分为黑色金属和有色金属两大类，通常把铁和铁碳合金称为黑色金属。现代工业中，特别是机械制造工业中，应用最广泛的金属材料就是黑色金属材料。

不同的金属材料具有不同的性能，这是因为不同的材料具有不同的化学成分和组织结构，即使同一成分的合金材料，经过不同的加工处理也会使性能发生很大的变化。其根本原因是材料内部结构不同。因此，研究金属材料的内部结构，对于掌握材料的性能、合理选材是非常重要的。

材料的组织和性能之间有着密切的联系，特别是对于金属材料，材料的组织结构若发生变化，其性能就会发生变化。利用材料的这一特性，生产中常常采取各种处理方法改变材料的组织结构，控制材料的性能，使材料能更好地满足各种要求。对于金属材料，其组织和性能主要通过热处理、合金化、表面技术等途径进行控制。

本项目主要介绍黑色金属材料的组织结构与结晶、铁碳合金的相变、典型材料的热处理和合金化。

学习目标

1. 知识目标

1）掌握碳钢、合金钢、铸铁的性能、分类、牌号及在汽车上的应用。
2）了解汽车结构中金属材料的应用。

2. 能力目标

1）能够识别汽车上使用的碳钢、合金钢、铸铁零件。
2）能根据零件工作要求合理选用碳钢、合金钢、铸铁制造汽车零件。

课题一　钢铁材料的生产

金属材料是现代工业中最重要的工程材料，钢铁材料是应用最广泛的金属材料。**钢铁材料的生产方式**，主要有炼铁、炼钢、钢材生产等。

1. 炼铁

铁是钢铁材料的基本组成元素。在自然界，铁以各种化合物的形式存在，并同其他元素的化合物混在一起而成为铁矿石。炼铁本质上就是把铁从其他化合物中还原、分离出来。加入还原剂对铁矿石进行冶炼后，得到的一种高含碳量的，同时含有硅、锰、硫、磷等杂质的铁碳合金，称为生铁。由于生铁硬而脆，一般不能直接用作工程材料，而主要用于炼钢。含硅量较高的生铁可用于铸造，作为某些铸铁的用材。

2. 炼钢

由于生铁中含有较多的杂质和过多的碳，因此其性能无法满足加工和使用的要求。为此，必须降低生铁中过量的碳及其他杂质的含量，采用的办法就是氧化。加入氧化剂，将杂质和碳氧化后，生成各种氧化物及 CO，最终以炉渣和气体的形式排出，这一过程就是炼钢。由于氧化，钢中必然残留大量的 O_2 及 FeO，使其力学性能下降，故在炼钢过程的后期还必须加入脱氧剂脱氧。常见炼钢方法有转炉炼钢法、平炉炼钢法、电炉炼钢法等。电炉炼钢法主要用于冶炼高级优质钢和合金钢（在汽车工业中应用较多）。

3. 钢材生产

炼好的液态钢大部分都浇注成钢锭，然后采用轧制、挤压、拉拔、锻造等压力加工方法，将钢锭加工成不同形状、规格和尺寸的钢材，再投入使用。钢材的种类繁多，一般按其外形分为型材、板材、管材和线材等几大类。

（1）型材　型材是钢材中最重要的一类，也是数量最多的一类。根据其断面形状分类，常见型材有圆钢、方钢、扁钢、六角钢、角钢、槽钢、工字钢、螺纹钢等。

（2）板材　板材俗称钢板，一般包括中厚钢板、薄钢板、钢带（亦称带钢）和硅钢片等几种。

（3）管材　管材的品种很多，一般主要以无缝钢管和焊接钢管（即有缝钢管）进行区分。无缝钢管由于其断面上没有接缝，所以强度远高于焊接钢管。

（4）线材　线材是直径为 6~9mm 的圆钢及直径在 10mm 以下的螺纹钢。由于线材常盘成圆形，所以通常称为盘圆或盘条。线材经过进一步拉伸后即为钢丝。

课题二　金属的晶体结构与结晶

材料的性能取决于材料的化学成分及其内部的组织结构。对于固体物质，根据其原子（离子或分子）在三维空间排列方式的不同，可分为晶体与非晶体两大类。原子（离子或分子）在三维空间呈有规则的周期性重复排列的材料为晶体材料（如氯化钠、天然金刚石、水晶等）；原子（离子或分子）在三维空间无规则排列的材料为非晶体材料（如石蜡、松香等）。

在汽车采用的固态材料中，由于构成固态金属的金属原子在空间呈有规则的排列，因而固态金属均为晶体；其他固态物质（如塑料、玻璃、橡胶等）属于非晶体材料。

一、金属的晶体结构

金属材料都是晶体物质。

1. 晶格、晶胞与晶格常数

<u>晶体中原子（离子或分子）在空间的排列方式称为晶体结构</u>，原子的空间排列模型如图 2-1a 所示。为了便于描述晶体结构，通常将每一个原子抽象为一个点，再把这些点用假想的直线连接起来，构成空间格架，称为晶格（图 2-1b）。晶格中由一系列原子构成的平面称为晶面，而任意两个原子间的连线所指的方向，称为晶向（图 2-1c）。

组成晶格的最小的几何单元称为晶胞（图 2-1c）。晶胞的基本特征可以反映出晶体结构的特点。晶胞的大小和形状可用晶胞的棱边长度 a、b、c 和 3 条棱边之间的夹角 α、β、γ 这 6 个参数来描述，称为晶格常数，单位是纳米（$1nm = 10^{-9}m$）。金属的晶格常数一般为 10~70nm。

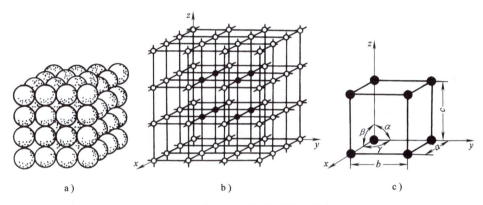

图 2-1 晶体、晶格和晶胞示意图
a）原子的空间排列模型　b）晶格　c）晶胞与晶向

2. 常见晶格类型

不同的金属具有不同的晶体结构，常见晶格类型如图 2-2 所示。

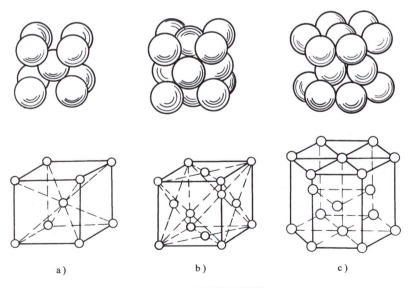

图 2-2 常见晶格类型
a）体心立方　b）面心立方　c）密排六方

(1) **体心立方晶格** 其晶胞为立方体,在立方体的8个角上和立方体的中心各有一个原子。具有体心立方晶格的金属有铬(Cr)、钨(W)、钼(Mo)、钒(V)、α铁(α-Fe)等,其塑性较好。

(2) **面心立方晶格** 其晶胞为立方体,在立方体的8个角和立方体的6个面的中心各有一个原子。具有面心立方晶格的金属有铝(Al)、铜(Cu)、镍(Ni)、金(Au)、银(Ag)、γ铁(γ-Fe)等,其塑性优于体心立方晶格。

(3) **密排六方晶格** 其晶胞为正六方柱体,在正六方柱体的12个角以及上、下底面中心各有1个原子,另外在晶胞中间还有3个原子。具有密排六方晶格的金属有镁(Mg)、锌(Zn)、铍(Be)等,密排六方晶格的金属较脆。

除上述3种最常见的晶格以外,在黑色金属中还存在有正方晶格(淬火马氏体)、斜方晶格(渗碳体)等一些较复杂的晶格。当金属的晶格类型改变时,其晶体结构就不同,金属的各种性能也会发生相应的变化。

3. 金属的实际晶体结构

金属的实际晶体结构往往与上述理想状态的晶体结构有所不同。在理想状态下,金属的晶体结构完全可以看作由晶胞在三维空间重复堆砌而成,这种晶体称为单晶体,如图2-3a所示。可以看出,单晶体的原子排列的位向和方式都是一致的。实际上,由于多种因素的影响,工程上所用的金属材料绝大多数是多晶体,如图2-3b所示。

多晶体是由许多微小的单晶体构成的,这些单晶体称为晶粒。在同一个晶粒中,晶格的位向基本上是一致的,而不同的晶粒,其晶格位向不同。晶粒与晶粒之间的交界区称为晶界,厚度为2~3个原子厚度。由于晶界上原子的排列是不同位向的晶粒的过渡状态,因而排列较不规则。

在实际晶体中,由于原子的热振动、杂质原子的掺入以及其他外界因素的影响,原子排列并非完整无缺,而是存在着各种各样的晶体缺陷。晶体缺陷对金属的性能会产生很大的影响。按照晶体缺陷的几何特征,可将其分为点缺陷、线缺陷和面缺陷三类。

(1) **点缺陷** 点缺陷主要指由于晶格中出现晶格空位和存在间隙原子,使晶格不能保持正常排列状态的缺陷(图2-4)。点缺陷在三维尺度上一般不超过数个原子直径。

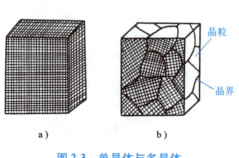

图2-3 单晶体与多晶体
a) 单晶体 b) 多晶体

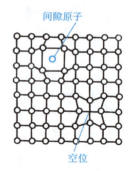

图2-4 晶体的点缺陷示意图

引起点缺陷的原因是原子的热振动。由于晶体中晶格空位和间隙原子的存在,使周围原子之间的平衡关系遭到破坏,致使原子间的距离减小或增大,晶格局部发生扭曲,引起晶格畸变。晶格畸变将会使金属材料产生物理、化学和力学性能上的变化，例如使材料的密度发生变化，电阻率增大，强度、硬度提高等。

(2) **线缺陷** 线缺陷主要指由晶体中原子平面间的相互错动而引起的，某一方向尺寸较大、另外两个方向尺寸很小的晶体缺陷（图2-5）。线缺陷主要指位错。

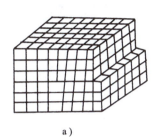 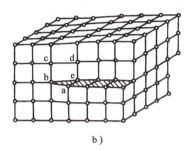

a)　　　　　　　　　　　　　b)

图2-5　晶体的线缺陷示意图——位错
a）刃型位错　b）螺型位错

位错是由于晶格中的某处有一列或若干列的原子发生了某些有规律的错排引起的。位错主要有刃型位错和螺型位错两种基本形式。由于位错线周围会造成晶格畸变，只需较小的力就会使位错线从一个位置滑移到相邻的另一个位置，在滑移时还会相互缠结或合并，因而，位错的存在极大地影响着金属材料的力学性能，对于金属材料的塑性变形、强度、相变、扩散、耐蚀等性能均有重要的影响。

前一项目所讲述的拉伸试验，在其强化阶段需要施加更大的载荷才能使试样继续变形，其原因就是在该阶段试样内部发生了原子的位错滑移，其产生的大量位错线相互缠结，阻碍了材料的塑性变形，必须加大载荷才能继续进行变形。这种情况在实际生产中称为冷作硬化。利用这种原理，生产中往往会采用大量冷变形工艺来提高材料的位错线密度，达到强化金属的目的。

(3) **面缺陷** 面缺陷主要指由晶界、亚晶界引起的，在三维空间中一个方向上尺寸很小，另外两个方向上尺寸较大的缺陷（图2-6）。

前面提及，晶界是不同位向的晶粒之间的过渡区，由于晶界上的原子排列较杂乱，晶界上的原子相对晶粒内部的原子而言有更强的活动能力，因而置于腐蚀介质中时，晶界最容易被腐蚀，而且在加热时，晶界也会首先熔化。同时，晶界是位错和低熔点夹杂物聚集的地方，它对金属的塑性变形起着阻碍的作用。

实验证明，每一个晶粒内的晶格位向并非完全一致，但这些位向相差很小，形成亚晶界。亚晶界实质上是由一系列的位错构成的，其特性与晶界类似。

二、金属的结晶

物质由液态转变为固态的过程，称为凝固。晶体材料的凝固过程也称为结晶。通常，把金属从液态转变为固态的过程称为一次结晶，液态金属结晶后得到的组织称为铸态组织。金属从一种固体晶态转变为另一种固体晶态的过程称为二次结晶或重结晶。

金属的结晶过程

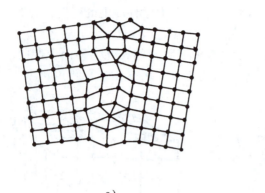
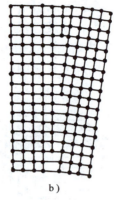

图 2-6 晶体的面缺陷示意图——晶界、亚晶界
a) 晶界 b) 亚晶界

晶体材料的凝固过程中,温度是保持不变的,这个温度称为结晶温度。纯金属的冷却曲线如图2-7所示。

由纯金属的冷却曲线可看到,当液态金属缓冷到温度 T_0 时,纯金属开始发生结晶,T_0 为纯金属的凝固(熔)点,又称为理论结晶温度。曲线中ab段表示液态金属逐渐冷却,至bcd段时金属开始形成晶核,该段温度略低于理论结晶温度 T_0。在de段金属正在结晶,此时金属液体和金属晶体共存,到e点结晶完成。在ef段,全部转变为固态晶体后的金属逐渐冷却。

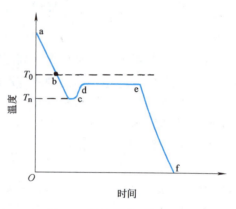

图 2-7 纯金属的冷却曲线

液态金属在冷却到理论结晶温度 T_0 以下还未结晶的现象,称为过冷现象。理论结晶温度 T_0 与开始结晶温度 T_n 之差称为过冷度,用 ΔT 表示,即 $\Delta T = T_0 - T_n$。过冷度 ΔT 与冷却速度是密切相关的,冷却速度越大,ΔT 越大,冷却速度越小,ΔT 越小。在冷却速度非常缓慢的平衡条件下,过冷度 ΔT 很小。

1. 结晶过程

金属的结晶过程是不断形成晶核和晶核不断长大的过程。金属结晶时,首先在液态金属中形成一些极微小的晶体,称为晶核。在晶核长大的同时,在液体中会产生新的晶核并长大,直到液态金属全部消失,晶体彼此接触为止。每个晶核长成一个晶粒,结晶后金属便是由许多晶粒组成的多晶体。

2. 金属结晶后的晶粒大小

金属结晶时,冷却速度越大即过冷度越大时,晶粒越细小,金属的强度和硬度越高,塑性和韧性也越好。因此,细化晶粒是使金属材料强韧化的有效途径。金属结晶时,一个晶核长成一个晶粒,显然在一定体积内形成的晶核数目越多,则结晶后的晶粒就越细小。

工业生产中,为了获得细晶粒组织,结晶时常采用以下方法:

1)提高液态金属的冷却速度,以增大过冷度。

2)进行变质处理。变质处理也称为孕育处理。在浇铸之前,可向金属熔液中加入一些细小的形核剂（也称为变质剂或孕育剂），使它们分散在液态金属中作为人工晶核，以增加晶核数量，达到细化晶粒的目的。例如，在铸铁中加入硅铁、硅钙，在钢中加入钛、硼、铝等都能起到细化晶粒的作用。

3）采用机械振动、超声波振动、电磁振动等方法，使已经生长的小晶体破碎，以增加晶核数目，从而细化晶粒。

三、合金的晶体结构与结晶

纯金属一般都具有良好的导电性、导热性和塑性，但价格较贵，同时强度和硬度也较低，种类有限，多数不能满足工业生产中对金属材料多品种、高性能的要求。因此，大量使用的金属材料都是各种不同成分的合金，例如碳钢、合金钢、铝合金、铜合金等。

合金是指由两种或两种以上的金属或金属元素与非金属元素，经熔炼、烧结或其他方法组合而成的具有金属特征的物质。组成合金的独立的、最基本的单元称为组元。组元可以是金属、非金属，也可以是稳定的化合物。由两个组元组成的合金称为二元合金。例如生产中应用最普遍的钢铁材料，就是主要由铁、碳两种组元组成的二元铁碳合金（Fe-C 合金）；由多个组元组成的合金则称为多元合金。

由两个或两个以上的组元按不同的比例配制而成的一系列不同成分的合金称为合金系，例如铁碳合金系（Fe-Fe$_3$C 系）、铅锡合金系（Pb-Sn 系）等。

1. 合金的相结构

在合金中，凡是具有相同化学成分、相同晶体结构，并与其他部分有明显界面分开的均匀组成部分称为相。按照相的形态划分，可分为液相和固相；对于固态合金，由一个相组成的合金为单相合金，由两个或两个以上的相组成的合金为两相或多相合金。

讨论合金的晶体结构，实质上就是讨论合金的相结构。固态合金中的相结构分为两类基本相：固溶体和金属化合物。

（1）**固溶体** 固溶体指组成合金的组元在液态和固态下均能相互溶解，形成均匀一致的且晶体结构与组元之一相同的固态合金。组成固溶体的组元分为溶剂与溶质。通常把形成固溶体后，其晶格保持不变的组元称为溶剂，而溶入溶剂中、其晶格消失的组元称为溶质。例如铁碳合金组织中的铁素体相，就是碳原子溶入 α-Fe 形成的固溶体，其溶剂为 α-Fe，保持体心立方晶格，碳原子则溶入 α-Fe 的晶格之中，其原有的晶格消失殆尽。

固溶体有一定的强度、硬度，塑性、韧性良好。形成固溶体时由于溶质原子溶入，引起溶质晶格畸变，使固溶体的强度、硬度提高的现象称为固溶强化。固溶强化是提高金属材料力学性能的重要途径之一。因此，实际使用的金属材料大多都是单相固体合金或以固溶体为基体的多相合金。

共析钢的结晶过程

（2）**金属化合物** 金属化合物指由合金组元相互化合而成的、其晶格类型和特性完全不同于原来任一组元的固态物质，亦称为中间相。金属化合物一般可用分子式来表示，例如钢中的渗碳体用分子式 Fe$_3$C 表示。

金属化合物一般具有复杂的晶体结构，熔点高，硬而脆，一般起着强化相的作用，是合金中重要的组成相。

亚共晶合金的结晶过程

此外，合金中还存在有不同的相组成的混合物，性能介于组成相之间，通常称为机械混合物或复相混合物。

2. 合金的结晶

合金的结晶过程同样包括形成晶核和晶核长大,但是合金的结晶绝大多数是在一个温度范围内进行的,即结晶的开始温度和结晶的终了温度是不相同的。而且,合金的结晶过程中经常会发生固相转变,即由一种固相转变为另一种固相。因此,合金的结晶过程有两个相变点(相变点指金属或合金在加热或冷却过程中,发生相变的温度)。在大多数情况下,合金结晶时往往会形成两种不同的固相组成的多相组织。

共晶合金的结晶过程

合金的结晶过程是合金的组织结构随温度、成分的变化而变化的过程,常用合金相图来反映。合金相图又称为合金状态图,它表明了在平衡状态下(即在极缓慢的加热或冷却的条件下),合金的相结构随温度、成分发生变化的情况,故亦称为平衡图。

过共晶合金的结晶过程

合金相图的应用将在下一课题结合铁碳相图加以分析。

课题三 铁 碳 合 金

纯铁的强度、硬度很低,生产上很少用纯铁制造零件,通常都是使用铁碳合金。 碳钢和铸铁是现代轿车工业极为重要的金属材料,它们都属于以铁和碳两个组元组成的铁碳合金。

一、铁碳合金的基本相和组织

铁碳合金的基本相和组织有铁素体、奥氏体、渗碳体、珠光体以及莱氏体。

1. 铁素体

碳溶入 α-Fe 中形成的间隙固溶体称为铁素体,用符号 F 表示。铁素体的性能与纯铁相近,强度、硬度低($R_{eL}=100\sim170$MPa,$R_m=180\sim280$MPa,$50\sim80$HBW),而塑性、韧性好($A_t=30\%\sim50\%$,$A_{KU}=128\sim200$J)。

2. 奥氏体

碳溶入 γ-Fe 中形成的间隙固溶体称为奥氏体,用符号 A 表示。

奥氏体在727℃以上高温才存在,是铁碳合金中主要的高温相结构,奥氏体的强度、硬度不高($R_m=400$MPa,$160\sim200$HBW),塑性、韧性较好($A_t=40\%\sim50\%$),易锻压成形,且无磁性。

3. 渗碳体

渗碳体是铁和碳相互作用形成的金属化合物,用符号 Fe_3C 表示。渗碳体熔点为1227℃,碳的质量分数 w_C 为6.69%,硬度很高(800HBW),而塑性、韧性极差($A_t\approx0$,$A_{KU}\approx0$),很脆。

渗碳体是钢中的主要强化相,常以片状、粒状、网状等分布在铁素体基体上,它的数量、大小、形状及分布对钢的性能影响很大。合金钢铁材料中,若渗碳体中的铁原子部分地被锰、铬等原子代替,或碳原子部分被氮、硼等原子代替,则会形成(Fe、Mn)$_3$C、(Fe、Cr)$_3$C 或 Fe_3(C、N)等合金渗碳体。另外,渗碳体是亚稳定化合物,在一定条件下会分解成铁和石墨状的自由碳($Fe_3C\rightarrow3Fe+C$),这一点对铸铁有重要的意义。在铸铁中碳就是以石墨的形式存在的。

4. 珠光体

珠光体是由铁素体和渗碳体组成的复相混合物，用符号 P 表示。珠光体碳的质量分数 w_C 为 0.77%，其性能介于铁素体和渗碳体之间，具有较高的强度和硬度（R_m = 770MPa，180HBW），良好的塑性和韧性（A_t = 20%～30%，A_{KU} = 24～32J）。

5. 莱氏体

莱氏体由奥氏体和渗碳体组成，存在于 727～1148℃ 高温区间的莱氏体，称为高温莱氏体，用符号 Ld 表示。存在于 727℃ 以下的莱氏体由珠光体和渗碳体组成，称为低温莱氏体，用符号 Ld′ 表示。莱氏体组织可看成是在渗碳体的基体上分布着粒状的奥氏体（或珠光体），力学性能与渗碳体相近，硬度很高，塑性、韧性很差。

二、Fe-Fe₃C 相图

在极其缓慢的加热或冷却的条件下（平衡态），铁碳合金的成分、组织状态、温度三者之间的关系及其变化规律的图解称为铁碳合金相图。相图通过实验测绘形成，不同的合金具有不同的相图。由于 w_C>6.69% 的铁碳合金已无实用价值，因此一般仅研究 Fe-Fe₃C 部分，故铁碳合金相图又称 Fe-Fe₃C 相图。

简化后的 Fe-Fe₃C 相图如图 2-8 所示。这实际上是一个平面坐标图，左边的纵坐标表示温度，又代表组元纯铁；右边的纵坐标代表另一组元 Fe₃C；横坐标表示碳的质量分数。

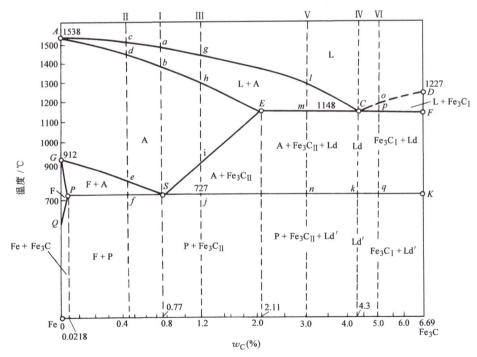

图 2-8 简化后的 Fe-Fe₃C 相图

1. Fe-Fe₃C 相图分析

整个相图实际上是由点、线、面组成的。图中任一点都对应着两个基本坐标参量：纵坐标上的投影为温度，横坐标上的投影为成分，其位置则反映出所处的组织状态。一系列合金的特性点就组成了特性线，由特性线组成了不同的相区，相区分单相区和两相区等。

相图分析的目的是更好地认识相图、应用相图。现以 $w_C=0.77\%$ 的铁碳合金为例进行分析。

在相图上找到横坐标 0.77 的成分点，由此点作横坐标的垂线，穿过相图，此垂线 Ⅰ 称为合金线，代表 $w_C=0.77\%$ 的铁碳合金。合金线交 AC 线于 a 点，交 AE 线于 b 点。将此合金熔化成液相 L，后缓慢降温冷却，冷至 a 点温度时开始结晶，由 L 相中结晶出固态的 A 组织。随着温度的下降，进入两相区 A+L，生成的 A 数量不断增多。降温至 b 点温度时，结晶完毕，全部变成固态的 A 相。随后进入单相区 A，由 b 至 S 温度区间，合金全部处于单相区。温度降至 S 点（727℃）时，合金发生共析转变，生成 $F+Fe_3C$ 的复相组织（即珠光体）。温度降到 S 点以下到室温，此时一般不考虑由 F 中再析出 $Fe_3C_Ⅲ$，合金组织保持为 P 不变，所以将 $w_C=0.77\%$ 的铁碳合金称为珠光体钢。若将此合金从室温开始加热至重新熔化，其转变过程与冷却时刚好相反，即加热和冷却的转变是可逆的。

2. $Fe-Fe_3C$ 合金组织、成分和温度的变化规律

按照相图，可将铁碳合金分为工业纯铁（α 铁）、碳钢和白口铸铁（生铁）三大类，其碳的质量分数分别是：工业纯铁 $w_C \leq 0.0218\%$，碳钢 $w_C=0.0218\%\sim2.11\%$，白口铸铁 $w_C=2.11\%\sim6.69\%$。通过相图分析，可以把铁碳合金的室温平衡组织进行归纳，见表 2-1。当然，仅有平衡组织在生产中是远远不够的，通常还会采用各种热处理、合金化和石墨化等手段对铁碳合金进行处理，以满足生产上的需要。

（1）**铁碳合金分类** 相图中 P 点左侧成分的合金称为工业纯铁；P、E 点之间成分的合金称为钢；E 点右侧成分的合金称为白口铸铁。

S 点成分的钢称为共析钢；S 点左侧成分的钢称为亚共析钢；S 点右侧成分的钢称为过共析钢。C 点成分的白口铸铁称为共晶白口铸铁；C 点左侧成分的白口铸铁称为亚共晶白口铸铁；C 点右侧成分的白口铸铁称为过共晶白口铸铁。

表 2-1 按照相图分类的铁碳合金的室温平衡组织

种　类		w_C（%）	室温平衡组织	符号表示
工业纯铁		≤0.0218	铁素体	F
碳钢	亚共析钢	0.0218～0.77	铁素体+珠光体	F+P
	共析钢	0.77	珠光体	P
	过共析钢	0.77～2.11	珠光体+二次渗碳体	$P+Fe_3C_Ⅱ$
白口铸铁（生铁）	亚共晶白口铸铁	2.11～4.3	珠光体+二次渗碳体+莱氏体	$P+Fe_3C_Ⅱ+Ld'$
	共晶白口铸铁	4.3	莱氏体	Ld'
	过共晶白口铸铁	4.3～6.69	莱氏体+一次渗碳体	$Ld'+Fe_3C_Ⅰ$

（2）**工业纯铁的组织状态变化规律** 工业纯铁在从液态开始冷却结晶的过程中，首先转变成奥氏体（A）；降温至 GS 线和 GP 线之间区域时，成为两相组织 A+F；降温至 PQ 线

以下时,转变成 F+Fe₃C_III 组织。由于 Fe₃C_III 数量极少且细小,故一般不考虑其影响,工业纯铁的室温组织可看成 F。

(3) 钢的组织状态变化规律　钢液冷却过程中,冷却至 AE 线以下时,全部转变为单相的 A 组织。亚共析钢经 GS 线转变为 A+F 两相组织;经 PSK 线时,转变为 P,到室温时转变为 F+P 组织。共析钢在 AE 线以下时为单相 A,S 点时转变为 P,至室温不变。过共析钢在 AE 线以下时为单相 A;至 ES 线时,开始析出 Fe_3C_{II};经 PSK 线时,A 转变为 P,到室温时,其组织为 $P+Fe_3C_{II}$。由于冷却缓慢,Fe_3C_{II} 将以网状形式析出,称为网状渗碳体,它将增加材料的脆性。

(4) 白口铸铁的组织状态变化规律　白口铸铁的结晶过程分析可参照钢,在此不再列举说明。由相图可看出,亚共晶、共晶、过共晶白口铸铁的室温组织分别为 $P+Fe_3C_{II}+Ld'$、Ld'、Fe_3C_I+Ld'。

(5) 铁碳合金的室温组织和性能随成分变化的规律　不同成分的铁碳合金在室温时的组织都是由铁素体和渗碳体两个基本相组成的。随着碳的质量分数的增大,铁素体量减少,渗碳体量增加,渗碳体的形态和分布发生变化。不同成分的铁碳合金具有不同的室温组织和性能。铁碳合金的组织、性能变化规律如图 2-9 所示。

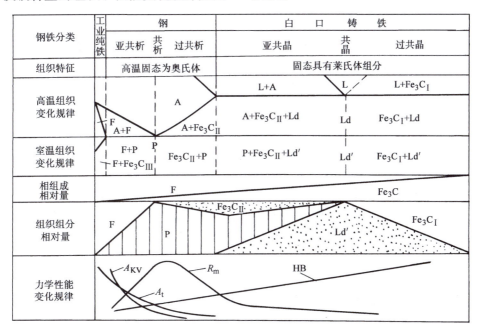

图 2-9　铁碳合金的组织、性能变化规律

1) 铁碳合金室温组织变化如下式所示:

$$F + P \rightarrow P \rightarrow P + Fe_3C_{II} \rightarrow P + Fe_3C_{II} + Ld' \rightarrow Ld' \rightarrow Ld' + Fe_3C_I$$

2) 铁碳合金力学性能变化。随着 w_C 的增大,合金的硬度增大,而塑性、韧性则不断下降。当 w_C<0.9% 时,随着 w_C 的增加,强度基本呈直线上升,当 w_C>0.9% 时,由于出现大量的网状渗碳体沿晶界分布,使脆性增加,特别是在白口铸铁中出现大量的渗碳体组织,故强度将随 w_C 增大而明显下降。为了保证工业用钢具有足够的强度、一定的塑性和韧性,

钢中碳的质量分数一般不超过 1.4%。

3. Fe-Fe₃C 相图的应用

Fe-Fe₃C 相图反映了铁碳合金成分、组织和温度三者的变化规律，即不同成分的合金在不同的温度具有不同的组织状态。因此，相图可作为制订热加工工艺的重要依据，例如确定铸造的熔化温度、浇注温度，确定锻造加热温度及始锻、终锻温度范围，确定热处理的加热温度范围等。

根据组织（常指室温组织）、性能和成分的变化规律，相图将作为合理选材的重要依据。例如：建筑工程用钢、冷冲压件、焊接件等需塑性、韧性良好的材料，应选用低碳范围的钢；受力较复杂的机械结构零件（如轴类零件等），要求强度、塑性和韧性都较好（即具有综合力学性能）的材料，应选用中碳范围的钢；需要高强度、高耐磨性的各种工具的材料，则应选用高碳范围的钢。

汽车生产上，对于汽车齿轮类零件的选材，由于齿轮受力较大，受冲击频繁，要求表硬内韧的力学性能，因而根据铁碳相图，应采用低碳钢（如 20Cr、20CrMnTi 等），再采取表面处理等工艺，使其具有较好的冲击韧性；对于综合力学性能要求较高的轴类零件，则需采用中碳钢；对于汽车上承受载荷及振动的螺旋弹簧，则需选用 w_C = 0.65% ~ 0.85% 的弹簧钢，可以获得高弹性和高韧性。

可以说，只有掌握 Fe-Fe₃C 相图，才能掌握钢铁材料及其热加工工艺的特点。必须指出的是，相图只能作为选材和制订热加工工艺的重要工具和参考，不能生搬硬套。因为在实际生产中，必须考虑合金中的其他元素的影响，以及实际的加热或冷却速度不可能做到极其缓慢等诸多因素。

课题四　碳　钢

碳钢的价格低廉，性能良好，是工业中应用最普遍、用量最大的金属材料。钢铁在冶炼过程中，由于原料及燃料因素的影响，必然含有少量的锰、硅、硫、磷等常存的杂质元素。它们的存在对钢的力学性能有很大的影响。

当前，全球汽车工业的发展趋势是减重节能。因此，为了实现汽车轻量化，各汽车制造厂家都扩大了铝、镁合金和塑料的应用。尽管如此，钢铁材料目前仍是汽车工业用材的主体，它们占汽车用材总量的 65% ~ 70%。

一、常存杂质元素对钢性能的影响

在实际生产中使用的碳钢，不单纯是铁和碳组成的合金，还包含有一些杂质元素，其中常规的杂质元素主要有锰、硅、硫、磷 4 种，它们对碳钢的性能有一定的影响。

（1）锰和硅　锰和硅在钢中是一种有益元素。它们能溶入铁素体中形成固溶体，称为合金铁素体，产生固溶强化，从而在不降或略降塑性和韧性的基础上，提高钢的强度和硬度。同时锰还能与硫形成 MnS（1620℃），以减少硫对钢的有害作用。

（2）硫和磷　硫与铁形成的化合物 FeS 与铁会形成低熔点（985℃）的共晶体，分布在奥氏体的晶界上。当钢材在 1000 ~ 1200℃ 进行形变加工时，由于共晶体熔化，晶粒间结合被破坏，钢材变脆，出现脆裂的现象，称为热脆。磷溶入铁素体中使其强度特别是低温下的塑性和韧性下降，使钢变脆的现象，称为冷脆。故将硫、磷称为有害杂质元素，钢中应严格控制其含量。在易切削钢中，为使其切屑易断，改善其可加工性能，会在钢中适当提高硫、磷的含量。

二、常用碳钢

（1）**碳素结构钢**　这类钢通常不经过热处理而直接使用，因此只考虑其力学性能和有害杂质含量，不考虑碳的质量分数，故其牌号由屈服强度字母、屈服强度数值、质量等级符号、脱氧方法符号等内容按顺序组成。其中屈服强度字母以"屈"字汉语拼音字首"Q"表示；屈服强度数值为 R_{eL} 值；质量等级分 A、B、C、D 4 级，A 级质量最低，D 级质量最高；脱氧方法符号用汉语拼音首字母表示，"F"表示沸腾钢，"Z"表示镇静钢，但可省略。例如，Q235A·F 表示 R_{eL}=235MPa 的 A 级质量的碳素结构钢，属于沸腾钢。

碳素结构钢一般属于低碳钢，有良好的可塑性和可焊性，并具有一定的强度，通常以型材、板材、管材等形式用于桥梁、建筑等工程构件及一般机械零件。在汽车零部件中，可用碳素结构钢制造螺钉、螺母、垫圈、法兰轴、后桥后盖、制动器底板、车厢板件、备胎托架、发电机支架、曲轴前挡油盘、拉杆、销、键等。

（2）**优质碳素结构钢**　这类钢属于亚共析钢，牌号用两位数字表示，代表钢中平均碳的质量分数的万倍，例如 45 表示平均碳的质量分数为 0.45% 的优质碳素结构钢。若钢中锰的含量较高，则在两位数字后加符号"Mn"，如 65Mn。

优质碳素结构钢一般经过热处理后使用，有较高的力学性能和工艺性能，广泛用于制造较重要的机械零件。

常用优质碳素结构钢性能和用途见表 2-2。

（3）**非合金工具钢**　非合金工具钢（原碳素工具钢）的牌号冠以"碳"字的汉语拼音首字母"T"，后面加数字表示钢中平均碳的质量分数的千倍。这类钢属共析、过共析钢，强度大、硬度大、耐磨性好，塑性、韧性差，适于制造各种低速切削工具，经热处理后使用。

常用刃具模具用非合金工具钢性能和用途见表 2-3。

（4）**铸钢**　这类钢属中、低碳钢即亚共析钢，适于制作形状复杂的钢件。其牌号以"铸钢"两字的汉语拼音首字母"ZG"，后面加两位数字表示。第一组表示屈服强度，第二组表示抗拉强度。例如，ZG200—400 表示屈服强度 R_{eL}=200MPa，抗拉强度 R_m=400MPa 的铸钢。

常用铸钢性能和用途见表 2-4。

表 2-2　常用优质碳素结构钢性能和用途

牌号	种类	主要性能	主要用途
10、15 20、25	低碳钢 （也称为碳素渗碳钢）	强度、硬度小，塑性、韧性好，冷冲压性能和焊接性能良好	主要用于制造冷压件和焊接构件及受力不大、韧性要求高的机械零件，例如螺栓、车轮螺母、纵横拉杆、变速叉、变速杆、轴套、法兰盘、焊接容器等，还可用作一般渗碳件（如销子等）

(续)

牌号	种类	主要性能	主要用途
30、35、40、45、50、55	中碳钢（经调质处理又称碳素调质钢）	综合力学性能良好	主要用于齿轮、连杆、连杆螺母、飞轮齿环、制动盘、转向主销、前轴等，其中以40、45钢应用最为广泛
60、65、70	高碳钢（60、65、65Mn，又称为碳素弹簧钢）	经热处理后，有较大的强度、硬度和弹性	主要用于离合器压板弹簧、活塞销卡簧、弹簧垫片、气阀弹簧等弹性构件和轧辊等机械零件

表2-3 常用刃具模具用非合金工具钢性能和用途

牌号	主要性能	主要用途
T7、T8	能承受冲击、振动，韧性较高	用于制造大锤、冲头、錾子、木工工具、剪刀等
T9、T10	硬度大、耐磨性较高，耐冲击性较差	用于制造丝锥、板牙、小钻头、手工锯条、冲模、冲头等工具
T12、T13	硬度大、耐磨性高、耐冲击振动性能差	用于制造锉刀、刮刀、剃刀、铰刀、量具、丝锥、板牙等工具

表2-4 常用铸钢性能和用途

牌号	主要性能	主要用途
ZG200—400	良好的塑性、韧性和焊接性能	用于受力不大，要求韧性好的机械零件，例如机座、变速器壳体、减速器壳体等
ZG230—450	有一定的强度和较好的塑性、韧性，焊接性能良好	用于受力不大，要求韧性好的机械零件，例如砧座、外壳、轴承盖、底板、阀体、箱体等
ZG270—500	有较大的强度和较好的塑性，铸造性能好，焊接性能尚好，切削性好	用途广泛，用作轧钢机机架、轴承座、连杆、箱体、曲轴、气缸体、飞轮

课题五 钢的热处理

热处理是将固态金属或合金通过加热、保温和冷却以获得所需组织结构与性能的工艺。其目的是改变或改善金属材料的使用性能和工艺性能，挖掘金属材料的性能潜力，提高产品的质量，延长其使用寿命。80%左右的汽车、拖拉机零件需要进行热处理；所有的刀具、模具、量具、滚动轴承等均需要进行热处理。

热处理一般分为普通热处理和表面热处理。

普通热处理又称整体热处理，主要包括退火、正火、淬火和回火等。

表面热处理包括表面淬火和化学热处理等。

热处理的主要对象是钢质零件，所以常有"钢的热处理"一说。实际上，所有金属都可以进行热处理。任何热处理方法的工艺过程都由加热、保温、冷却3个阶段组成，其主要工艺参数是加热温度、保温时间和冷却速度。因此，热处理工艺可用以温度-时间为坐标的图形来表示，称为热处理工艺曲线，如图2-10所示。

一、钢的热处理原理

（一）钢在加热时的组织变化

在 Fe-Fe$_3$C 相图中，A_1、A_3、A_{cm} 是钢在加热或冷却时的相变临界线。实际生产中加热速度和冷却速度不可能极其缓慢，都存在一定的过热度和过冷度，会使实际的相变临界线偏离平衡态时的相变临界线，过热度和过冷度越大，偏离程度越大，一般用 Ac_1、Ac_3、Ac_{cm} 代表加热时实际的相变临界线；用 Ar_1、Ar_3、Ar_{cm} 代表冷却时实际的相变临界线，如图 2-11 所示。

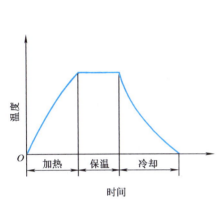

图 2-10　热处理工艺曲线

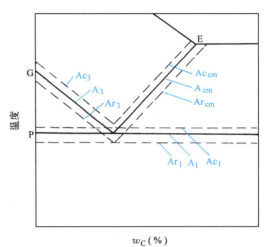

图 2-11　钢在加热和冷却时的相变点

1. 奥氏体的形成

由 Fe-Fe$_3$C 相图可知，钢加热到 Ac_1 以上时，将由珠光体向奥氏体转变。亚共析钢加热到 Ac_3 以上时，铁素体将完成向奥氏体的转变。过共析钢加热到 Ac_{cm} 以上时，二次渗碳体完成向奥氏体的溶解。形成奥氏体的过程称为奥氏体化。其目的是获得均匀细小的奥氏体组织，为随后冷却时的组织转变作组织准备。这也是钢的热处理的加热目的。

形成奥氏体的过程中有以下几个环节：

（1）奥氏体晶核的形成（简称形核）与长大　奥氏体晶核优先在铁素体相与渗碳体相界面处形成。晶核形成后，依靠铁、碳原子的扩散，同时向铁素体和渗碳体方向长大，形核和核的长大同时进行。

（2）未溶渗碳体的溶解　由于铁素体的晶格与碳含量比渗碳体更接近奥氏体，所以铁素体首先会完成向奥氏体的转变，残存的未溶渗碳体将随保温时间的延长逐渐溶入奥氏体而消失。

（3）奥氏体成分的均匀化　未溶渗碳体刚溶解时，奥氏体的成分是不均匀的，原渗碳体处的碳含量高于原铁素体处的碳含量，通过继续延长加热时间，能获得均匀化的奥氏体。这就是需要保温过程的原因。

对于亚共析钢或过共析钢，加热温度在 Ac_1 以上时，其加热组织为铁素体加奥氏体或奥氏体加二次渗碳体（此时为部分奥氏体化）。要得到单相奥氏体（即完全奥氏体化），必须

将钢加热到 Ac_3 或 Ac_{cm} 以上。

2. 奥氏体晶粒的长大

奥氏体形成后的晶粒细小,随着加热温度的升高和保温时间的延长,奥氏体晶粒将继续长大粗化。

加热时获得的奥氏体晶粒越细小,则冷却时转变产物的晶粒越细小;晶粒越细小,其综合力学性能越好。所以,加热温度和保温时间必须合理选择。

加热速度、原始组织和成分也将影响奥氏体的晶粒大小。加热速度越快,奥氏体的晶粒越细小;原始组织越细小,相的界面越多,奥氏体晶核数目越多,从而有利于获得细晶组织;奥氏体中碳含量增加,有利于奥氏体晶粒长大,但当奥氏体晶界上存在未溶碳化物时,将阻碍晶粒的长大,故奥氏体的实际晶粒仍较细小。除锰、磷少数元素外,大多数合金元素都会阻碍奥氏体晶粒的长大,即合金钢在同样的加热条件下,易获得细晶组织。

(二)钢在冷却时的组织转变

冷却是热处理的关键工序。不同的冷却方式和冷却速度,将使钢获得不同的组织。常用冷却方式有等温冷却和连续冷却,两种冷却方式示意图如图 2-12 所示。

1. 过冷奥氏体的等温转变

在一定的冷速条件下,在 A_1 温度以下仍暂时存在的、不稳定的奥氏体称为过冷奥氏体,以 A′ 表示。

(1)过冷奥氏体等温转变图 过冷奥氏体等温转变图是表示过冷奥氏体在不同过冷度下的等温过程中,转变温度、转变时间与转变产物量的关系线图。曲线的形状与字母 C 相似,故又称为 C 曲线。它是通过金相硬度法测绘而成的,不同成分的钢具有不同的 C 曲线。共析碳钢过冷奥氏体等温转变图如图 2-13 所示。

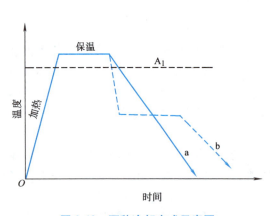

图 2-12　两种冷却方式示意图
a—连续冷却　b—等温冷却

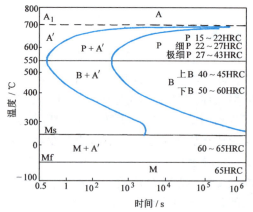

图 2-13　共析碳钢过冷奥氏体等温转变图

图 2-13 所示的两条 C 曲线,左边的一条为过冷奥氏体转变开始线;右边的一条为转变终了线,其右侧为转变产物区;两条 C 曲线之间为过冷奥氏体部分转变区。Ms 线为马氏体转变开始线。

过冷奥氏体转变前的一段时间称为孕育期,它以转变开始线与纵坐标之间的距离表示其大小。对共析钢而言,在 550℃ 左右时孕育期最短,这说明过冷奥氏体最不稳定,最易分解转变。高于或低于此温度，孕育期均由短变长，转变开始线在此出现一个拐弯，称为 C 曲线的鼻部。

（2）过冷奥氏体等温转变产物的组织与性能

根据转变产物的不同，过冷奥氏体的等温转变可分为珠光体型转变、贝氏体型转变和马氏体型转变。

1）珠光体型转变。在从 A_1 到鼻部的温度范围内等温冷却时，转变产物为铁素体与渗碳体片层状复相组织，即珠光体型组织。随转变温度的降低（即过冷度的增大），珠光体晶粒细化（即层片间距变小），硬度增大。转变产物通常分为以下几种：①在 A_1~650 之间形成的较粗大的珠光体，仍称为珠光体，用符号 P 表示，硬度为 160~250HBW；②在 650~600℃之间形成的细珠光体，称为索氏体，用符号 S 表示，硬度为 25~35HRC；③在 600~550℃之间形成的极细珠光体，称为托氏体，用符号 T 表示，硬度为 35~48HRC。

2）贝氏体型转变。在 550℃~Ms 之间的温度范围内等温冷却时，转变产物为贝氏体型组织。

在 550~350℃之间，形成的贝氏体为上贝氏体。其形态为在平行排列的条状铁素体之间不均匀地分布着细小的短杆状渗碳体，用符号 B_S 表示，硬度为 40~45HRC，其塑性较差，脆性大，无实用价值。

在 350℃~Ms 之间，形成的贝氏体为下贝氏体。其形态为极细小的渗碳体均匀地分布在针状的铁素体基体上，用符号 B_x 表示，硬度为 50~60HRC，其韧性良好，综合力学性能较高。生产中，常用等温淬火方法获得下贝氏体组织，以改善其力学性能。

3）马氏体型转变。在 Ms 以下温度范围内冷却时，转变产物主要为马氏体。马氏体是碳在 γ-Fe 中形成的过饱和固溶体，用符号 M 表示。其硬度取决于碳的过饱和程度，即随碳的质量分数增大，其硬度明显增大。当 w_C>0.60%后，其硬度趋于平缓，高达 60~65HRC。其硬度增大的同时，强度随之增大，即马氏体具有显著的强化效果。

由于马氏体的转变终了线基本上都在零下几十摄氏度，若为连续冷却，则马氏体转变也连续进行；若冷却终止，则转变立即终止。一般情况下，冷却往往进行到室温为止，马氏体转变存在不完全性，这会导致钢中有残留未转变的奥氏体存在，称为残余奥氏体。残余奥氏体的存在及其数量将影响钢的性能。

低碳马氏体如图 2-14a 所示，为板条状组织，具有良好的综合力学性能；高碳马氏体则

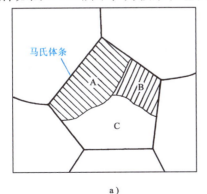
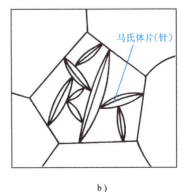

a) b)

图 2-14 马氏体组织示意图

a）低碳马氏体 b）高碳马氏体

呈针状，塑性、韧性较差，是获得其他优良组织的基础，其形态如图 2-14b 所示。

2. 过冷奥氏体的连续冷却转变

连续冷却是生产中最经济、最方便、最得以广泛使用的冷却方式。但由于连续冷却转变曲线测绘困难，因此可利用等温转变的 C 曲线来分析连续冷却转变的产物，即将连续冷却曲线与 C 曲线相交，根据相交的大致位置来判断连续冷却后的组织和性能（图 2-15）。这对制定热处理工艺有着重要的现实意义。

图 2-15 中，冷却曲线 v_1、v_2、v_3、v_4 分别代表实际生产过程中的炉冷、空冷、油冷、水冷等冷却方式下的冷却速度。由此可估计出其相应的转变产物分别为 P、S、T+M、M+A′，相应的硬度分别为 170~220HBW、25~35HRC、45~55HRC、55~65HRC。图 2-15 中与鼻部相切的冷却速度曲线 v_c 称为临界冷却速度，它表示过冷奥氏体转变成马氏体的最小冷却速度。v_c 的大小反映了钢的淬透性（即获得马氏体组织淬硬层的能力）的高低。

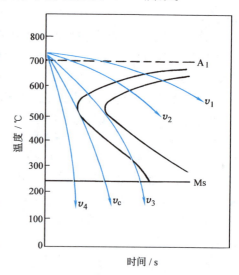

图 2-15 连续冷却的冷却速度线在等温转变曲线上的应用

二、退火与正火

在钢的普通热处理种，一般将退火与正火称为预备热处理，而将淬火与回火称为最终热处理。预备热处理的目的是消除工件的某些缺陷，为后续工序和最终热处理作组织准备。最终热处理的目的是使零件获得所要求的使用性能。

1. 退火

将金属材料加热到一定温度，保温后缓冷的热处理工艺，称为退火，又称焖火。退火的主要目的是：细化晶粒、均匀组织、降低硬度、消除内应力等。常用退火方法有完全退火、球化退火、去应力退火。

（1）完全退火 将钢件加热到 Ac_3 以上 30~50℃，保温后缓慢冷却（一般为随炉冷却）的热处理工艺称为完全退火。其目的是细化晶粒、消除内应力、降低硬度（软化）、改善可加工性能等。

完全退火主要用于亚共析钢结构件，一般件作最终热处理，重要件作预备热处理。

（2）球化退火 球化退火指共析、过共析钢加热到 Ac_1 以上 20~30℃，保温后随炉冷却的热处理工艺。退火组织为球状珠光体。退火的目的是降低硬度，改善可加工性能，为淬火作组织准备。

（3）去应力退火 去应力退火是把零件加热到 Ac_1 以下某一温度，保温后缓冷的热处理工艺。其主要目的是消除零件因加工产生的内应力，稳定尺寸，减少变形。例如铸件、锻件、焊接件、精加工件等需经去应力退火后才转入下一道工序。

2. 正火

正火是将零件加热到 Ac_3 或 Ac_{cm} 以上 30~50℃，保温（完全奥氏体化）后在空气中冷却的热处理工艺。

正火的目的是细化晶粒、调整硬度、消除网状的二次渗碳体组织等，正火基本与退火相同，只是冷速稍快，过冷度较大，故同一钢件，正火后组织较细，强度、硬度较大。

低碳钢常用正火提高硬度，以改善其可加工性；过共析钢常采用正火消除网状二次渗碳体，为球化退火作组织准备。

普通结构钢、大型复杂件，以正火为最终热处理，以提高其力学性能，避免淬火开裂危险。

正火采用空冷，生产周期短、生产效率较高、成本较低、操作简便。在技术条件许可的情况下，应优先采用正火。

三、淬火与回火

钢的淬火、回火通常作为最终热处理。

1. 淬火

淬火是将零件加热到 Ac_3 或 Ac_1 以上某一温度，保温后以不小于临界冷却速度冷却，获得马氏体或下贝氏体组织的热处理工艺。

（1）淬火的目的　淬火的目的是提高硬度和耐磨性，为回火作组织准备，从而提高结构件或工具的力学性能，也可改善某些特殊钢的力学性能或化学性能，例如不锈钢、高锰钢的固溶处理等。

（2）淬火加热温度与保温时间　碳钢的加热温度是以 $Fe-Fe_3C$ 相图为依据的，通常，亚共析钢加热到 Ac_3 以上 30~50℃，共析、过共析钢加热到 Ac_1 以上 30~50℃。合金钢在碳钢的基础上还要考虑合金元素的影响。除锰元素外，绝大多数合金钢的加热温度都高于同等碳质量分数的碳钢。合金元素的含量越高，影响越显著。

淬火加热保温时间要综合考虑诸多因素，例如零件成分、结构形状、尺寸大小、性能要求，以及加热速度、加热炉功率、装炉量等。原则上以钢件"烧透"（即零件内、外均达到同一加热温度）为准。

（3）淬火冷却介质　常用淬火冷却介质是水、油和盐。

淬火用水应为较干净的清水，水的冷却能力大，但容易造成零件的变形和开裂。随着水温的升高，其冷却能力将下降，生产中一般不允许超过 40℃。此外，盐水的冷却能力高于普通清水。

淬火用油为各种矿物油，油温一般控制在 40~80℃ 为宜。油的冷却能力小于水，有利于减小变形。

为了减小零件淬火时的变形，也可用盐浴作为淬火冷却介质，常用碱、硝盐、中性盐。

淬火冷却介质的选择，主要考虑零件的尺寸形状和钢的淬透性等因素。一般原则是碳钢水淬，合金钢油淬；大件水淬，小件油淬；复杂件油淬，简单件水淬等。对于一些低淬透性的简单零件，可采用盐水淬火。

理想的淬火冷却应是 C 曲线鼻部温度附近快冷，其他温度区间慢冷，既保证得到淬火组织马氏体，又降低应力以减小变形，避免开裂。实际上，这样的淬火冷却介质是没有的。所以，生产中常采用不同的淬火方法来尽量接近理想淬火效果。

（4）常用淬火方法

1）单液淬火。将零件加热到淬火温度，保温后在一种介质中冷却的方法称为单液淬火，如图2-16中的a所示。这种方法操作简单，易于实现机械化、自动化，应用广泛，一般仅适用于形状简单、性能要求不太高的零件。

2）双液（双介质）淬火。将零件加热到淬火温度，保温后先淬入一种冷却能力较强的介质中，待零件冷至C曲线鼻部以下、Ms以上的温度区间时（300~400℃），将零件马上淬入另一种冷却能力较弱的介质中冷却（如先水后油、先水后空气等）的方法称为双液淬火，如图2-16中的b所示。

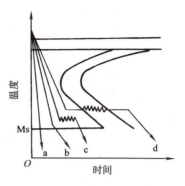

图2-16 常用淬火方法示意图
a—单液淬火 b—双液淬火
c—分级淬火 d—等温淬火

双液淬火的目的是在低温区让过冷奥氏体在缓慢冷却的条件下转变成马氏体，以减小热应力和组织应力，从而减小变形，防止开裂。但其操作方法较难掌握，关键在于控制零件在水中的冷却时间。水冷时间过短，零件温度过高，则实际冷速可能小于v_C，无淬火效应；水冷时间过长，工作温度已降至Ms以下，则失去双液淬火的意义，变成单液淬火。结果可能出现：硬度不高或变形开裂。

3）分级淬火。将零件加热到淬火温度，保温后淬入稍高于Ms温度的盐浴中冷却，经短时间停留（内外均达介质温度）后取出空冷，以获得马氏体组织的方法称为分级淬火，如图2-16中的c所示。

由于分级冷却，减小了零件内、外温差，减小了淬火内应力，从而减小了变形，可防止开裂。显然，这种方法比双液淬火易控制，但因介质冷速较慢，所以它只适用于淬透性好的合金钢或尺寸较小而形状复杂的高碳钢零件。

4）等温淬火。将零件加热到淬火温度，保温后冷却至下贝氏体转变的温度区间（约300℃）等温冷却，待过冷奥氏体完全转变成下贝氏体组织后再空冷的方法称为等温淬火，如图2-16中的d所示。下贝氏体组织硬度较高，综合力学性能良好，淬火应力与变形很小，基本上避免了开裂。等温淬火适合小型复杂零件（如小齿轮、丝锥、螺栓等）的淬火工艺。

5）冷处理。零件淬火冷却至室温后，再继续冷却到-80~-70℃，保持一段时间，使残余奥氏体转变为马氏体，这种方法称为冷处理。生产中用冷冻机或干冰（固态CO_2）酒精混合介质降温。

冷处理主要用于高合金钢、高碳钢、渗碳钢制造的精密零件和精密量具，以提高它们的硬度、耐磨性，并稳定尺寸。

(5) 淬透性和淬硬性

1）淬透性指钢在一定的淬火条件下，获得淬硬层深度的能力。它反映了钢接受淬火的性能。

淬透性主要由钢的临界冷却速度v_C决定。v_C越小，则钢的淬透性越好，就越容易淬火。碳和合金元素的含量是影响淬透性的主要因素之一。在亚共析钢中，随着w_C的增大，钢的临界冷却速度降低，淬透性提高；过共析钢中，只要钢中$w_C \leq 1.2\%$，变化也基本如此。除铝和钴外，合金元素溶入奥氏体，均会使C曲线右移，降低临界冷却速度，提高钢的淬透性。

淬透性是钢重要的热处理工艺性能。淬透性好的钢，经淬火回火后，组织均匀一致，具有良好的综合力学性能，有利于钢材潜力的发挥。同时，淬透性好的钢淬火时可采用低的冷速缓冷，以减小变形、防止开裂。所以，受力复杂及截面尺寸较大的重要零件都必须采用淬透性好的合金钢制造，这也是工具钢属于高碳钢的主要原因之一。

2）淬硬性　指钢在理想条件下淬火所能达到的最高硬度的能力。它取决于马氏体中碳的质量分数，w_C越大，淬硬性越好。这是工具钢属于高碳钢的另一主要原因之一。应当明确，淬透性好的钢，其淬硬性不一定高。两者的概念是不同的，不可混为一谈。

2. 回火

将淬火零件重新加热到Ac_1以下某一温度，保温后以一定的冷速冷却至室温的工艺称为回火。回火通常是热处理最后一道工序。淬火后必须立即回火，其间隔时间最长不宜超过1h。

（1）回火的目的　消除或减小淬火应力，降低脆性，防止零件变形开裂；稳定组织，从而稳定零件尺寸；调整力学性能，满足零件的性能要求。

（2）常用回火方法

1）低温回火。其回火温度在150~250℃之间，回火组织为回火马氏体，基本保持马氏体的高硬度、高耐磨性，同时韧性提高，内应力明显降低。低温回火常用于刀具、模具、量具、滚动轴承、渗碳体、表面淬火件等。在100~150℃下长时间的低温回火（又称为人工时效），可以消除内应力，稳定尺寸。

2）中温回火。其回火温度在350~500℃之间，回火组织为回火托氏体，具有高的弹性极限和屈服强度、一定的韧性，且内应力基本消除，硬度为35~50HRC。中温回火常用于弹性零件及热锻模等。

3）高温回火。其回火温度在500~650℃之间。淬火加高温回火的复合热处理又称为调质处理，简称调质。其回火组织为回火索氏体，具有良好的综合力学性能，硬度为25~40HRC。高温回火常用于受力复杂的重要结构件（如曲轴、连杆、半轴、齿轮、螺栓等）。所以典型的中碳范围的结构钢又称为调质钢。

四、表面热处理

汽车上许多零件（如传动齿轮、活塞销、花键轴等）要求零件表面具有高的硬度和耐磨性，心部具有足够的强度和韧性。这种使用性能要求，直接采用原材料和一般的热处理方法很难满足，生产中常采用表面热处理来达到强化零件表面的目的。

常用表面热处理方法有表面淬火和化学热处理两类。前者只改变表面组织而不改变表面成分；后者同时改变表面成分和组织。

1. 表面淬火

仅对零件表层进行淬火的工艺称为表面淬火，一般包括感应淬火和火焰淬火等。

（1）感应淬火　利用感应电流通过零件时产生的热效应使零件表面迅速达到淬火温度，随即快速冷却的淬火工艺称为感应淬火。

感应淬火原理示意图如图2-17所示，淬火时将零件放入空心铜管绕成的感应器中，感应器中通入一定频率的交流电以产生交变磁场，于是在零件内部就会产生频率相同、方向相反的感应电流。由于感应电流的"趋肤效应"，感应电流主要分布在零件的表层。频率越高，电流密度集中的表层越薄。由于钢本身具有电阻，电阻热使零件表层迅速加热到淬火温度，而心部温度基本不变，随后快速冷却（水冷），就使零件表层淬硬，从而达到表面淬火的目的。

零件淬硬层的深浅主要取决于电流频率的高低。电流频率越高，淬硬层越浅。因此，感应淬火又分为高频（200~300KHz）感应淬火、中频（2.5~8KHz）感应淬火和工频（50Hz）感应淬火。

感应淬火因其加热速度快、加热时间短、晶粒细小、淬火质量好、生产率高、易于机械化、易于自动化而适于大批生产等特点而广泛应用于齿轮、凸轮轴、曲轴轴颈、小轴等零件的表面淬火。但大件、太复杂的件难以处理，淬火后仍需进行低温回火。

（2）火焰淬火 主要应用氧乙炔焊对零件表面进行加热，使其快速达到淬火温度，然后迅速喷水冷却，使表层获得所需硬度和淬硬层深度的工艺称为火焰淬火。

火焰淬火操作简单、方便，主要用于中碳范围的单件和大型零件的局部表面淬火。但因其淬火质量不高且不易控制，使其应用受到了限制。

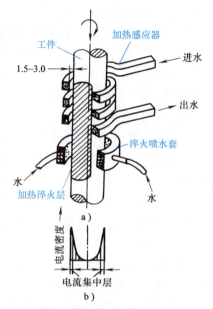

图 2-17 感应淬火原理示意图
a）感应淬火原理
b）涡流在工件截面上的分布

2. 化学热处理

化学热处理是指将零件放入一定温度的活性介质中，使一种或几种元素渗入零件表面，以改变零件表层的化学成分、组织和性能的一种表面热处理工艺。

按渗入元素的不同，化学热处理可分为渗碳、渗氮等。

（1）渗碳 钢的表面渗入碳原子的过程称为渗碳。显然，渗碳钢只能是低碳钢或低碳合金钢。

生产中应用最广的是气体渗碳。将零件放入密封的渗碳炉内，炉内加热温度为920~940℃，滴入煤油、丙酮等液体介质，使其在高温下分解产生碳原子而被零件表面吸收，溶入奥氏体，并向钢的内部扩散以形成一定的渗碳层深度。渗碳层的深度取决于保温时间的长短，渗碳速度为 0.20~0.25mm/h。

渗碳后，零件表层的 w_C = 0.85%~1.05%，心部为原来低碳钢的碳的质量分数。表层为过共析钢组织，往内依次为共析钢组织、亚共析钢组织、原始组织等。渗碳结束后，将零件出炉空冷，降温至 800℃ 左右时，直接淬入淬火冷却介质，然后低温回火；或降温至室温后，重新加热到 Ac_1 以上 20~30℃，保温后淬入油或水中，经低温回火后，表层硬度可达 56~64HRC。渗碳处理会使零件表面具有高的硬度、耐磨性和疲劳极限，心部具有良好的塑性和韧性。

渗碳主要用于强烈磨损并承受较大冲击载荷的零件（如汽车传动齿轮、轴颈、活塞销、十字轴等）。

（2）渗氮 零件在渗氮介质（氨气等）中加热并保温，使活性氮原子渗入零件表面的化学热处理工艺称为渗氮。渗氮前零件要进行调质处理，以保证心部的力学性能。渗氮后不必淬火和回火。

零件渗氮比渗碳具有更高的硬度、耐磨性、疲劳极限及更好的耐蚀性、热硬性，且变形小，主要用于精密齿轮、精密丝杠、排气阀、精密机床主轴等零件。

五、钢的热处理新技术简介

随着材料科学技术的发展，热处理工艺也在不断地改进，经过了20多年的发展，形成了许多新的热处理工艺，例如可控气氛热处理、真空热处理、形变热处理、热喷涂技术、气相沉积技术等。

1. 可控气氛热处理

可控气氛热处理是指将炉气成分控制在预定范围内的、热处理在加热炉中进行的热处理。零件在炉中通过反应，其表面可以获得或失去某种要求的金属或非金属元素。

可控气氛热处理能保证零件的耐磨性和疲劳极限，并且能减少零件热处理后的加工余量及表面的清理工作，可缩短生产周期，节能、省时、提高经济效益，是现代热处理领域中的先进技术之一。正确控制炉中气氛可对加热过程的零件提供保护，以防止零件高温氧化、脱碳。

2. 真空热处理

真空热处理是指在真空中进行的热处理。它包括真空淬火、真空退火、真空回火及真空化学处理等。真空热处理是在1.33~0.0133Pa真空度的真空中加热零件。真空热处理的零件表面不氧化、不脱碳，表面光洁、变形小，可显著提高零件耐磨性和疲劳极限。真空热处理的工艺操作条件好，有利于实现机械化和自动化，而且污染小、节约能源，因而真空热处理发展得很快。

3. 形变热处理

形变热处理是将塑性变形同热处理有机地结合在一起，获得形变强化和相变强化综合效果的强化方法。这种工艺方法不仅可以提高钢的强度和韧性，还可以大大简化金属材料或零件的生产流程。

形变热处理的方法很多，有低温形变热处理、高温形变热处理等。低温形变热处理是将钢加热到奥氏体状态后，快速冷却到Ar_1以下，进行70%~80%的变形，随即淬火、回火的工艺。与普通热处理相比，这种热处理能在保持塑性不变的情况下，大幅度提高钢的强度和抗磨性。这种工艺适用于某些珠光体与贝氏体之间有较长孕育期的合金钢（如高速钢刀具、合金弹簧钢等）。高温形变热处理是在奥氏体稳定区进行塑性变形，然后立即淬火的热处理工艺。这种热处理工艺在保证强度高于普通热处理工艺的情况下，大大提高了韧性，减少了回火脆性，降低了缺口敏感性。这种工艺多用于调质钢及加工量不大的锻件或轧材（如曲轴、连杆、弹簧等）。由于受设备和工艺条件限制，形变热处理目前应用还不普遍。

4. 热喷涂技术

热喷涂技术是表面强化处理技术的一种，是以某种热源将粉末或线状材料加热到熔化或熔融状态后，用高压高速气流将其雾化成细小的颗粒喷射到零件表面上，形成一层覆盖层的过程。如果在喷涂之后进行第二次加热，使之达到熔融状态而与基体材料形成冶金结合则称为喷焊。

热喷涂可以喷金属材料，也可以喷非金属（如陶瓷）。生产中热喷涂多喷金属，因此通常称为金属喷涂。根据热源不同，喷涂可分为电弧喷涂、氧乙炔火焰喷涂、等离子喷涂等。汽车修理中应用较多的是氧乙炔火焰喷涂及电弧喷涂。

金属喷涂是发展较快的一项表面处理技术，主要用于修复磨损的零件（如汽车、拖拉机的曲轴、气缸套、凸轮轴、半轴、活塞环等）。金属喷涂也可用于填补铸件裂纹，以及制造和修复减摩材料、轴瓦等。

5. 气相沉积技术

气相沉积是利用气相中发生的物理、化学过程，改变零件表面成分，在表面形成具有特殊性能的金属或化合物涂层。可将气相沉积技术分为化学气相沉积（CVD）和物理气相沉积两大类。

随着表面热处理技术的不断发展，离子化学热处理、电子束淬火和激光表面处理等新技术也不断得以应用。

离子化学热处理是在真空炉中通入少量与热处理目的相适应的气体，在高压直流电场作用下，稀薄的气体被电离，加热零件。与此同时，欲渗入的元素从通入的气体中离解出来，渗入零件表层。离子化学热处理比一般化学热处理速度快，生产效率高，表层组织可自由选择，零件变形开裂倾向小，具有良好的力学性能和物理性能。但离子化学热处理设备投资费用较高。

电子束淬火是利用电子枪发射出成束的电子，轰击零件表面，使之快速加热，而后自冷淬火。其能量利用率可大大提高，约达 80%。这种表面热处理工艺不受钢材种类的限制，淬火质量高，基本性能不变，是很有发展前途的新工艺。日本丰田、日野等汽车公司将电子束淬火用于汽车的离合器、凸轮、气门、挺杆等零件的表面处理。

激光表面处理利用专门的激光器发出能量密度极高的激光，以极快速度加热零件表面，经自冷淬火后使零件表面强化。生产上应用较多的激光表面处理是激光表面淬火和激光融化淬火。

课题六 合 金 钢

合金钢是在碳钢的基础上加入一种或数种合金元素后形成的新钢件。所谓合金元素，就是炼钢时特意加入的元素，常用符号 Me 表示。不管是金属元素还是非金属元素，也不管量多量少，只要是特意加入的元素，就统称为合金元素。常见合金元素有硅、锰、铬、镍、钼、钨、钒、钛、铌、铅、硼、稀土元素等。即使是碳钢中的有害杂质元素硫、磷，为了某种目的而特意加入时，也当合金元素看待。

由于合金元素的加入，钢的组织和性能将发生改变或改善，使合金钢具有优良的综合力学性能及特殊的物理、化学、力学性能，以及热处理工艺性能，从而扩大了钢的应用范围，提高了钢在工程材料中的地位和重要性。因而，绝大多数大型的或复杂的重要零件常选用或必须选用合金钢制造；某些在特殊恶劣的环境条件下使用的零件必须选用合金钢。

一、合金元素在钢中的作用

合金元素与钢的基本组元（铁、碳）的相互作用是钢的组织和性能变化的基础。合金元素在钢中的作用是十分复杂的，主要可简单概括为以下几个方面。

1. 合金元素与铁的作用

大多数合金元素都能固溶于铁素体中而形成合金铁素体，产生固溶强化。随着合金元素含量的增加，其强化效果将呈直线上升趋势。其中硅、锰的强化作用最显著。

一般来说，随合金元素含量的增加，铁素体韧性将呈下降趋势，但若是铬、镍、硅、锰等合金元素的含量不高时，铁素体韧性甚至还略有提高，特别是镍，既可提高铁素体的强度、硬度，又能使其韧性保持在较高水平。所以铬、镍、硅、锰等就成为合金钢中最常用的合金元素。

2. 合金元素与碳的作用

（1）非碳化物形成元素　镍、硅、钴、铜、氮、硫、磷等属非碳化物形成元素，或固溶于铁中，或形成化合物。

（2）碳化物形成元素　锰、铬、钼、钨、钒、铌、钛等（与碳的亲和力由弱到强排列）属碳化物形成元素。

其中，钒、钛等将与碳形成特殊碳化物，例如 VC、TiC、NbC 等；铬、钨、钼等将形成特殊合金碳化物或合金渗碳体，例如 Cr_7C_3、W(C)、MoC、$(Fe、Me)_3C$ 等；锰主要形成合金固溶体。

合金碳化物的共同特点是熔点高、硬度高、稳定性好，对钢的组织和性能将产生很大的影响。

3. 合金元素对 $Fe-Fe_3C$ 相图的影响

（1）扩大奥氏体相区　镍、锰等合金元素，会使 A_3 线下降，奥氏体相区扩大，其含量越高，影响越大。室温下仍保持奥氏体组织的钢，称为奥氏体钢（如 Cr18Ni9 型奥氏体不锈钢）。

（2）缩小奥氏体相区　硅、铬、钨、钼、钛、钒等合金元素，会使 A_3 线上升，奥氏体相区缩小，其含量越高，影响越大，直至奥氏体相区缩小封闭或消失。使钢在室温下具有单相的铁素体组织，称为铁素体钢（如铁素体不锈钢）。

（3）影响共析点温度　除镍、锰外的合金元素均会使 S 点上升。这意味着绝大多数合金钢的热处理加热温度比相同碳含量的碳钢要高。

（4）影响相图中 S、E 点的成分　所有合金元素均会使 S、E 点左移，使得亚共析成分的钢出现共析组织，从而改善钢的力学性能；使得共析钢、过共析钢中出现共晶组织，称为莱氏体钢（如高速钢）。

4. 合金元素对热处理的影响

（1）对加热时组织转变的影响　除镍和钴外，碳化物形成元素将显著减慢碳在奥氏体中的扩散速度，从而减慢奥氏体的形成速度。特殊碳化物由于在高温下稳定而不易溶入奥氏体，加上合金元素自扩散缓慢等因素的影响，故合金钢必须采用较高的加热温度和较长的加热时间。合金钢在加热过程中不易过热，并保持细晶粒，从而有利于获得细小的淬火组织。

（2）对冷却时组织转变的影响　除钴、铝外，大多数合金元素会不同程度地延缓过冷奥氏体的分解，使 C 曲线向右下移动，降低钢的临界冷速，提高钢的淬透性。特别是对碳化物、强碳化物形成元素的影响尤为显著，多种合金元素比单一合金元素的影响更大。这是大型或复杂零件采用合金钢的主要原因。

（3）对回火时组织转变的影响

1）提高回火稳定性。回火稳定性指淬火零件在回火时抵抗软化的能力。由于合金元素溶入，使原子扩散速度减慢，因而在回火过程中将延缓马氏体、残余奥氏体的分解及碳化物析出聚集长大的速度，这会将转变过程推向更高的温度。因此，在相同的回火温度下，合金钢的回火温度要高，内应力的消除就更彻底，塑性和韧性也就比碳钢要好。高的回火稳定性使合金工具钢表现出良好的热硬性（即钢在高温下仍保持高硬度的能力）。

2）产生二次硬化。含有铬、钼、钨、钒等合金元素的合金钢，淬火后在 500~600℃ 回火时硬度升高的现象，称为二次硬化。这一现象与特殊碳化物的析出有关，加上残余奥氏体转变为马氏体，双重作用导致钢硬度回升。高的回火稳定性和二次硬化能力是高速钢及热锻模钢极为重要的性能特点。

3）出现回火脆性。某些合金钢在高温回火后缓冷，则产生回火脆性，称为第二类回火脆性（如铬、锰等合金钢）。为防止出现第二类回火脆性，可在钢中加入钨、钼合金元素，例如冷作模具钢 Cr12MoV、热作模具钢 5CrMnMo 等；对于中小零件，可采用回火后快冷（油冷）的方法。

应该说，只有真正了解合金元素对钢的影响，才可能了解合金钢的性能和应用。

二、合金结构钢

合金钢品种繁多，为便于生产和管理，必须对合金钢进行分类与编号。一般地，合金钢按合金元素含量高低可分为低合金钢（$w_{Me} \leq 5\%$）、中合金钢（$5\% < w_{Me} < 10\%$）、高合金钢（$w_{Me} \geq 10\%$）；按用途不同可分为合金结构钢、合金工具钢、特殊性能钢等；按正火后的组织不同可分为珠光体钢、马氏体钢、奥氏体钢等；按合金元素的种类不同可分为铬钢、锰钢、铬镍钢、硅锰钢等。

合金结构钢是在碳素结构钢的基础上加入一种或几种合金元素的钢，主要用来制造各种重要工程构件和各种重要机械零件，主要包括低合金结构钢、合金渗碳钢、合金调质钢、合金弹簧钢、滚动轴承钢及其他结构钢等。

典型的合金结构钢有以下几种。

1. 低合金结构钢

1）成分特点：低碳（$w_C < 0.20\%$），以保证具有良好的塑性、韧性和焊接性能。在低合金结构钢中（$w_{Me} < 5\%$），锰为主加元素，辅加钒、铌、钛、硅、磷、铜等，以提高强度。

2）性能特点：良好的塑变能力，良好的焊接性能，良好的加工工艺性能，高的强度和低的冷脆临界温度，较好的耐蚀性能等。

3）用途范围：广泛应用于船舶、桥梁、汽车纵横梁、车辆、压力容器、管道、井架等。

4）牌号：由代表屈服强度的汉语拼音首字母"Q"、屈服强度值、交货状态代号（交货状态为热轧时，交货状态代号 AR 或 WAR 可省略；交货状态为正火或正火轧制状态时，交货状态代号均用 N 表示）、质量等级符号（B、C、D、E）按顺序排列组成，例如 Q390NB、Q355C、Q420D 等。

5）热处理：在供货状态下使用，一般不再进行热处理。

2. 合金渗碳钢

1）成分特点：低碳（$w_C < 0.25\%$），以保证渗碳体心部具有良好的塑性和韧性。其主加元素为铬、锰、镍、硼等，以提高淬透性，保证心部强度；辅加元素为钼、钨、钒、钛等。合金元素含量一般属于低合金，以细化晶粒，改善渗碳工艺，提高渗碳层的耐磨性。

2）性能特点：渗碳层有高的硬度、优良的耐磨性及抗疲劳性，心部具有足够的强度及韧性、良好的淬透性和渗碳工艺性。

3）用途范围：适用于承受冲击载荷及磨损条件下工作的重要渗碳零件（如汽车后桥齿轮和变速器齿轮等）。

4）牌号：由"两位数字+元素符号+数字"表示。前两位数字表示钢中平均碳质量分数的万倍，元素符号为合金元素，其后面的数字为该合金元素的百分含量，当 $w_{Me}<1.5\%$ 时，不标数字，当 $w_{Me}>1.5\%$ 时，按整数标出（如20Mn2B等）。

5）热处理：渗碳前正火处理，渗碳后淬火并低温回火。

6）常用合金渗碳钢。

① 低淬透性合金渗碳钢（如20Cr、20CrV、20MnV等），用于制造承受载荷不大的小型耐磨零件（如齿轮、活塞销、凸轮、气阀挺杆、齿轮轴、滑块等）。

② 中淬透性合金渗碳钢（如20CrNi3、20CrTi、20MnVB等），用于制造承受中等载荷的耐磨零件（如汽车用齿轮、转向轴、调整螺栓、汽车后桥主动齿轮、花键轴套、万向节、十字轴、行星齿轮等）。

③ 高淬透性合金渗碳钢（如20Cr2Ni4、18Cr2NiWA等），用于制造承受重载荷及强烈磨损的重要大型零件（如大截面的齿轮、曲轴、凸轮轴、连杆螺栓等）。

3. 合金调质钢

1）成分特点：中碳（$w_C=0.25\%\sim0.50\%$），过低则强度、硬度不够；过高则塑性、韧性差。其主加元素为铬、镍、钨、钒、钛、铝等，以防止出现第二类回火脆性，可细化晶粒，增加回火稳定性等。

2）性能特点：具有良好的综合力学性能。

3）用途范围：主要用来制造在多种载荷下工作的重要零件（如机床主轴、汽车底盘半轴、连杆、连杆螺栓、曲轴、凸轮轴等）。

4）牌号：表示方法与合金渗碳钢相同。

5）热处理：淬火加高温回火（即调质处理），如果表层或局部有耐磨要求，则调质后进行表面淬火加低温回火，甚至可进行渗氮处理。

6）常用合金调质钢：

① 低淬透性合金调质钢（如40Cr、40Mn2、40MnB、40MnVB等），主要用于中等截面的重要零件（如进气门、前轴、曲轴、曲轴齿轮、气缸盖螺栓、齿轮、半轴、转向轴、活塞杆、连杆、螺栓等）。

② 中淬透性合金调质钢（如30CrMo、40CrMo、30CrMnSi、40CrNi、38CrMoAl等），主要用于截面大、承受较重载荷的重要零件（如主轴、曲轴、齿轮轴、锤杆、减速器主动齿轮、从动齿轮等）。

③ 高淬透性合金调质钢（如40CrNiMo、40CrMnMo、30CrNi3、25Cr2Ni4WA等），主要用于大截面、重载荷的重要零件（如汽轮机叶片、曲轴、齿轮、齿轮轴、连杆、后桥半轴等）。

4. 合金弹簧钢

1）成分特点：中碳偏高（$w_C=0.50\%\sim0.70\%$），过高则塑性、韧性差，疲劳极限下降。其主加元素以硅、锰为主,辅加元素有铬、钨、钒等。

2) 性能特点:高的抗拉强度、高的屈强比(R_{eL}/R_m)、高的疲劳极限,足够的塑性和韧性,良好的表面质量,高的淬透性和低的脱碳敏感性,易成形等。

3) 用途范围:主要用于制造各种弹性零件(如减振板簧、螺旋弹簧、缓冲弹簧等)。

4) 钢号表示方法与合金渗碳钢、合金调质钢相同。

5) 常用热处理:不同的钢有不同的热处理工艺,一般可分为两大类:

① 热成形弹簧钢。大截面弹簧加热成形,随后淬火加中温回火,以获得回火托氏体组织。

② 冷成形弹簧钢。小截面弹簧,常用冷拉钢丝冷卷成形,因冷拉钢丝已经铅浴处理,不再淬火,冷卷成弹簧后只需经低温去应力退火即可(200~250℃油槽中加热)。

6) 常用合金弹簧钢

① 55Si2Mn、60Si2Mn、55SiVB 等广泛用于制造汽车、拖拉机、机车车辆用螺旋弹簧和板弹簧及其他重要弹簧等。

② 50CrVA、30W4Cr2VA 等,用于制造如气门弹簧、阀门弹簧等重要弹性零件。

5. 滚动轴承钢

1) 成分特点:高碳($w_C=0.95\%\sim1.10\%$),属过共析钢,以保证高的强度、硬度和足够的碳化物以提高耐磨性。其主加元素以铬为主,辅加硅、锰等,以提高淬透性、疲劳极限和耐磨性等。

2) 性能特点:具有高的硬度和耐磨性,高的接触疲劳极限和抗压强度,高的弹性极限和一定的冲击韧度及耐蚀性等。

3) 用途范围:基本上是一种专用钢,主要用来制造滚动轴承中的滚动体(滚珠、滚柱、滚针)、内外套圈等,也可用于制造形状复杂的工具(如精密量具等)。

4) 钢号:用"G+符号+数字"表示,其中"G"为"滚"的汉语拼音首字母,符号为合金元素铬,数字为铬质量分数的千倍,其他合金元素的表示与合金结构钢相同(如 GCr15 等)。

5) 热处理:预备热处理为球化退火,最终热处理为淬火加低温回火。对于精密轴承,还需进行冷处理,经回火和磨削后,再经低温时效处理。

6) 常用滚动轴承钢:GCr9、GCr9SiMn、GCr15、GCr15SiMn 等,广泛用于汽车、拖拉机、内燃机等的专用轴承。

合金结构钢(除滚动轴承钢外)一般都属亚共析钢的碳含量范围和低合金钢的合金元素含量范围,根据碳和合金元素在钢中的影响与作用,基本可以根据钢号判断其组织性能,根据性能可以基本确定其应用范围,所以掌握碳钢的关键在于掌握碳对碳钢组织性能的影响,掌握合金钢的关键在于掌握合金元素对碳钢组织性能的影响。同一类别的合金钢性能的优劣,可根据"合金化原则"(多元少量)大致判定,即同等碳含量的合金钢,在合金元素总含量大致相等的情况下,合金元素的种类越多,钢的综合力学性能越好。

三、合金工具钢

合金工具钢基本是在碳素工具钢的基础上加入适量的合金元素的钢。它比碳素工具钢具有更高的硬度、耐磨性,更好的淬透性、热硬性和回火稳定性等,因此用于制造截面大、形状复杂、性能要求高的各种工具。

合金工具钢基本上属于共析、过共析钢,即高碳钢,而且都是优质或高级优质钢。其牌号表示方法与合金结构钢基本相同,只是数字以碳的质量分数的千倍来表示(当 $w_C<1.0\%$ 时,以一位数字表示;当 $w_C>1.0\%$ 时,通常不标 w_C 的数值)。

合金工具钢按用途一般分为刃具钢、量具钢和模具钢三大类。

1. 合金刃具钢

合金刃具钢主要用来制造金属切削刀具(如车刀、铣刀、钻头、丝锥、板牙等)。根据切削对象和切削条件,其分为低合金刃具钢和高速钢两类。所有合金刃具钢都必须具有高的硬度和耐磨性,高的热硬性,足够的韧性。

(1)低合金刃具钢

1)成分特点:高碳(w_C = 0.80% ~ 1.50%),以保证淬硬性和形成合金碳化物。其主加元素有铬、锰、硅、钒等,以提高淬透性和硬度,提高耐磨性、热硬性及回火稳定性。

2)热处理特点:成形前进行球化退火,成形后采用淬火加低温回火,以获得回火马氏体、碳化物及少量残余奥氏体等复相组织。

3)常用低合金刃具钢:9SiCr、9Mn2V、CrWMn 等,常用于低速切削刃具(如丝锥、板牙、钻头、冷冲模等)。

(2)高速钢 高速钢为高速工具钢的简称,主要用于制造各种用途和类型的高速切削刃具。因其硬度高且能长时间保持切削刃口的锋利,高速钢又名锋钢;因其高的淬透性,淬火时空冷也能淬硬,高速钢又称为风钢;因成品高速钢刃具表面光洁,高速钢又称为白钢,在许多企业,白钢几乎取代了高速钢。这些名称,实际上反映了高速钢有高的硬度、强度、耐磨性、淬透性及热硬性(600℃)等特点。

1)成分特点:高碳(w_C = 0.70% ~ 1.6%),以形成足够的碳化物数量,保证钢的高硬度、高耐磨性。其主加元素以钨为主,还有铬、钒、钼、钛等,以提高钢的淬透性、热硬性、耐磨性、回火稳定性、耐蚀性、二次硬化效应等。

2)热处理特点:高速钢毛坯必须是锻件,锻造比不小于 10,以打碎粗大的莱氏体和碳化物,改善组织从而改善性能。

预备热处理常采用等温退火,最终热处理为淬火加高温回火。以 W18Cr4V 为例,高速钢的淬火、回火工艺曲线如图 2-18 所示。详尽的热处理工艺规范可参阅热处理工艺学或工

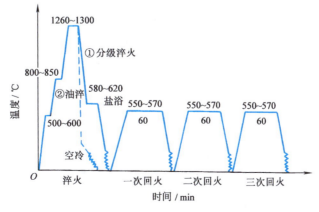

图 2-18 W18Cr4V 钢的淬火、回火工艺曲线

具钢的热处理等的资料。

3) 常用高速钢：所有高速钢钢号，前面一律不标 w_C 数字。常用高速钢有 W18Cr4V、W6Mo5Cr4V2、W6Mo5Cr4V2Al 等，主要用于制造车刀、刨刀、钻头、铣刀、拉刀等高速切削机用刃具。

2. 合金量具钢

量具是机械加工过程中的测量工具（如游标卡尺、千分尺、塞尺、量块等）。为保证量具在使用过程中的测量精度，量具钢必须具备高硬度、高耐磨性、高的尺寸稳定性、足够的韧性等性能。

合金量具钢的选用取决于量具本身的要求。普通量具（如样板、卡板等），选用低碳钢经渗碳热处理即可；对要求高精度和形状复杂的量具，则必须选用合金工具钢或滚动轴承钢。

合金量具钢的热处理为淬火加低温回火，对于高精度的量具，淬火后应立即进行冷处理，然后低温回火，回火后精磨前进行一次稳定化处理，即在 100~150℃ 长时间（24~36h）回火。

常用合金量具钢有 CrMn、CrWMn、GCr15 等。原则上所有的碳钢和合金钢都可以作为量具用钢，因此合金量具钢可以称为量具钢。

3. 合金模具钢

（1）冷作模具钢　用于在冷态下使金属变形的模具，包括冷冲模、冷挤压模等。

1) 性能要求：冷作模具在工作过程中受到很大压力、摩擦或冲击，主要因过度磨损而失效，有时也因脆断、崩刃而报废。因此，要求冷作模具钢具有高的硬度和耐磨性、足够的强度和韧性，以及较高的淬透性。

2) 成分特点：为满足高硬度和耐磨性要求，多数冷作模具钢碳的质量分数 w_C >1%，加入的合金元素有 Cr、Mo、W、V 等，以提高钢的强度、硬度、回火稳定性和淬透性。

典型的冷作模具钢为 Cr12 型钢，其成分特点是高碳高铬，w_C = 1.45%~2.30%，w_{Cr} = 11%~13%，使钢在淬火回火后存在大量高硬度的特殊碳化物（Fe、Cr）$_3$C，提高了钢的耐磨性。同时，由于有大量的铬存在，使 Cr12 型钢具有很好的淬透性。

3) 热处理特点：冷作模具钢的最终热处理通常采用淬火+低温回火，以保证获得高的硬度和耐磨性。

4) 常用冷作模具钢：由于冷作模具对钢的性能要求与刃具钢基本相似，因此，碳素工具钢和低合金刃具钢常用于制造冷作模具（如 T10A、9SiCr、CrWMn 等），但碳素工具钢只适合于制造形状简单的小型模具，低合金刃具钢常用于制造尺寸较大的轻载模具。对于截面尺寸较大的重载模具或形状复杂的高精度模具，则一般采用 Cr12 型钢。

（2）热作模具钢　热作模具是用来制造使加热金属（或液态金属）获得所需形状的模具，通常分为热锻模、热挤压模和压铸模等。

1) 性能要求：热作模具工作时，以很大的冲击力作用于被加热的坯件，使坯件发生塑性变形，因此要求热作模具钢有足够的高温强度和冲击韧度，一定的硬度和耐磨性，良好的耐热疲劳性和淬透性。

2) 成分特点：热作模具钢的 w_C 属中碳范围，w_C = 0.30%~0.60%，以保证具有足够的强度、韧性和一定的硬度。其常加入的合金元素有 Cr、Ni、Mn、Mo、W、V 等，主要用以提高钢的强度、硬度、淬透性和回火稳定性。

3）热处理特点：热作模具钢的最终热处理为淬火+回火处理。由于不同尺寸的模具对硬度的要求不同，模具的不同部位也有不同的硬度要求，因此回火温度应根据硬度要求而定，通常为中温回火。

4）常用热作模具钢：典型热作模具钢有 5CrMnMo、5CrNiMo、3Cr2W8V 等。其中，5CrMnMo 适于制造中小型热锻模；5CrNiMo 因其淬透性和韧性较好，适于制造大型热锻模；3Cr2W8V 适于制造工作中承受的冲击力较小、主要用于要求高温强度高和热硬性好的热挤压模和压铸模。

四、特殊性能钢

特殊性能钢指对某些特殊的物理性能、化学性能和力学性能具有较高指标的钢，简称特殊钢。常用特殊钢包括不锈钢、耐磨钢等。

1. 不锈钢

凡能抵抗大气、水、酸、碱、盐等介质腐蚀的钢统称为不锈钢。必须指明的是不锈钢只是相对一般碳钢和合金钢而言，若使其长期与腐蚀性介质接触，特别是在高温下长时间接触，不锈钢仍然会锈蚀而损坏。

腐蚀有化学腐蚀和电化学腐蚀之分。化学腐蚀指金属与外界介质发生化学反应而引起的金属破坏，例如钢件锻造时，热处理后表面形成的一层疏松的氧化皮就是化学腐蚀的产物，严重时它将导致零件的报废或丧失应有的性能。电化学腐蚀是指金属与酸、碱、盐等电解质溶液接触时伴有微电流产生（即所谓微电池作用）而引起的金属破坏。电化学腐蚀危害性大，涉及面广，是腐蚀的主要形式。特别是局部电化学腐蚀的危害性较大，会导致整个零件报废。金属电化学腐蚀的产生，是由于金属与电解质溶液相接触时，金属基体的电极电位较低而成为微电池的阳极，不断失去电子成为离子，从而不断被溶解腐蚀。因此，提高金属基体的电极电位并使合金呈单相组织是解决合金腐蚀的根本途径。

不锈钢最基本的合金元素是铬。铬在氧化性介质中能形成致密而完整的氧化膜（Cr_2O_3），防止钢表面被进一步氧化和腐蚀。根据 n/8 定律，当 w_{Cr} = 12.5% 时，钢的电极电位将跃升至较高值，从而有效地提高了钢的抗电化学腐蚀能力。不锈钢中 $w_{Cr} \geq 13\%$，其含量越高，耐蚀性越好。

考虑到铬是碳化物形成元素，钢中必然有一部分铬与碳形成铬的碳化物，从而降低铬的有效含量，所以不锈钢基本上都是微碳钢、低碳钢。为进一步提高不锈钢的抗晶间腐蚀能力，常加入强碳化物形成元素（如钛、铌等），除铬外，主加元素常为镍、铝等。

常用不锈钢主要有铬不锈钢和铬镍不锈钢两种类型。

（1）铬不锈钢　铬不锈钢以 Cr13 型不锈钢为主，有 1Cr13、2Cr13、3Cr13、4Cr13 等。

铬不锈钢经淬火加高温回火后，得到回火索氏体组织，塑性、韧性好，具有良好的抗大气、海水、蒸汽等介质腐蚀的能力，故常用于制造受冲击载荷的耐蚀结构件（如汽轮机叶片、水压机阀、螺栓、螺母等）。3Cr13、4Cr13 钢经淬火加低温回火，得到回火马氏体组织，硬度可达到 50HRC 左右，可用于制造弹簧、轴承、热油泵轴、阀门零件及医疗器械等。这类钢由于淬火后为马氏体组织，故又称为马氏体不锈钢。

（2）铬镍不锈钢　铬镍不锈钢以 Cr18Ni9 型不锈钢为主，有 0Cr18Ni9、1Cr18Ni9、

1Cr18Ni9Ti 等。

因镍是扩大奥氏体相区的元素，铬镍不锈钢经热处理（固溶处理）后呈单一奥氏体组织，所以也称为奥氏体不锈钢。固溶处理指将工件加热到 1000℃ 左右，使钢中其他相溶入奥氏体中，然后快速冷却（水冷），以获得过饱和的单相奥氏体组织的一种热处理工艺方法。

由于铬镍不锈钢中铬镍的含量高，且为单相组织，故耐蚀性高于其他不锈钢，在温度不太高的情况下，还可作为耐热钢使用。由于奥氏体无磁性，故铬镍不锈钢又称为无磁钢。铬镍不锈钢常用于制造耐硝酸、有机酸、盐、碱等溶液腐蚀的设备及抗磁仪表、医疗器械、日常生活器具等。

还有一类高铬的铁素体不锈钢（如 0Cr13、1Cr17、1Cr28、1Cr17Ti 等），其用途范围与铬镍不锈钢近似，市面上常听到的"不锈铁"一词，实际上就是指铁素体不锈钢。

2. 耐热钢

耐热钢指具有高温强度和高温下抗氧化的综合性能的钢，主要用于制造在高温下使用的零件。

为了提高钢的抗氧化性能，钢中应加入铬、硅、铝等合金元素，以形成一层致密完整、高熔点并覆盖于零件表面的氧化膜（如 Cr_2O_3、SiO_2、Al_2O_3），避免钢被进一步氧化。

为了提高钢的高温强度，钢中应加入钛、铌、钒及钨等合金元素，以提高钢的再结晶温度，增加钢的抗蠕变能力，提高钢的高温强度，防止高温下的晶间腐蚀。

按正火组织，常用耐热钢分为珠光体钢、马氏体钢、奥氏体钢。常用珠光体钢（如 15CrMo、12CrMoV 钢等）用于制造工作温度 600℃ 以下的耐热构件（如锅炉管、过热器等）；常用马氏体钢（如 4Cr9Si2、4Cr10Si2Mo 等）用于制造内燃机的排气阀等；常用奥氏体钢（如 Cr18Ni9Ti、4Cr14Ni14W2M0 钢等）用于制造高温下工作的锅炉、加热炉等构件。

3. 耐磨钢

在强烈的冲击、挤压和严重磨损的作用下，产生硬化从而具有良好耐磨性的钢，称为耐磨钢。典型的耐磨钢为高锰耐磨钢，简称高锰钢，其 $w_{Mn}=13\%$，$w_C=1.0\%\sim1.3\%$。

高锰钢的热处理为水韧处理，即将钢加热到 1000~1100℃，保温后淬入水中速冷，组织为单相奥氏体，硬度不高，塑性、韧性良好。当受到强烈冲击、巨大压力和磨损时，其表面会产生塑性变形而明显强化，并诱发奥氏体向马氏体转变，导致钢的表面硬度大幅提高，而心部仍保持具有良好塑性和韧性的奥氏体状态，使钢具有很高的耐磨性和抗冲击能力。因此高锰耐磨钢并不适用于一般零件，主要用于制造在严重磨损和强烈冲击条件下工作的零件，例如破碎机上齿板，粉碎机上的衬板，挖掘机上的铲齿，铁路上的道岔，坦克、拖拉机、推土机用履带板等。

高锰钢难以切削加工，一般采用铸造方法成形，因此，高锰钢的钢号用铸钢的汉语拼音首字母"ZG"、锰元素符号及其百分含量、序号表示（如 ZGMn13-1）。

课题七 铸 铁

碳的质量分数为 $2.11\%<w_C<6.69\%$ 的铁碳合金称为铸铁。工业铸铁中，锰、硅、硫、磷等的质量分数一般都高于碳钢，碳的质量分数 w_C 常为 2.5%~4.0%。有时为了进一步提

高铸铁的力学性能或得到某些特殊性能，常加入铬、钼、铜、钒、铝等合金元素或提高硅、锰、磷等元素的质量分数，这种铸铁称为合金铸铁。

铸铁具有良好的铸造性能、可加工性、耐磨性、减振性，且价格低廉。因此，铸铁广泛应用于汽车制造业。虽然铸铁的强度、塑性比钢差，但其仍然是工业生产中最重要的金属材料之一，特别是经过球化和孕育处理后，铸铁的力学性能已不亚于结构钢，可取代碳钢、合金钢制造一些重要的结构零件（如曲轴、连杆、齿轮等）。一些力学性能要求不高、形状复杂、锻制困难的零件（如气缸体、气缸盖、活塞环、飞轮、后桥壳等）全部由铸铁制造。

铸铁的 w_C 较高。碳在铸铁中有两种存在状态：一种是化合状态——渗碳体（Fe_3C）；一种是游离状态——石墨（通常用符号 G 表示）。其中，石墨存在的形式对铸铁的影响很大。

因此，要了解各种铸铁的本质，就必须了解铸铁中石墨的形态以及石墨数量、大小、形状和分布对铸铁的影响等。可以说，掌握了石墨的特性及石墨在铸铁中的影响和作用，就基本上掌握了各类铸铁的本质和性能特点。至于合金铸铁，关键在于合金元素的影响和作用，合金元素使合金铸铁具有与普通铸铁不同的性能特点。

根据碳在铸铁中的存在形式和形态的不同，铸铁一般分为白口铸铁、灰铸铁和麻口铸铁3类。

白口铸铁中碳主要以渗碳体形式存在，断口呈银白色，故称白口铸铁。白口铸铁性硬而脆，难以切削加工，很少直接用于制造机械零件，主要用作炼钢原料或可锻铸铁的毛坯，有时，利用白口铸铁高硬度、高耐磨性的特点，用激冷的方法（使铸件表面获得白口组织而心部为灰铸铁组织的铸铁称为激冷铸铁）制作一些承受摩擦及有磨料磨损的零件（如犁铧、轧辊、磨球等）。

根据石墨的形态不同，铸铁可分为灰铸铁、可锻铸铁、球墨铸铁和蠕墨铸铁。石墨及石墨的形态对铸铁的性能起着决定性的作用。

一、石墨及石墨化

石墨具有简单六方晶格，是碳的同素异构体，其强度、塑性、韧性几乎为零，硬度极低，密度较小，组织松软，可自润滑等。

铸铁中形成石墨的过程称为石墨化。石墨既可以从液相中析出，也可以从奥氏体中析出，还可以由渗碳体的分解而得到。灰铸铁、蠕墨铸铁中的石墨主要由液相中析出；可锻铸铁中的石墨是白口铸铁经长时间的高温退火，由渗碳体分解而得到的。在铸铁由液相结晶为固相（固态），由高温到低温的整个冷却过程中，如果石墨化过程得以充分进行，基体组织将是铁素体；如果石墨化过程只能部分进行，将只能得到铁素体-珠光体基体或珠光体基体组织。

影响石墨化的因素很多，最主要的影响因素是化学成分和冷却速度。

1. 化学成分

碳和硅是强烈促进石墨化的元素。铸铁中碳和硅的质量分数越大，就越有利于石墨的析出。当然，为防止因石墨析出过多而影响铸铁的强度，碳、硅的含量必须控制在一定范围，而不是越高越好。

锰、硫是阻碍石墨化的元素，必须严格控制其含量。锰和硫能形成 MnS，从而减弱硫的有害作用而间接成为石墨化促进元素，因此，允许铸铁中保留适当的锰含量。

磷是促进石墨化的元素，磷共晶能提高铸铁的硬度和耐磨性，这对耐磨铸铁是有利的。但是，若w_P太大，就会增加铸铁的脆性，所以对磷的含量同样要严格控制。w_P的大小需根据铸件的具体使用要求而定。

2. 冷却速度

冷却速度越慢，碳原子扩散时间越充分，则越有利于石墨化的进行，越容易形成灰铸铁。反之，冷却速度越快，越容易形成白口铸铁。冷却速度主要取决于铸件壁厚、铸型材料及浇注温度等。因此，同一成分的铸铁件中，表层和薄壁部分常常出现白口铸铁组织，而内部和厚大部分则形成灰铸铁组织；浇注温度高者比浇注温度低者容易形成灰铸铁组织；金属型铸件比砂型铸件容易形成白口铸铁组织；小件比大件容易形成白口铸铁组织。

二、灰铸铁

灰铸铁中碳全部或大部分以片状石墨形态存在，其断口呈暗灰色，故称灰铸铁。灰铸铁是应用最广泛的铸铁。

1. 灰铸铁的组织和性能

灰铸铁的片状石墨是在正常的铸造条件下形成的。在室温下，灰铸铁的组织为铁素体与石墨，或铁素体、珠光体与石墨，或珠光体与石墨，这些组织的铸铁分别称为铁素体灰铸铁、铁素体-珠光体灰铸铁、珠光体灰铸铁。

由于石墨的力学性能几乎为零，所以灰铸铁的力学性能主要取决于基体的性能和石墨的形态、数量、大小与分布。灰铸铁的基体是亚共析钢、共析钢。石墨分布在基体上就相当于孔洞和裂纹。换言之，灰铸铁可以看成是充满了孔洞和裂纹的钢。这些孔洞和裂纹破坏了基体组织的连续性，减少了承载的有效面积，且在石墨片的尖角处产生应力集中，使灰铸铁容易脆断，其抗拉强度、塑性与韧性比同样基体的钢低得多。石墨数量越多，尺寸越大，分布越不均匀，对基体的破坏作用越严重，铸铁的力学性能就越低。由此可知，珠光体灰铸铁的强度、硬度比铁素体灰铸铁要高，铁素体-珠光体灰铸铁介于二者之间。但在压应力作用下，石墨对基体的性能影响不大。所以灰铸铁的抗压强度和硬度与相同基体的钢差不多。

由于石墨的存在及其性能特点，在切削铸铁时，石墨起到减摩和润滑断屑的作用，刀具磨损少，因而可加工性好；石墨组织松软，能吸收振动能，因而铸铁有良好的消振性；石墨本身就相当于孔洞，阻止了裂纹的延伸扩展而使铸铁具有低的缺口敏感性；石墨本身是良好的润滑剂，石墨剥落后留下孔洞能起到储油作用，使铸铁具有良好的减摩性；石墨密度较小，铸铁凝固时部分补偿了基体的收缩，从而有利于铸造成形，即铸铁有良好的铸造性能。

2. 灰铸铁的牌号和应用

灰铸铁的牌号以"灰铁"的汉语拼音首字母"HT"与一组数字表示，数字表示最小抗拉强度，例如HT150表示最小抗拉强度为150MPa的灰铸铁。

灰铸铁广泛应用于承受压应力及有减振要求的零件（如床身、机架、立柱等）；也适于制造形状复杂但力学性能要求不高的箱体、壳体类零件（如气缸盖、气缸体、变速器壳等）。

HT100用于制造端盖、油底壳、支架、手轮、重锤、外罩、小手柄等。

HT150用于制造机座、床身、曲轴、带轮、轴承座、飞轮、进气歧管、排气歧管、气缸盖、变速器壳、制动盘、法兰等。

HT200、HT250 用于制造气缸体、气缸盖、液压缸、齿轮、阀体、联轴器、飞轮、齿轮箱、床身、机座等。

HT300、HT350 用于制造大型发动机曲轴、气缸体、气缸盖、气缸套、阀体、凸轮、齿轮、高压液压缸、机座、机架等。

3. 灰铸铁的孕育处理

为了进一步提高灰铸铁的力学性能，生产中常对灰铸铁进行孕育处理。铁液浇注前，把作为孕育剂的硅铁或硅钙合金（加入量一般约为铁液重量的0.4%）加入铁液中，搅拌后再进行浇注，以获得大量非自发晶核，从而得到细晶粒珠光体和细石墨片组织的铸铁。经孕育处理的灰铸铁称为孕育铸铁，例如HT300、HT350。

孕育铸铁由于基体组织和石墨组织的细化，与普通灰铸铁相比，不仅强度、塑性与韧性较高，而且因晶核数目增多，结晶过程几乎同时进行，使得铸铁内部组织和性能均匀一致，从而使铸件具有断面敏感性小的特点，这对于力学性能要求较高且截面尺寸变化较大的大型铸件是非常重要的，这也是大型铸件常采用孕育铸铁来制造的原因。

4. 灰铸铁的热处理

影响灰铸铁力学性能的主要因素是片状石墨对基体的破坏程度，而热处理只能改变基体组织，不能改变石墨的形态、大小和分布，所以通过热处理来提高灰铸铁力学性能的效果不大。灰铸铁热处理的主要目的是消除铸造内应力和白口铸铁组织，常用热处理方法有去应力退火、石墨化退火、表面淬火等。

1）去应力退火是将铸铁缓慢加热到500~560℃，保温几个小时后，随炉缓冷至200~150℃出炉空冷。

2）石墨化退火是将铸铁件加热到850~950℃，保温后随炉缓冷至500~400℃出炉空冷。其目的是消除白口铸铁组织，获得铁素体或铁素体-珠光体灰铸铁，以降低硬度，改善可加工性。

3）表面淬火是为提高铸件（如机床床身导轨部分）的表面硬度和耐磨性，采用接触电阻加热等表面淬火方法进行的表面淬火处理。

三、可锻铸铁

可锻铸铁是将白口铸铁件在高温下经长时间的石墨化退火后得到的，其组织为团絮状石墨，基体为铁素体或珠光体。铁素体可锻铸铁又称为黑心可锻铸铁，牌号用"可铁黑"的汉语拼音首字母"KTH"与两组数字表示；两组数字分别表示抗拉强度和伸长率的最小值，例如KTH300-06。珠光体可锻铸铁又有白口可锻铸铁之称，牌号用"可铁珠"的汉语拼音首字母"KTZ"表示，其后两组数字的含义与铁素体可锻铸铁相同，例如KTZ550-04。

由于团絮状石墨对基体的破坏作用大大减弱，使可锻铸铁相对灰铸铁而言具有较高的强度和塑性。事实上，可锻铸铁并不可锻。

可锻铸铁由于生产周期长，成本较高，其应用受到一定的限制，已逐渐被球墨铸铁取代。可锻铸铁常用于制造汽车后桥壳、轮毂、变速器拨叉、制动踏板及管接头、低压阀门、扳手等零件。

四、球墨铸铁

铸件在浇注前往铁液中加入球化剂（如镁或稀土镁合金）和孕育剂（硅铁或硅钙合金），使片状石墨呈球状石墨分布，这种铸铁称为球墨铸铁，简称球铁。

1. 球墨铸铁的组织和性能

球墨铸铁的室温组织可看成是由碳钢的基体和球状石墨组成，基体有铁素体、铁素体-珠光体、珠光体等。

由于球状石墨对基体的破坏作用较弱小，因而能较充分地发挥基体组织的作用，基体强度的利用率可达 70%～90%，故球墨铸铁的抗拉强度、塑性和韧性大大超过灰铸铁，接近中碳钢。同时，球墨铸铁基本具有灰铸铁的一系列优良性能，使得"以铸代锻，以铁代钢"成为现实。

2. 球墨铸铁的牌号和应用

球墨铸铁的牌号由"球铁"的汉语拼音首字母"QT"加两组数字表示，两组数字分别表示最低抗拉强度和最小伸长率，例如 QT400-18 表示最低抗拉强度为 400MPa 和最小伸长率为 18%的球墨铸铁。

QT400-18、QT400-15、QT400-10 常用于制造汽车轮毂、驱动桥壳、差速器壳、离合器壳、拨叉、辅助钢板弹簧支架、齿轮箱等零件。

QT500-7 可制造机油泵齿轮、飞轮、传动轴、铁路车辆轴瓦等零件。

QT600-3、QT700-2、QT800-2 常用于制造柴油机曲轴、连杆、气缸套、凸轮轴、气缸体、进气阀座、排气阀座、摇臂、后牵引支承座等工件。

QT900-2 可制造汽车后桥弧齿锥齿轮、转向节、传动轴、曲轴、凸轮轴等零件。

3. 球墨铸铁的热处理

（1）退火 高温退火可获得铁素体球墨铸铁，退火温度为 900～950℃，保温后随炉缓冷至 600℃，出炉空冷。低温退火可获得铁素体球墨铸铁，退火温度为 720～760℃，保温后随炉缓冷至 600℃，出炉空冷。退火的目的是使铸铁获得良好的塑性和韧性，改善可加工性，消除铸造内应力。

（2）正火 正火是为了获得珠光体球墨铸铁。正火加热温度为 860～920℃，保温后空冷。正火的目的主要是提高铸铁的强度、硬度和耐磨性。

（3）调质 调质淬火温度为 860～900℃，回火温度为 550～600℃，组织为回火索氏体，目的是使铸件获得良好的综合力学性能（如曲轴、连杆的处理）。

（4）等温淬火 等温淬火是将铸件加热到 860～900℃，保温后淬入 250～350℃ 的盐溶中等温停留 0.5～1.5h，然后空冷。等温淬火后获得下贝氏体组织，目的是使铸件获得较高强度、较高硬度、较高韧性的较高综合力学性能（处理零件如齿轮、凸轮轴等）。

五、蠕墨铸铁

蠕墨铸铁是灰铸铁浇注时，向铁液中加入蠕化剂（镁钛合金、稀土镁合金等）获得的介于片状石墨和球状石墨之间，形似蠕虫状石墨的铸铁。蠕墨铸铁的性能介于灰铸铁和球墨铸铁之间，强度接近于球墨铸铁，具有一定的韧性、较高的耐磨性，同时具有灰铸铁所具有的良好性能。

蠕墨铸铁的牌号用"RuT"代表"蠕铁"，后面的数字代表最低抗拉强度，例如RuT380表示最低抗拉强度为380MPa的蠕墨铸铁。

蠕墨铸铁已开始在生产中广泛应用，主要用于制造气缸盖、进气管、排气管、制动盘、变速器箱体、阀体、制动鼓、机床工作台等零件。

六、合金铸铁

在铸铁中加入一定量的合金元素，以获得某些特殊性能的铸铁称为合金铸铁。常见的合金铸铁有以下几种。

（1）耐磨铸铁　耐磨铸铁常加入铬、钼、铜、磷等合金元素以提高耐磨性。

例如高磷合金铸铁 $w_P = 0.3\%$，会形成硬而脆的磷化物共晶体，同时它加入了铬、钼、铜、钛等合金元素，这些合金元素可细化其组织，提高其强度和耐磨性。它主要应用在汽车、拖拉机、精密机床方面（如发动机的气缸套、活塞环等零件）。

（2）耐热铸铁　耐热铸铁指在高温条件下，具有抗氧化和抗热生长能力并能承受一定载荷的铸铁。其主加合金元素为铬、铝、硅等。这些合金元素会使其表面形成一层致密的氧化膜（如 SiO_2、Al_2O_3、Cr_2O_3 等），保护内层不被继续氧化，从而提高铸件的耐热性。同时，合金元素还可提高铸铁的相变点，使铸铁在工作温度范围内不发生相变，并促使铸铁获得单相铁素体组织，以免铸铁在高温下因渗碳体分解而析出石墨。

耐热铸铁的种类较多，一般分为铬系、硅系、铝系、铝硅系等。铬系耐热铸铁价格较贵，铝系耐热铸铁力学性能较低，故硅系、铝硅系耐热铸铁发展较快，应用较广。耐热铸铁主要用于制造高温下工作的排气阀、进气阀座及加热炉炉底板、烟道挡板、钢锭模等零件。

（3）耐蚀铸铁　在腐蚀介质中工作时具有耐蚀性，且具有一定的力学性能的铸铁称为耐蚀铸铁。其主加合金元素有铬、镍、硅、铝、铜等，这些合金元素可以提高铸铁基体组织的电极电位，并进铸铁表面形成一层致密的保护性氧化膜，硅还能促进形成单相基体，从而提高铸铁的耐蚀性。耐蚀铸铁广泛应用于化工部门，用于制作管道阀门、泵类、反应釜、盛储器等。

课题八　粉末冶金材料简介

用金属粉末（或金属粉末与非金属粉末的混合物）作为原料，经过压制成形并烧结制成的合金称为粉末合金。这种生产过程称为粉末冶金法。由于生产粉末合金与生产陶瓷有相似之处，因此粉末冶金法也称为金属陶瓷法。

一、粉末冶金工艺简介

粉末冶金工艺过程包括制粉、筛分与混合、压制成形、烧结及后处理等几个工序。

（1）制粉　制粉通常用以下几种方法将原料破碎成粉末：机械破碎法，例如用球磨机粉碎金属原料；熔融金属的气流粉碎法，例如用压缩空气流、蒸汽流或其他气流将熔融金属粉碎；氧化物还原法，例如用固体或气体还原剂把金属氧化物还原成粉末；电解法，在金属盐的水溶剂中电解沉积金属粉末。

（2）筛分与混合　其目的是使粉料中的各组元均匀化。为改善粉末的成形性和可塑性，会在粉料中加汽油橡胶液或石蜡等增塑剂。

（3）压制成形　成形的目的是将松散的粉料通过压制或其他方法制成具有一定形状、尺寸的压坯。常用的成形方法为模压成形。它是将混合均匀的粉末装入压模中，然后在压力机上压制成形的。

（4）烧结　压坯只有通过烧结，使孔隙减少或消除，增大密度，才能成为"晶体结合体"，从而具有一定的物理性能和力学性能。烧结是在保护性气氛（煤气、氢等）的高温炉或真空炉中进行的。

（5）后处理　烧结后的大部分制品即可直接使用。当要求密度、精度高时，可进行最后复压加工（称为精整），有的需经浸渍（如含油轴承），有的需要热处理和切削加工等。

二、粉末冶金的特点与应用

粉末冶金法是制取具有特殊性能金属材料的方法，例如减摩材料、摩擦材料、工具材料等。同时，粉末冶金法是一种精密的无切屑或少切屑的加工方法。粉末冶金产品能基本达到或接近零件要求的形状、尺寸精度与表面粗糙度，从而能节省机加工工时、节省机床、节约金属材料、提高劳动生产率、提高材料的利用率。

粉末冶金法有许多缺点，例如，制粉成本高；压制的巨大压力使制品的尺寸受到限制；压模的成本高，只宜大批量生产；粉末的流动性差，不易制造形状复杂件，粉末冶金材料的韧性较差等。

粉末冶金法主要用来制造各种衬套和轴套；多孔含油轴承、齿轮、凸轮、制动器和离合器；熔炼法不能生产的电接触材料；硬质合金、金刚石、金属组合材料；各种金属陶瓷磁性材料，过滤材料；钨、钼、钽、铌等难熔金属材料和高温金属陶瓷等。还可用粉末冶金法生产高速钢，避免碳化物偏析，其性能优于熔炼高速钢。

三、典型粉末冶金材料

1. 含油轴承材料

含油轴承具有较高的耐磨性和较好的减摩性。含油轴承工作时由于轴承发热，使金属粉末膨胀，孔隙容积缩小，加上轴旋转时带动轴承间隙中的空气层，降低了摩擦表面的静压强，粉末孔隙内、外形成压力差，迫使润滑油被抽到零件表面；停止工作时，润滑油渗入孔隙中。故多孔含油轴承有自动润滑的作用，特别适宜不经常加油或不便经常加油的轴承，例如食品机械、家用电器等产品中多数采用含油轴承。

粉末合金含油轴承分铁基、铜基两大类。铁基含油轴承（如铁-石墨含油衬套）广泛应用于汽车、机车、机床等。

2. 粉末冶金铁基结构材料

铁基结构即所谓烧结钢，分为烧结碳素钢、烧结合金钢及烧结不锈钢等。

粉末冶金铁基结构零件已广泛应用于汽车制造业和农机制造业，其典型零件为齿轮、凸轮、机油泵转子、活塞环、拨叉等。

3. 硬质合金

通常用高速钢制造的刀具在600℃以上温度工作时，由于硬度降低，刀具会很快磨损，因此在高速切削的情况下,往往采用硬质合金做刀具。

硬质合金是将难熔金属碳化物(碳化钨、碳化钛)粉末和黏结剂(主要是钴)混合,加压成形后烧结而成的一种粉末冶金材料。硬质合金材料大量应用于各种加工用刀具。

(1) 硬质合金的特点

1) 硬度高、热硬性高、耐磨性好。常温下其最高硬度可达93HRA,相当于81HRC左右,热硬性可达900~1000℃。因此,其切削速度比高速钢可提高4~7倍,刀具使用寿命可提高5~80倍,可切削硬度高达50HRC左右的硬质材料。

2) 抗压强度高。常温下工作时,其无明显的塑性变形,抗压强度可达6000MPa,900℃时抗弯强度可达到1000MPa左右。

3) 耐蚀性(抗大气、耐酸、耐碱)和抗氧化性好。

4) 线膨胀系数小,电导率和热导率与铁及铁合金相近。

由于硬质合金的硬度高、性脆,不能进行机械加工,故常将其制成一定形状的刀片,镶焊在刀体上使用。

(2) 硬质合金的分类 各类硬质合金中,碳化物是合金的骨架,起坚硬耐磨作用;钴起黏结作用,并提高韧性。硬质合金分为以下几类。

1) 钨钴类硬质合金。其代号用"YG"加数字表示。"YG"为"硬""钴"的汉语拼音首字母,数字表示钴的质量分数的100倍。例如YG6,表示$w_{Co}=6\%$,余量为碳化钨的钨钴类硬质合金。代号后一部分汉语拼音字母的意义:X为细颗粒;A为含有少量的TaC合金;N为含有少量的NbC合金;C为粗颗粒。数字越大,钴的质量分数越高,韧性越好、硬度越低。

2) 钨钴钛硬质合金。其代号用"YT"加数字表示。"YT"为"硬""钛"两字的汉语拼音字首,数字表示碳化钛的质量分数的100倍。例如YT15,表示$w_{TiC}=15\%$,余量为碳化钨及钴的钨钴钛类硬质合金。数字越大,其硬度越高。

3) 通用硬质合金。其代号用"YW"加顺序号表示。"YW"为"硬""万"的汉语拼音首字母。通用硬质合金又称为万能硬质合金。它以碳化钽(TaC)或碳化铌(NbC)取代YT类硬质合金中的一部分TiC,取代的数量越多,其在硬度不变的条件下,硬质合金抗弯强度越高。

4) 钢结硬质合金。它是一种新型的工具材料,其性能介于工具钢和硬质合金之间。它是以一种或几种碳化物(如TiC和WC)为硬化相,以碳钢或合金钢(如高速钢或铬钼钢)粉末为黏结剂,经配料、混合、压制和烧结而制成的粉末冶金材料。

钢结硬质合金坯料与钢一样可进行锻造、热处理、焊接与切削加工。它经淬火、低温回火后具有高硬度、耐磨、抗氧化、耐腐蚀等特性。用作刀具时,其使用寿命与YG类硬质合金差不多,大大超过合金工具钢;用作高负荷冷冲模时,由于其具有一定韧性,使用寿命比YG类硬质合金长很多倍。由于它可切削加工,故适宜制造各种形状复杂的刀具(如麻花钻头、铣刀等)、模具及要求刚度大、耐磨性好的机械零件(如镗杆、导轨)。

钢结硬质合金的代号用"硬""结"的汉语拼音首字母"YE"加数字表示,数字表示碳化钨的含量。例如YE50,表示$w_{WC}=50\%$的钢结硬质合金。

钨钴类硬质合金刀具一般加工铸铁、有色金属及其合金;钨钛钴类硬质合金由于碳化钛的加入,具有较高的热硬性,但其强度和韧性比钨钴类硬质合金低;钨钛钴类硬质合金刀具适宜加工各种钢材。同一类合金中，含钴量较高者适宜制造粗加工刀具；反之，则适宜制造精加工刀具。通用硬质合金刀具兼有上述两类合金的优点，适合切削各种钢材，特别对于不锈钢、耐热钢、高锰钢等难于加工的钢材，切削效果更好。它也可以代替钨钴类硬质合金刀具用于加工铸铁等脆性材料，但韧性较差。

项目小结

1. 材料的性能取决于材料的化学成分及其内部的组织结构。晶体结构以晶格、晶胞与晶格常数表示。

2. 理想状态下，金属的晶体结构为单晶体，工程上所用的金属材料绝大多数是多晶体构成的晶粒，存在点缺陷、线缺陷和面缺陷，对金属的性能会产生很大的影响。

3. 金属从液态转变为固态的过程称为一次结晶，液态金属结晶后得到的组织称为铸态组织。金属从一种固体晶态转变为另一种固体晶态的过程称为二次结晶或重结晶。金属结晶时，冷却速度越大即过冷度越大，则晶粒越细小，金属的强度和硬度越高，塑性和韧性越好。

4. 铁碳合金的基本相和组织有液相、铁素体、奥氏体、渗碳体、珠光体以及莱氏体。不同的相和组织性能不同。

5. 铁碳合金的成分与组织状态、温度三者之间的关系及其变化规律的图解称为铁碳合金相图。相图分析的目的是更好地认识相图、应用相图，了解铁碳合金组织和性能随成分变化的规律。

6. 热处理是将固态金属或合金通过加热、保温和冷却以获得所需组织结构与性能的工艺，目的是改变或改善金属材料的使用性能和工艺性能。普通热处理包括退火、正火、淬火和回火等。不同组织材料的热处理加热温度控制、冷却方法不同，最终获得的性能不同。

7. 合金钢加入了合金元素，钢的组织和性能发生改变或改善，具有优良的综合力学性能及特殊的物理、化学、力学性能，以及热处理工艺性能，从而扩大了钢的应用范围，提高了钢在工程材料中的地位和重要性。

一、选择题

1. 采用冷冲压方法制造汽车油底壳应选用（　　）。
   A. 45 钢　　　　B. T10A 钢　　　　C. 08 钢
2. 20 钢可制造汽车的（　　）。
   A. 驾驶室　　　B. 风扇叶片　　　　C. 凸轮轴
3. 用 45 钢制作的凸轮轴锻件在机加工前应进行（　　）处理。
   A. 淬火+回火　　B. 正火　　　　　C. 完全退火
4. 气缸体在铸造后要进行退火，用得最普遍的是（　　）。

项目二　黑色金属材料

　　A. 完全退火　　　B. 去应力退火

5. 用 40Cr 钢制造的气缸盖螺栓，要求具有良好的综合机械性能，其最终热处理是（　　）。

　　A. 淬火　　　B. 淬火和中温回火　　C. 淬火和低温回火　　D. 调质处理

6. 为了保证气门弹簧的性能要求，65Mn 钢制造的气门弹簧最终要进行（　　）处理。

　　A. 淬火　　　B. 淬火和中温回火　　C. 淬火和低温回火　　D. 调质

7. 合金结构钢有（　　）；合金工具钢有（　　）。制造气门弹簧用（　　），制造变速器二轴用（　　）。

　　A. 40MnB　　　B. 15Cr　　　C. 65Mn　　　D. CrWMn　　　E. 9SiCr

8. 选择合适材料牌号用于制造以下汽车零件：气缸盖用（　　）；前、后制动鼓用（　　）；后桥壳用（　　）；发动机摇臂用（　　）；曲轴用（　　）。

　　A. HT150　　　B. HT200　　　C. KTH350-10　　　D. QT600-3

9. 发动机的气缸盖和活塞环是用（　　）制造的；排气门座是用（　　）制造的。

　　A. 耐热钢　　　B. 耐磨铸铁　　　C. 灰铸铁　　　D. 耐热铸铁

　　E. 可锻铸铁

二、判断题（正确的画"√"，错误的画"×"）

1. 铸造一般用于制造形状复杂、难以进行锻造、要求有较高的强度和韧性、能承受冲击载荷的零件。（　　）
2. 钢在常温时的晶粒越细小，强度和硬度越高，塑性和韧性就越低。（　　）
3. 钢在淬火前先进行正火可使组织细化，能减小淬火变形和开裂的倾向。（　　）
4. 淬透性很好的钢，淬火后硬度一定很高。（　　）
5. 除含铁、碳外，还含有其他元素的钢就是合金钢。（　　）
6. 35 钢制造的汽车曲轴正时齿轮经淬火、低温回火以后硬度为 56HRC，如果再进行高温回火可使材料硬度降低。（　　）
7. 低碳钢与中碳钢常用正火代替退火，以改善其组织结构和可加工性。（　　）
8. 若合金钢不经过热处理，则其机械性能比碳钢提高不多。（　　）
9. 制造汽车大梁的 16Mn 钢是一种平均含碳量为 0.6% 的较高含锰量的优质碳素结构钢。（　　）
10. 纯铜具有很高的电导率和热导率，也有优良的塑性，强度不高，不宜做承受载荷的汽车零件。（　　）

三、填空题

1. 碳素钢是指碳的质量分数小于_____%，并含有少量 Si、Mn、S、P 杂质元素的_____合金。碳素钢按碳的多少可分为_____、_____和_____。

2. 45 钢按用途分类，它属_____钢，按钢中有害杂质 S、P 含量多少分类，它属_____钢。

3. 钢的热处理是通过钢在固态下_____、_____、_____的操作来改变其_____从而获得所需_____的一种工艺方法。

4. 根据热处理的目的和要求不同，热处理可分为_____和_____两大类。其中常用的普通热处理方法有_____、_____、_____等。表面热处理的方法有_____及_____。

5. 表面淬火是通过快速加热钢件表面达到淬火温度，而不等热量传至中心，迅速予以冷却的方法来实现的。其主要目的是_____。常用表面淬火方式有_____和_____。

6. 合金钢是在碳钢的基础上，为了获得特定的功能，有目的地加入____或____元素的钢。

7. 20Cr 是_____钢，加入铬的主要作用是_____，最终热处理是_____，它可制造_____。

8. 可锻铸铁中石墨呈_____状，能大大减轻石墨对金属基体的_____作用，故可锻铸铁比灰铸铁具有较高的_____，还具有较高的_____、_____。

9. 球墨铸铁中石墨呈_____状，其机械性能和_____相近，_____甚至比某些钢还高，同时具有灰铸铁的一系列优点，故广泛用来制造_____、_____、_____和_____要求高的机械零件。

四、简答题

1. 金属的晶粒大小对其力学性能有何影响？控制金属晶粒大小的方法有哪些？
2. 默绘简化后的 Fe-Fe_3C 相图，简述相图在工业生产中的应用。
3. 随着钢中碳的质量分数的增加，钢的力学性能有何变化？为什么？
4. 说明下列现象的原因：
1）钢铆钉一般用低碳钢制造。
2）在进行热轧和锻造时，通常将钢材加热到 1000~1200℃。
3）钳工锯削 T8、T10 钢料比锯削 10 钢、20 钢费力，且锯条易磨钝。
5. 钢中碳的质量分数越高，质量越好，强度和塑性也越高，对吗？为什么？
6. 若将 30 钢用来制造锉刀，或将 20 钢当作 60 钢制成弹簧，则使用过程中将会出现什么问题？
7. 什么是热处理？什么样的材料才能进行热处理？
8. 常用退火方法有哪些？分别适用于处理哪类工件？
9. 淬火的目的是什么？淬火加热温度如何选择？常用淬火冷却介质和淬火方式各有哪些？
10. 什么是回火？回火目的是什么？常用回火方法有哪些？分别适用于处理哪类工件？
11. 什么是淬透性、淬硬性？其影响因素有哪些？其有何现实意义？
12. 试分析比较低合金结构钢、合金渗碳钢、合金调质钢、合金弹簧钢、合金工具钢、特殊性能钢的成分特点、使用状态、组织特点、性能特点、应用范围及热处理特点等。

项目三　有色金属材料

 项目导入

黑色金属以外的其他金属统称为有色金属（或非铁金属）。与黑色金属相比，有色金属产量低，价格高，但有色金属具有比黑色金属更为优良的物理性能和化学性能。例如铝、镁、钛及其合金的密度小、比强度高；铜、铝、镍、钛及其合金耐蚀性强；某些有色金属具有特殊的电、磁、热膨胀等性能，可以满足汽车零件的特殊性能要求。所以，有色金属是现代汽车工业中不可缺少的金属材料。

有色金属的种类繁多，本项目重点介绍铝、铜及其合金以及轴承合金的组成、牌号、性能及在汽车上的应用。

 学习目标

1. 知识目标

1）了解有色金属的类型及用途。
2）了解铜合金、铝合金、钛合金等有色金属的性能、分类、牌号及在汽车上的应用。

2. 能力目标

能够描述有色金属的性能和应用场合，能够正确选择这些材料制造汽车零件。

课题一　铝及铝合金

铝及铝合金的密度小，属于轻金属。铝及铝合金是汽车的重要材料之一。有关试验测定，若采用铝合金制造汽车的气缸体和车身，整个汽车的自重可减轻40%，这样，汽车的速度和载重量增大了，而耗油量却能相应地减小。现在汽车工业中，铝的使用量和使用率每年都在增加。例如，汽车发动机的重要零件活塞，广泛采用铝合金制造。另外，某些汽车发动机的气缸体、气缸盖也是用铝合金制成的。在国外，铝车轮已成为标准安装件。

一、工业纯铝

铝在地球上的储量居金属元素之首，其年产量居有色金属之冠。纯铝呈银白色，具有面心立方晶格，无同素异构转变。铝的密度只有 2.72g/cm³，约为铁密度的 1/3，熔点为 660℃，基本无磁性。纯铝的导电、导热性能优良，仅次于金、银、铜。在大气中，铝制品的表面会生成一层致密的 Al_2O_3 薄膜，可阻止其进一步被氧化，故铝的抗大气腐蚀能力强。但是，铝不耐酸、碱和盐的腐蚀。

工业上使用的纯铝纯度一般为 98.8%～99.7%，其强度低（R_m = 820～100MPa）、塑性好（A_t = 80%），通过压力加工可制成各种型材（如丝、线、箔、棒和管等）。按 GB/T 3190—2008 规定，工业纯铝的牌号有 1070A、1060、1050A、1035 等，牌号中最后两位数字越大，表示纯铝的含量越高，纯度越高。

根据纯铝的特点，其主要用途是代替较为贵重的铜合金制作电线，配制各种铝合金，以及制作一些质量小、导热或耐大气腐蚀而强度要求不高的器具。在汽车上，纯铝主要用于制作空气压缩机垫圈、排气阀垫片、汽车铭牌等。

二、铝合金的分类

纯铝的强度低，若在铝中加入硅、铜、镁、锌、锰等合金元素，就可获得较高强度的铝合金。此外，还可以通过冷变形加工、热处理等方法对铝合金进一步强化，同时保持其密度小、比强度高和导热性好的特性，使之适宜制造各种机械零件。

根据铝合金的成分及生产工艺特点，铝合金可分为变形铝合金和铸造铝合金两大类。图 3-1 所示为铝合金的分类示意图。

1. 变形铝合金

由图 3-1 可见，变形铝合金是指成分位于 D 点以左的合金。当加热到固溶线 OF 线以上时，可得到单相 α 固溶体，其塑性很好，适宜于进行压力加工，故称为变形铝合金。变形铝合金可以分为以下两类。

（1）不能热处理强化的铝合金　不能热处理强化的铝合金是指成分位于图 3-1 中 F 点以左的铝合金。在加热或冷却过程中，其 α 固溶体成分既无相变发生，又没有溶解度变化，所以它们不能用热处理方法强化。其常用的强化方法是冷变形，例如冷轧、挤压等工艺。

（2）能热处理强化的铝合金　能热处理强化的铝合金是指成分位于图 3-1 中 F 点与 D 点之间的铝合

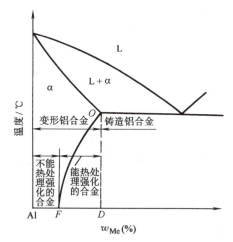

图 3-1　铝合金的分类示意图

金。其 α 固溶体的成分随温度变化而变化，可利用固溶-时效的热处理方法强化。这是铝合金的主要强化手段，在其他有色金属中也有广泛应用。

2. 铸造铝合金

成分在图中 D 点以右的铝合金，由于冷却时发生共晶反应，流动性较好，适宜于铸造工艺，故称为铸造铝合金。

铸造铝合金的力学性能虽然不如变形铝合金，但其具有优良的铸造工艺性能，可进行各种成形铸造，生产形状复杂的铸件。铸造铝合金种类很多，主要有铝-硅系、铝-铜系、铝-镁系、铝-锌系 4 个系列。

三、常用铝合金

(一) 变形铝合金

变形铝合金包括防锈铝合金、硬铝合金、超硬铝合金及锻铝合金等。常用变形铝合金的牌号、化学成分、力学性能及用途举例见表3-1。

表3-1 常用变形铝合金的牌号、化学成分、力学性能及用途举例

类别	牌号	化学成分 w(%)(余量为Al)							材料状态	力学性能			用途举例
		Si	Fe	Mn	Zn	Cu	Mg	其他		R_m/MPa	A_t(%)	HBW	
防锈铝合金	5A05	0.5	0.5	0.3~0.6	0.20	0.1	4.8~5.5	0.1	O	280	20	70	散热器片、导管、日用品、铆钉以及中载零件及制品
防锈铝合金	3A21	0.6	0.7	1.0~1.6	0.10	0.26	0.05	0.25	O	130	20	30	蒙皮、容器、油管、焊条、铆钉、轻载零件及制品
硬铝合金	2A01	0.5	0.5	0.20	0.10	2.2~3.0	0.2~0.5	0.25	T_4	300	24	70	工作温度不超过100℃的结构用中等强度铆钉
硬铝合金	2A11	0.7	0.7	0.4~0.8	0.30	3.8~4.8	0.4~0.8	0.35	T_4	420	15	100	中等强度的结构零件,例如骨架、固定接头、支柱、螺旋桨叶片,局部镦粗零件,螺栓和铆钉
超硬铝合金	7A04	0.5	0.5	0.2~0.6	5.0~7.0	1.4~2.0	1.8~2.8	Cr0.1~0.25 Ti0.1 其他0.1	T_6	600	12	150	主要受力结构件,例如飞机大梁、桁架、加强框、超落架
锻造铝合金	2A50	0.7~1.2	0.7	0.4~0.8	0.30	1.8~2.6	0.4~0.8	0.35	T_6	420	13	105	中等强度的复杂形状锻件及模锻件
锻造铝合金	2A70	0.35	0.9~1.5	0.20	0.30	1.9~2.5	1.4~1.8	Ni0.9~1.5 Ti0.02~0.1 其他0.1	T_6	440	12	120	内燃机活塞和在高温下工作的复杂锻件、板材、结构件

注:1. 表内化学成分及分数摘自 GB/T 3190—2020;牌号使用了 GB/T 3190—2020 规定的新牌号。

2. O—退火,T_4—淬火+自然时效,T_6—淬火+人工时效。

(1) 防锈铝合金　防锈铝合金属于铝-锰系或铝-镁系合金。铝-锰系合金牌号用3×××表示，铝-镁系合金牌号用5×××表示。常用的有3A21、5A02等。A表示原始纯铝，后两位为数字顺序号。

防锈铝合金中加入锰的主要作用是提高耐蚀能力，并且大部分锰溶于固溶体，产生了固溶强化作用；镁也有固溶强化作用，同时可降低合金密度。防锈铝合金锻造退火后是单相固溶体组织，耐蚀性好，塑性好，故称防锈铝合金。这类合金不能进行时效强化，属于不能热处理强化的铝合金，但可冷变形，利用加工硬化，能提高其强度。所以，防锈铝合金适用于制造负荷轻的冲压件和要求耐腐蚀、保光泽的零件，例如客车上的装饰件、客车外皮、铆钉、燃油箱、油管及其他零件。

(2) 硬铝合金　硬铝合金属于铝-铜-镁系合金。其牌号用2×××表示，常用有2A11、2A12。

硬铝合金中加入铜和镁是为了在时效过程中产生强化相$CuAl_2$和Al_2CuMg等。这类合金可以进行时效强化，属于能热处理强化的铝合金，也可进行形变强化，但其最大的缺点是耐蚀性比其纯铝差，故硬铝合金表面常包一层纯铝，以增加其耐蚀性。硬铝合金在航空工业上获得了广泛应用（如飞机构架、螺旋桨、叶片等零件上应用了硬铝合金）。

(3) 超硬铝合金　超硬铝合金属于铝-铜-镁-锌系合金，其牌号用7×××表示，例如7A04、7A09，7表示Zn。

超硬铝合金是在硬铝中再加入锌元素组成的四元系合金，合金经固溶处理和人工时效后，可产生多种复杂的第二相$MgZn_2$、Al_2CuMg等，获得很高的强度和硬度。它们是硬度最高的一类铝合金，但这类合金耐蚀性差，高温下软化快，用包铝法可提高其耐蚀性。

(4) 锻造铝合金　锻造铝合金属于铝-铜-镁-硅系合金，其牌号用2×××表示，例如2A50、2B50、2A70。

锻造铝合金的主要强化相是Mg_2Si，性能与硬铝合金相似，但耐蚀性和热塑性好，适于锻造，故称"锻铝"。锻铝通过固溶处理和人工时效来强化，主要用于制造外形复杂的锻件和模锻件。

(二) 铸造铝合金

常用铸造铝合金的牌号、化学成分、力学性能及用途举例见表3-2。

表3-2　常用铸造铝合金的牌号、化学成分、力学性能及用途举例

类别	合金牌号	合金代号	化学成分（质量分数）（%）（余量为Al）						力学性能（不低于）			用途
			Si	Cu	Mg	Mn	Zn	Ti	R_m/MPa	A_t(%)	HBW≥	
铝硅合金	ZAlSi7Mg	ZL101	6.5~7.5		0.25~0.45				205	2	60	形状复杂的砂型、金属型和压力铸造零件，例如飞机、仪器的零件，抽水机壳体等
									195	2	60	
	ZAlSi12	ZL102	10.0~13.0						155	2	50	形状复杂的砂型、金属型和压力铸造零件，例如仪表、抽水机壳体，工作温度在200℃以下，要求气密性承受低载荷的零件
									145	4	50	
									135	4	50	

(续)

类别	合金牌号	合金代号	化学成分（质量分数）（%）（余量为Al）						力学性能（不低于）			用途
			Si	Cu	Mg	Mn	Zn	Ti	R_m/MPa	A_t(%)	HBW ≥	
铝硅合金	ZAlSi5Cu1Mg	ZL105	4.5~5.5	1.0~1.5	0.4~0.55				235 215 225	0.5 1.0 0.5	70 70 70	砂型、金属型和压力铸造的形状复杂，在225℃以下工作的零件，例如风冷发动机的气缸头、机匣、油泵壳体等
	ZAlSi12Cu2Mg1	ZL108	11.0~13.0	1.0~2.0	0.4~1.0	0.3~0.9			195 255		85 90	砂型、金属型铸造的，要求高温强度及低膨胀系数的高速内燃机活塞及其他耐热零件
铝铜合金	ZAlCu5Mn	ZL201		4.5~5.3		0.6~1.0		0.15~0.35	295 335	8 4	70 90	砂型铸造在175~300℃以下工作的零件，例如支臂、挂架梁、内燃机气缸头、活塞等
	ZAlCu10	ZL202		9.0~11.0					104 163		50 100	形状简单、表面粗糙度要求较低的中等承载零件
铝镁合金	ZAlMg10	ZL301			9.5~11.0				280	9	60	砂型铸造的、在大气或海水中工作的零件，承受大振动载荷、工作温度不超过150℃的零件
铝锌合金	ZAlZn11Si7	ZL401	6.0~8.0		0.1~0.3		9.0~13.0		245 195	1.5 2	90 80	压力铸造的、零件工作温度不超过200℃，结构形状复杂的汽车、飞机零件

铸造铝合金代号用"ZL"后加3位数字表示。第1位数字表示合金系列，例如1表示铝-硅（Al-Si）系，2表示铝-铜（Al-Cu）系，3表示铝-镁（Al-Mg）系，4表示铝-锌（Al-Zn）系等。后两位数字为顺序号，顺序号不同，化学成分也不同，例如，ZL102表示2号铝-硅系铸造铝合金。优质合金在后面加"A"。

（1）铝-硅系（Al-Si）铸造铝合金　铝-硅系铸造铝合金俗称硅铝明，是目前工程上应用最广泛的铸造合金。该合金中加入的主要元素是硅，硅的作用是使膨胀系数减小，耐磨性、耐蚀性、硬度和强度提高。此外，还可以加入镁、铜、镍等元素，构成特殊的铝-硅系铸造铝合金。

ZL102是使用最普遍的铝-硅系（Al-Si）铸造铝合金。这类合金的特点是液态流动性好，收缩小，不易产生裂纹，适宜进行铸造。此外，铝-硅系铸造铝合金导热性好，密度小，耐蚀性好，常用来浇铸或压铸密度小而重量轻的有一定强度和复杂形状的零件，尤其是薄壁零件，例如汽车发动机机壳、气缸体及工作温度在200℃以下，要求气密性好的承载零件。高强度的特殊铝-硅系铸造铝合金还可以制造机器支臂、托架、挂架梁等。

ZL108 也是常用的铸造铝合金活塞材料。其性能特点是质量小，耐蚀性好，线膨胀系数小，强度、硬度较高，铸造性能也好。但这种合金对高温很敏感，工作温度一般控制在 300℃以下，超过这个温度时，它的疲劳极限和屈服强度就迅速下降。当温度达到 400℃时，只要受到很小的载荷它就会被破坏。另外，稀土铝合金（661）常用于制造柴油发动机的活塞。它的成分基本上与 ZL108 相同，只是又加入了少量（0.5%~1.5%）的稀土元素，这种铝合金的高温性能较好。铝-硅系铸造铝合金活塞需进行固溶处理及人工时效处理，以提高表面硬度。

（2）铝-铜系（Al-Cu）铸造铝合金　这类合金的特点是耐热性好，具有较高的高温强度，能通过热处理来强化。其最大缺点是耐蚀性差，随铜含量的增加耐蚀性降低。铝-铜系铸造铝合金常用于制造汽车、摩托车发动机的活塞和飞机的附件等。

（3）铝-镁系（Al-Mg）铸造铝合金　铝-镁系铸造铝合金的特点是密度小、强度高。此外，铝-镁系铸造铝合金耐蚀性较好，能耐大气和海水腐蚀。但其铸造性能较差，耐热性低，一般仅适用于在 200℃以下工作的零件，这类合金可进行时效处理，通常采用自然时效。因此，它常用来制造受冲击、振动、耐腐蚀和外形简单的零件以及接头等，在一定场合可以替代不锈钢，例如舰船配件、氨用泵体等。在汽车上，它主要用于制造气缸盖、底盘、飞轮等零部件。

（4）铝-锌系（Al-Zn）铸造铝合金　铝-锌系铸造铝合金由于能溶入大量的锌（其极限溶解度为 32%），经变质处理和时效处理后，合金的强度能显著提高，而且价格比较便宜。在合金中加入适量的锰、铁和镁，可以提高耐热性。其缺点是耐蚀性较差，热裂倾向大。它主要用于制造结构形状复杂的汽车、飞机的零件和医疗器械、仪表零件等。

某些小型汽车（如 BJ1040）发动机的气缸盖用铸造铝合金制造。它具有质量小、导热性好的优点，有利于提高发动机的压缩比，提高能源利用率。其缺点是在使用过程中易变形。在维修过程中铸造铝合金气缸盖不能用碱水清洗，以免引起腐蚀。在拧紧气缸盖螺栓、螺母时应考虑铸造铝合金的热膨胀，冷车时要按规定拧紧一些，注意不要拧得过紧，以防螺栓断裂。

四、铝合金的热处理

纯铝无同素异构转变，因此铝合金热处理机理与钢不同。铝合金是通过固溶-时效处理来提高强度、硬度和其他性能的，这种热处理也称强化处理。

1. 固溶处理

将铝合金加热到温度稍高于固溶线，保温适当时间，可得到均匀的单相 α 固溶体，然后将其在水中快速冷却，使第二相来不及析出，在室温下可获得过饱和的 α 固溶体单相组织。此时，铝合金的强度和硬度并没有明显升高，而塑性却得到改善，这种热处理称为固溶处理。

铝合金的固溶处理与钢的淬火虽然都是加热后快速冷却，却有本质的区别。前者在冷却过程中晶格类型没有发生变化，而后者晶格类型发生了变化，由面心立方（奥氏体）转变为体心立方（马氏体）。

2. 时效

铝合金固溶处理后应及时进行时效。固溶处理后获得的过饱和固溶体是不稳定的组织，有分解出第二相过渡到稳定状态的倾向。在一定温度下保持一定时间，第二相会从过饱和固溶体中缓慢析出，导致晶格畸变，从而使铝合金的强度和硬度得到显著提高，塑性明显下降，这种现象称为时效。在室温下进行的时效称为自然时效。在100~200℃范围内进行的时效称为人工时效。人工时效温度越高，时效过程越短，但强化效果越差，超过200℃时，晶格畸变完全消失，已不具有强化效果了。

自然时效后的铝合金，在230~250℃短时间（几秒至几分钟）加热后，快速水冷至室温时，可以重新变软。如果再在室温下放置，则又发生正常的自然时效，这种现象称为回归。一切能时效硬化的合金都有回归现象。回归现象在实际生产中具有重要意义。时效后的铝合金可在回归处理后的软化状态进行各种冷变形。例如利用这种现象，可随时进行飞机的铆接和修理。图3-2所示为自然时效后的铝合金在反复回归处理和再时效时的强度变化。

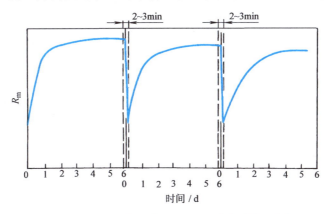

图3-2　铝合金在反复回归处理和再时效时的强度变化

3. 退火

变形铝合金退火是为了消除加工硬化，便于再加工。它主要用于飞机蒙皮等形状复杂的钣金件，一般是加热到350~450℃，保温后空冷。

不能热处理强化的铝合金零件，为了保持较高强度，适当增加塑性，可进行去应力退火，在180~300℃加热后空冷。

铸造铝合金的退火可以消除铸造时的偏析和内应力，并使组织稳定、提高塑性。

课题二　铜及铜合金

铜及铜合金是汽车行业中不可缺少的材料。据统计，一辆载货汽车需要20kg左右的铜。汽车上主要使用的有纯铜、黄铜和青铜。

一、纯铜

铜是较为贵重的有色金属，全世界产量仅次于钢和铝。纯铜中铜的质量分数为99.7%~99.95%，它的新鲜表面呈玫瑰红色，表面形成氧化亚铜（Cu_2O）膜层后呈紫色。其密度为8.96g/cm³，熔点为1083℃，具有良好的导电性，在所有金属中，铜的导电性略逊于银。铜的导热性及抗大气腐蚀性也很好，还是抗磁性金属。铜广泛用于电工导体、传热体、防磁器械及配制各种铜合金。

纯铜具有面心立方晶格，无同素异构转变现象。其强度低、塑性好，可进行冷变形强化，但冷变形强化后塑性下降显著。例如，当变形率为50%时，其强度R_m从230~250MPa提高到400~430MPa，塑性A_t由40%~50%降低到1%~2%。纯铜的焊接性能良好，但强度低，不宜作为结构材料。

纯铜中的杂质主要有Si、Mn、S和P等，它们对纯铜的性能影响极大，例如Si、Mn可引起铜的"热脆"，而S、P却能导致铜的"冷脆"。所以，在纯铜中必须控制杂质含量。

根据杂质含量的不同，工业纯铜分3种：T1、T2、T3，"T"为铜的汉语拼音字首，其后的数字越大，纯度越低。工业纯铜的牌号、成分及用途见表3-3。

表3-3 工业纯铜的牌号、成分及用途

代号	牌号	铜含量w_{Cu}（%）	杂质总含量w（%）	用　　　途
一号铜	T1	99.95	0.05	导电材料和配高纯度合金
二号铜	T2	99.90	0.1	电力输送用导电材料，制作电线、电缆等
三号铜	T3	99.70	0.3	电机、电工器材、电器开关、垫圈、铆钉、油管等

二、铜合金

铜中加入合金元素后，可获得较高的强度和硬度，韧性好，同时还保持了纯铜的某些优良性能。一般将铜合金分为黄铜、青铜和白铜3类。

1. 黄铜

黄铜是以锌为主要合金元素的铜合金。按化学成分不同，黄铜分为普通黄铜、特殊黄铜两种。其牌号用"黄"汉语拼音首字母"H"来表示，其后附以数字表示铜的平均质量分数，余量为锌。例如H70表示平均铜的质量分数为70%，锌的质量分数为30%的普通黄铜。

（1）普通黄铜　普通黄铜是铜-锌（Cu-Zn）二元合金。普通黄铜的组织和力学性能受锌的质量分数的影响（图3-3）。

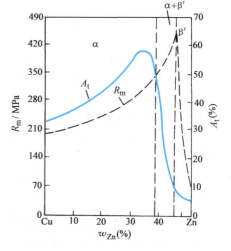

图3-3 黄铜的力学性能与锌的质量分数的关系

普通黄铜的退火组织可分为单相黄铜（或α黄铜）和双相黄铜（或α+β′黄铜）。当w_{Zn}<32%时，合金的组织由单相面心立方晶格的α固溶体构成，塑性好。随锌质量分数的增加，合金的强度和塑性均增加，单相黄铜显微组织如图3-4所示。当w_{Zn}>32%后，合金组织中开始出现β相。β相为以金属化合物CuZn为基的无序固溶体，呈体心立方结构，塑性好，可进行热加工。但当温度下降到456~468℃时，β相发生有序化，转变为有序固溶体β′相，双相黄铜显微组织如图3-5所示。β′相很脆，不易进行冷加工。此时，合金的塑性随锌的质量分数的增加开始下降，而强度仍然在上升,因为少量β′相存在对强度并无不利的影响。当w_{Zn}>45%之后,β′相已占合金组织的大部分直至全部,其强度急剧下降,塑性继续降低。所以,工业黄铜中锌含量一般不超过47%。

图 3-4 单相黄铜显微组织

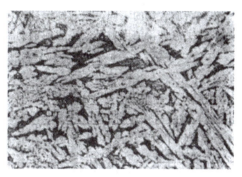

图 3-5 双相黄铜显微组织

常用的单相黄铜有 H80、H70、H68 等,其塑性好,可进行冷、热加工。这类黄铜适于制作冷轧钢板、冷拉线材、管材及形状复杂的深冲零件。双相黄铜有 H62、H59 等,其室温组织为 α+β′,由于β′相很脆,故不适于冷变形加工。但当加热使β′转变为β后,其便可进行热变形加工,通常将其热轧成棒材、板材。这类黄铜也可铸造。

黄铜具有良好的耐海水和耐大气腐蚀能力,并且单相黄铜优于双相黄铜。但经冷加工的黄铜制品存在残余应力,如果处在潮湿大气或海水中,特别是在含氨的介质中,容易发生应力腐蚀,使黄铜开裂,这种现象称为应力腐蚀开裂,或"季裂"。因此,冷加工后的黄铜应进行去应力退火(在 250~300℃进行加热,保温 1~3h),以消除内应力,或加入适量的锡、硅、铝、锰、镍等元素来显著降低其对应力腐蚀开裂的敏感性。普通黄铜的力学性能、工艺性和耐蚀性较好,应用广泛。

常用黄铜的牌号、化学成分、力学性能及用途举例见表 3-4。

表 3-4 常用黄铜的牌号、化学成分、力学性能及用途举例

类别	牌号	化学成分(质量分数)(%)(余量为 Zn)		制品种类	力学性能		用途举例
		Cu	其他		R_m/MPa	A_t(%)	
普通黄铜	H80	78.5~81.5	Fe 0.05 Pb 0.05	板、条、带、箔、棒、线、管	265~392	50	色泽美观,用于镀层及装饰
	H68	67~70	Fe 0.1 Pb 0.03		294~392	40	管道、散热器、铆钉、螺母、垫片等
	H62	60.5~63.5	Fe 0.15 Pb 0.08		294~412	35	散热器、垫圈、垫片等
特殊黄铜	HPb59-1	57~60	Fe 0.5 Pb 0.8~1.9	板、带、管、棒、线	343~441	25	可加工性好、强度高、用于热冲压和切削加工件
	HMn58-2	57~60	Fe 1.0 Pb 0.1 Mn 1.0~2.0	板、带、棒、线	382~588	35	耐腐蚀和弱电用零件

(续)

类别	牌号	化学成分（质量分数）(%)（余量为Zn）		制品种类	力学性能		用途举例
		Cu	其他		R_m /MPa	A_t (%)	
铸铝黄铜	ZCuZn31A12	66~68	Al 2.0~3.0	砂型铸造、金属型铸造	295~390	12~15	要求耐蚀性较高的零件
铸硅黄铜	ZCuZn16Si4	79~81	Si 2.5~4.5	砂型铸造、金属型铸造	345~390	15~20	接触海水工作的管配件及水泵叶轮、旋塞等

（2）特殊黄铜 为了获得更高的强度、耐蚀性和良好的铸造性能，在铜锌合金中加入铅、锡、铝、镍、铁、硅、锰等元素，可形成各种特殊黄铜：铅黄铜、锡黄铜、铝黄铜、镍黄铜、铁黄铜及硅黄铜等。其牌号用"H+第二主添加元素化学符号+铜的质量分数+除锌以外的各添加元素的质量分数（数字间以"-"隔开）"表示。例如HPb61-1，表示平均成分为 $w_{Cu}=61\%$、$w_{Pb}=1\%$、其余为锌的铅黄铜。

特殊黄铜中若加入的合金元素较少，则塑性会较高，也称为压力加工特殊黄铜；若加入的合金元素较多，则强度和铸造性能好，称为铸造用特殊黄铜，代号中用"Z"表示"铸造"；若加入铝、锡、锰、镍，还能提高其耐蚀性和耐磨性。

2. 青铜

青铜原指铜-锡（Cu-Sn）合金，但现在工业上习惯把以含铝、硅、铅、铍、锰等为主加元素的铜合金统称为青铜，所以青铜实际上包括有锡青铜（Cu-Sn）、铝青铜（Cu-Al）、铍青铜（Cu-Be）等。青铜可分为加工青铜（以青铜加工产品的形式供应）和铸造青铜两类。青铜的牌号是：Q+第一主添加元素化学符号+各添加元素的质量分数。"Q"表示"青铜"。例如，QSn4-3表示含 $w_{Sn}=4\%$、$w_{Zn}=3\%$、其余为Cu的锡青铜。铸造青铜是在编号前加"Z"。

常用青铜的牌号、化学成分、力学性能及用途举例见表3-5。

表3-5 常用青铜的牌号、化学成分、力学性能及用途举例

类型	牌号	化学成分（质量分数）(%)（余量为Cu）		制品种类	力学性能		用途举例
		Sn	其他		R_m /MPa	A_t (%)	
压力加工锡青铜	QSn4-3	3.5~4.5	P0.03 Fe0.05 Pb0.02 Al0.002 Zn2.7~3.3	板、带、棒、线	350	40	较次要的零件，例如弹簧、管配件和化工机械等
	QSn6.5-0.1	6.0~7.0	P0.1~0.25 Fe0.05 Pb0.02 Al0.002 Zn0.3	板、带、棒	300 500 600	38 5 1	耐磨件、弹性零件

（续）

类型	牌号	化学成分（质量分数）（%）（余量为 Cu）		制品种类	力学性能		用途举例
		Sn	其他		R_m /MPa	A_t (%)	
压力加工锡青铜	QSn4-4-2.5	3.0~5.0	Zn3.0~5.0 Pb1.5~3.5 Al0.002 P0.03 Fe0.05	板、带	300~350	35~45	轴承、轴套、衬垫等
铸造锡青铜	ZCuSn10Zn2	9.0~11.0	Zn 1.0~3.0	金属型铸造	245	6	中等或较高负荷下工作的重要管配件，泵、阀、齿轮等
				砂型铸造	240	12	
	ZCuSn10P1	9.0~11.5	P 0.8~1.1	金属型铸造	310	2	重要的轴瓦、齿轮、连杆和轴套等
				砂型铸造	220	3	
铝青铜	ZCuAl10Fe3	Al 8.5~11.0	Fe 2.0~4.0	金属型铸造	540	15	重要用途的耐磨、耐蚀重型铸件，例如轴套、螺母、蜗轮
				砂型铸造	490	13	
铅青铜	ZCuPb30	Pb 27~33		金属型铸造			高速双金属轴瓦、减摩零件等

（1）锡青铜　锡青铜是以锡为主加元素的铜合金。铸造锡青铜的力学性能与锡含量的关系如图 3-6 所示。

当 $w_{Sn}<5\%\sim6\%$ 时，合金的铸态或退火态组织为 α 单相固溶体，随着 w_{Sn} 的增大，合金的强度和塑性均增大。当 $w_{Sn}>5\%\sim6\%$ 时，合金组织中出现硬而脆的 δ 相（以 $Cu_{31}Sn_8$ 为基体的固溶体），合金塑性急剧下降，但强度继续增大。当 $w_{Sn}>20\%$ 时，大量的 δ 相使强度显著下降，合金变得硬而脆，无使用价值。所以，工业用锡青铜的 w_{Sn} 一般为 3%~14%。

$w_{Sn}<8\%$ 的锡青铜塑性好，适于压力加工，也称为加工锡青铜。$w_{Sn}>10\%$ 的锡青铜，由于塑性差只适于铸造，称为铸造锡青铜。铸造锡青铜流动性差，易疏松，组织不致密，但它在凝固时尺寸收缩小，特别适于铸造对外形尺寸要求较严格的铸件。

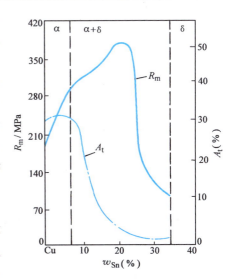

图 3-6　铸造锡青铜的力学性能与锡含量的关系

锡青铜的耐蚀性优于纯铜及黄铜，特别是在大气、海水等环境中，其优越性更为明显，但在酸类及氨水中，其耐蚀性较差。此外，锡青铜耐磨性好，多用于制造轴瓦、轴套等耐磨零件。

(2) 铝青铜 铝青铜是以铝为主加元素的铜合金。铝青铜的力学性能比黄铜和锡青铜好。铝青铜的力学性能受 w_{Al} 的影响很大,其与铝含量的关系如图 3-7 所示。

铝青铜在铸造状态下,当 $w_{Al}<5\%$ 时强度很低,w_{Al} 5% 后强度上升较高,在 $w_{Al}=10\%$ 左右时强度最高,因此其多在铸态或经热加工后使用。$w_{Al}=5\%\sim7\%$ 的铝青铜塑性最好,适于冷加工。$w_{Al}>8\%$ 后,其塑性急剧降低,高于 12% 时铝青铜塑性很差,加工困难。因此实际应用的铝青铜的 w_{Al} 一般在 5%~12% 之间。

铝青铜的结晶温度范围很小,流动性好,缩孔集中,易获得致密的铸件,并且不形成枝晶偏析。铝青铜的耐蚀性优良,在大气、海水及大多数有机酸中的耐蚀性均比黄铜和锡青铜高,耐磨性也比黄铜和锡青铜好,常用来制造强度及耐磨性要求较高的零件,例如齿轮、蜗轮、轴承等。

(3) 铍青铜 铍青铜是以铍为主加元素的铜合金。其 w_{Be} 为 1.7%~2.5%。由于铍在铜中的溶解度随温度变化很大,温度在 866℃ 时,最大溶解度为 2.7%,而在室温时却只有 0.2%,故铍青铜进行固溶-时效处理后,可获得很高的硬度和强度,强度 R_m 最大可达 1500MPa,硬度可达 350~400HBW,超过其他铜合金。铍青铜的力学性能与铍质量分数的关系如图 3-8 所示。

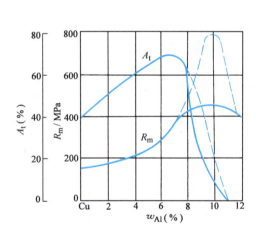

图 3-7 铝青铜的力学性能与铝含量的关系   图 3-8 铍青铜的力学性能与铍质量分数的关系

随着 w_{Be} 的增加,铍青铜的强度和硬度急剧增高,而塑性则下降不多;当 $w_{Be}>2\%$ 后,其强度和硬度少量增加,但塑性显著降低。

铍青铜不仅强度高、疲劳极限高、弹性好,而且耐蚀、耐热、耐磨等性能均好于其他铜合金。其导电性和导热性优良,而且具有抗磁、受冲击时不产生火花等特殊性质,主要用于制造精密仪器、仪表中重要的弹性元件(如钟表齿轮、电焊机电机及防爆工具、航海罗盘等重要零件)。但铍青铜工艺复杂,价格较高。

3. 白铜

以镍为主要合金元素的铜合金称为白铜。普通白铜仅含铜和镍,其牌号为"B+镍的质量分数"。"B"表示"白铜"。例如,B19 表示 $w_{Ni}=19\%$,余量为铜的普通白铜。普通白铜中加入锌、锰、铁等元素后分别称为锌白铜、锰白铜、铁白铜。牌号为"B+第二主添加元素化学符号+镍的质量分数+各添加元素的平均质量分数（数字间以"-"隔开）"。例如，BZn15-20 表示 $w_{Ni}=15\%$、$w_{Zn}=20\%$、$w_{Cu}=65\%$ 的锌白铜。

在固态下，铜与镍无限固溶，因此工业白铜的组织为单相 α 固溶体，有较好的强度和优良的塑性，能进行冷、热变形。冷变形能提高强度和硬度。它的耐蚀性很好，电阻率较高，主要用于制造船舶仪器零件、化工机械零件及医疗器械等。锰含量高的锰白铜可制作热电偶丝。常用白铜的代号、化学成分、力学性能和用途见表 3-6。

表 3-6 常用白铜的代号、化学成分、力学性能及用途

类别	代号	化学成分(质量分数)(%)					力学性能			用途
		Ni+Co	Mn	Zn	其他	Cu	加工状态	R_m/MPa	A_t(%)	
普通白铜	B25	24.0~26.0	0.5	0.3	0.805	余量	软	380	23	船舶仪器零件，化工机械零件
							硬	550	3	
	B19	18.0~20.0	0.5	0.3	0.775	余量	软	300	30	
							硬	400	3	
	B5	4.4~5.0			0.26	余量	软	200	30	
							硬	400	10	
锌白铜	BZn15-20	13.5~16.5	0.3	余量	≤0.779	62.0~65.0	软	350	35	潮湿条件下和强腐蚀介质中工作的仪表零件
							硬	550	2	
锰白铜	BMn3-12	2.0~3.5	11.5~13.5		0.625~1.125	余量	软	360	25	弹簧、热电偶丝
	BMn40-1.5	39.0~41.0	1.0~2.0		0.78	余量	软	400		
							硬	600		

课题三 其他有色金属简介

随着汽车工业的不断发展，对汽车轻量化、减少排放污染的要求逐年提高，有色金属在汽车上的应用越来越广泛，钛、镁、锌等合金的应用越来越受到重视，它们在汽车上的用量也越来越多。

一、钛及钛合金

钛具有优越的综合性能，强度较高，通常接近于普通钢，有的钛合金强度可达 1400MPa，耐热性好，特别适用于在 300~600℃ 温度范围内工作的航空、航天等要求比强度高的器件；它还具有优异的耐蚀性，在硫酸、盐酸、硝酸、氢氧化钠及海水中均有优良的稳定性，在 85%醋酸条件下，其耐蚀性优于不锈钢。同时，钛的资源丰富，所以有着广泛应用前景。目前，由于钛及钛合金的加工条件复杂，成本较昂贵，在很大程度上限制了它们的应用。

1. 工业纯钛

钛是银白色金属，熔点高（1725℃），密度小（4.5g/cm³），导热性差。钛具有同素异构现象，在882.5℃以下为密排六方晶格的α-Ti，882.5℃以上为体心立方晶格的β-Ti。工业纯钛的力学性能与其纯度有很大关系，若存在氧、氮、氢、碳等元素则其强度显著增加，塑性下降。

工业纯钛按纯度分为4个等级：TA0、TA1、TA2、TA3。其中，"T"为钛的汉语拼音首字母，后面的数字表示纯度，数字越大纯度越低。工业纯钛常用于制造350℃以下工作的低载荷零件，例如飞机骨架、发动机部件、耐海水管道及柴油机活塞、连杆等。

2. 钛合金

工业纯钛和部分钛合金的牌号、化学成分、力学性能及用途见表3-7。

钛合金按其组织类型不同，可分为α型钛合金、β型钛合金和α-β型钛合金，其牌号分别以TA、TB、TC加上序号来表示。

（1）α型钛合金（TA）　α型钛合金的组织为单相α固溶体。它的主要合金元素是铝。这种合金具有很好的强度、韧性、热稳定性、焊接性和铸造性，抗氧化能力较好，塑性较低，热强性很好，可以在500℃左右长期工作。α型钛合金的热处理一般是退火，可用来制造飞机涡轮机壳等。

（2）β型钛合金（TB）　β型钛合金的组织为β固溶体，它的合金元素主要为铬、钼、锰、铁、钒、铝等合金元素。这种合金强度较高、韧性好，易于进行冲压成形，经淬火和时效处理后，会析出弥散的α相，强度进一步提高，主要用于制造高强度板材和复杂形状零件。

表3-7　工业纯钛和部分钛合金的牌号、化学成分、力学性能及用途

类别	牌号	化学成分	材料状态	室温力学性能		高温力学性能		用途
				R_m /MPa	A_t (%)	试验温度/℃	R_m /MPa	
工业纯钛	TA1	Ti（杂质极微）	M	≥240	≥24			在350℃以下工作、强度要求不高的零件
	TA2	Ti（杂质微）	M	≥400	≥20			
	TA3	Ti（杂质微）	M	≥500	≥18			
α型钛合金	TA5	Ti-4Al-0.005B	M	≥685	≥15			在500℃以下工作的零件，导弹燃料罐、超声速飞机的涡轮机匣
	TA6	Ti-5Al	M	≥685	≥10	350	≥420	
β型钛合金	TB2	Ti-5Mo-5V-8Cr-3Al	C	≤980	≥18			在350℃以下工作的零件，压气机叶片、轴、轮盘等重载荷旋转件，飞机构件
			CS	≥1370	≥7			
α-β型钛合金	TC1	Ti-2Al-1.5Mn	M	≥585	≥15	350	≥345	在400℃以下工作的零件，有一定高温强度的发动机零件，低温用部件
	TC2	Ti-4Al-1.5Mn	M	≥685	≥12	350	≥470	
	TC3	Ti-5Al-4V	M	≥800	≥10			
	TC4	Ti-6Al-4V	M	≥895	≥10	400	≥620	
			CS	1200	8			

（3）α-β 型钛合金（TC） α-β 型钛合金的组织由 α 固溶体和 β 固溶体两相构成，主要加入了铝，也加入了锰、铬、钒等，因而它兼有上述两类合金的优点，即塑性好、热强性好（可在 400℃ 长期工作）、抗海水腐蚀能力很强，生产工艺简单，并可通过淬火和时效处理进行强化，主要应用于飞机压气机盘和叶片、舰艇耐压壳体、大尺寸锻件、模锻件等。

钛合金还具有良好的低温工作性能。例如，TC4（Ti-6Al-4V）在 -196℃ 以下仍然具有良好的韧性，用于制造低温高压容器，例如火箭及导弹的液氢燃料箱等。钛合金应用于高、低温工作条件下的结构材料，其发展前景非常广阔。

3. 钛合金的热处理

钛合金的热处理与钢的热处理相似，主要有以下两种方式。

（1）退火 钛合金的退火工艺主要有两种。

1）去应力退火。去应力退火一般在再结晶温度以下进行，目的是消除机加工零件或焊接后所引起的内应力。大多数钛合金的去应力退火温度为 450~650℃，焊接件保温 2~12h 后空冷，机加工零件保温 1~2h 后空冷。

2）再结晶退火。高温退火在再结晶温度以上进行，目的是消除加工硬化和稳定组织。钛合金再结晶退火温度一般为 750~800℃，保温 1~3h，空冷。

（2）淬火和时效 淬火和时效的目的是提高钛合金的强度和硬度。α 型钛合金一般不进行淬火和时效处理，β 型钛合金和 α-β 型钛合金可进行淬火和时效处理，以提高强度和硬度。

钛合金的淬火温度一般选在 α-β 两相区的上部范围，淬火后部分 α 保留下来，细小的 β 相转为介稳定 β 相或 α' 相或两种均有（取决于 β 稳定化元素的质量分数），经时效后获得好的综合力学性能。假若加热到 β 单相区，β 晶粒极易长大，则热处理后的韧性很低。一般淬火温度为 760~950℃，保温 5~60min，水冷。

钛合金的时效温度一般在 450~550℃ 之间，时间为几至几十小时。

钛合金热处理加热时应防止污染和氧化，并严防过热。β 晶粒长大后，无法用热处理方法挽救。

二、镁及镁合金

镁的密度为 1.74g/cm³，只有铝的 2/3，镁具有很高的化学活性，易在空气中形成疏松多孔的氧化膜，镁的电极电位低，耐蚀性很差。镁为密排六方晶格，强度和塑性均不高，一般不直接用作结构材料。

工业纯镁的牌号用"Mg"和序列号表示，例如 Mg1 称为一号纯镁，Mg2 称为二号纯镁。

与铝相似，镁主要利用合金化固溶强化和时效强化来提高其合金的强度。在镁中加入的合金元素主要有铝、锌、锰等，一般质量分数为 $w_{Al} = 0.2\% \sim 9.2\%$，$w_{Zn} = 0.2\% \sim 6.0\%$，$w_{Mn} = 0.1\% \sim 2.5\%$。经热处理后（固溶时效处理），其强度可达 300~350MPa。

镁合金的优点还表现在：

1）密度很小，比铝小 1/3，但比强度高于铝合金。

2）疲劳极限大。

3）与铝合金相比，能承受较大的冲击载荷。

4）耐蚀性好（特别耐煤油、汽油等矿物油和碱类的腐蚀）。

5) 有良好的可加工性。

由于以上优点，镁合金在航空、无线电通信、仪表等行业获得广泛的应用。特别是随着移动电话和笔记本电脑普及率越来越大，使镁合金的应用产生了新的价值。同时，由于镁合金是最有发展前景的汽车轻量化材料之一，用镁合金替代铝合金制造汽车零部件，以减轻汽车自重，在汽车生产中逐步得以应用。

镁合金根据加工方法分为变形镁合金（压力加工镁合金）和铸造镁合金两类。代号分别以"MB"和"ZM"加序号表示，例如 MB2 称为二号镁合金，ZM6 称为六号铸造镁合金等。

常用的变形镁合金有 MB1、MB2、MB8、MB15。其中应用较多的是 MB15，它具有较高强度和良好的塑性，且热处理工艺简单，热加工后直接进行时效便可强化。常用铸造镁合金有 ZM1、ZM2、ZM5。它们具有较高的常温强度和良好的铸造工艺性，但耐热性较差，长期使用温度不高于 150℃。

三、锌及锌合金

锌的熔点较低，抗大气腐蚀性良好，再结晶温度在室温以下，一般采用普通压力加工方式成形。

铝、铜、镁等为锌合金的主要合金元素，它们能对锌合金产生明显的强化作用。锌合金可分为变形锌合金和铸造锌合金两类，有 Zn-Al 和 Zn-Al-Cu 等合金系。目前应用最广的锌合金是 ZZnAl4Cu1Mg，其主要用作压铸小尺寸的高强度、高耐蚀性零件，例如汽车机油泵体、仪器仪表外壳及零件。

课题四 滑动轴承合金

轴承是汽车、拖拉机、机床及其他机器中的重要部件，其作用是支承轴进行转动，并减轻轴的转动摩擦，减少轴的磨损。目前机器中使用的轴承有滚动轴承和滑动轴承两类。虽然滚动轴承的应用比较广泛，但由于滑动轴承具有承压面积大，工作平稳，噪声小，制造、维修、拆装方便等优点，在重载高速的场合被广泛地应用。例如，汽车的曲轴轴承、连杆轴承、凸轮轴轴承均为滑动轴承。在滑动轴承中，用于制造轴瓦及其内衬的合金材料称滑动轴承合金。

一、对轴承合金的性能要求

轴承在工作时，不仅要承受轴的压力，而且要承受轴与轴承之间产生的强烈的摩擦。为了使轴的磨损减少到最小限度和保证轴承有足够的支承能力，以保证轴承正常工作，轴承合金必须具备以下要求：

1) 具有良好的磨合性，使其与轴能较快地紧密配合。
2) 足够的强度和硬度，以承受轴颈较大的单位压力。
3) 足够的塑性和韧性，便于加工和抵抗冲击、振动。
4) 有微孔储存润滑油，使接触表面形成油膜，减轻磨损，减小摩擦系数。
5) 良好的耐蚀性、导热性和较小的膨胀系数，以防止摩擦升温而发生咬合。

二、轴承合金的组织

为满足以上性能要求,除考虑合金的化学成分外,更主要的是要注意其组织的特殊作用。单纯地用硬的或软的组织都不行,应当是软基体加硬质点或硬基体加软质点。轴承合金理想组织示意图如图 3-9 所示。

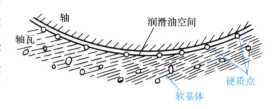

图 3-9　轴承合金理想组织示意图

(1) 软基体上分布着硬质点　在工作中,软基体很快磨损凹陷,可储存润滑油,使轴与轴瓦间形成连续油膜,起到良好的润滑作用,减少轴和轴承的磨损。硬质点将突出于基体上,以支承轴的压力,一旦负载过大,凸起的硬质点就被压入软的基体中,从而避免了轴的擦伤。这类组织的轴承合金主要是巴氏合金,它们具有较好的磨合性与抗冲击、振动能力,但难以承受高载荷。

(2) 较硬基体上分布着软质点　这类轴承合金基体的硬度低于轴颈硬度,但较软基体硬,能承受较大载荷。基体上分布着软质点,具有低的摩擦系数,但磨合性较差。这类组织的轴承合金有铜基、铝基轴承合金。

必须指出,十分理想的轴承合金是很难找到的,只能接近理想状态,有的甚至相差很大。所以,任何一种轴承合金都有其一定的优缺点,只能在一定条件下使用。

三、常用轴承合金

常用轴承合金的牌号、硬度及用途见表 3-8。

1. 锡基与铅基轴承合金（巴氏合金）

工业上应用最广的轴承合金是锡基和铅基轴承合金（又称为巴氏合金）。其铸造轴承合金的牌号表示方法为"Z+基体元素+主加元素+主加元素的质量分数+辅加元素+辅加元素的质量分数"。牌号中"Z"为"铸"字的汉语拼音字首。例如 ZSnSb8Cu4 表示铸造锡基轴承合金,基体元素为锡,主加元素锑的质量分数为 8%,辅加元素铜的质量分数为 4%,余量为锡。

常见的锡基与铅基轴承合金有以下几种。

(1) 锡基轴承合金（锡基巴氏合金）它是以锡为基础,加入锑、铜等元素组成的合金。其组织是以锑溶入锡形成的 α 固溶体为软基体,以化合物 SnSb 和 Cu_6Sn_5 形成硬质点及骨架。

这种合金摩擦系数小,塑性、导热性好,是优良的减摩材料,常用作最重要的轴承,如汽轮机、发动机、内燃机等大型机器的高速轴承。它的主要缺点是疲劳极限较低,价格贵。使用温度不能高于 150℃。

(2) 铅基轴承合金（铅基巴氏合金）它是以铅-锑为基础,加入锡、铜等元素,其硬度、强度、韧性均较锡基合金低,且摩擦系数较大,但价格便宜。这种合金常用来制造承受中、低载荷的中速轴承,例如汽车、拖拉机曲轴轴承、连杆轴承及电动机轴承,使用工作温度不超过 120℃。

表 3-8 常用轴承合金的牌号、硬度及用途

类别	牌号	硬度 HBW（不小于）	用途
锡基轴承合金	ZSnSb12Pb10Cu4	29	一般发动机的主轴承，但不适于高温工作
	ZSnSb11Cu6	27	1500kW 以上蒸汽机、370kW 涡轮压缩机、涡轮泵及高速内燃机轴承
	ZSnSb8Cu4	24	一般大机器轴承及大载荷汽车发动机的双金属轴承
	ZSnSb4Cu4	20	涡轮内燃机的高速轴承及轴承衬
铅基轴承合金	ZPbSb16Sn16Cu2	30	110~880kW 蒸汽涡轮机、150~750kW 电动机和小于 1500kW 起重机及重载荷推力轴承
	ZPbSb15Sn5Cu3Cd2	32	船舶机械、小于 250kW 电动机、抽水机轴承
	ZPbSb15Sn10	24	中等压力的机械，也适用于高温轴承
	ZPbSb15Sn5	20	低速、轻压力机械轴承
	ZPbSb10Sn6	18	大载荷、耐蚀、耐磨轴承
铜基轴承合金	ZCuPb30	25	高速高压航空发动机、高压柴油机轴承
	ZCuSn10P1	90	高速大载荷柴油机轴承

2. 铜基轴承合金

铜基轴承合金有铅青铜、锡基铜等。与巴氏合金相比，铜基轴承合金是硬基体上均匀分布着软质点，具有高的疲劳极限和承载能力，优良的耐磨性、导热性和低的摩擦系数，能在较高温度（250℃）下正常工作，因此可制造高速、重载的重要轴承，例如航空发动机、高速柴油机的轴承等。

3. 铝基轴承合金

铝基轴承合金是一种新型减摩材料，具有密度小、导热性好、疲劳极限大和耐蚀性好等优点，并且原料丰富，价格低廉，但其膨胀系数大，运转时容易与轴咬合。

汽车上目前广泛应用的是高锡铝基轴承合金。它是以铝为基础，加入约 20% 的锡和约 1% 的铜组成的合金——20 高锡铝基轴承合金。它的组织是在硬基体（铝）上均匀分布着球状的软质点（锡）。20 高锡铝基轴承合金具有价格较低、密度小、耐磨性好、疲劳极限较大、导热性好等优点。其可靠性比锡基轴承合金好。当汽车在较差路面上行驶时，即使超荷也不会发生轴承合金剥落，其使用寿命较长，在正常使用情况下其使用寿命可达 10 万多 km。20 高锡铝基轴承合金广泛应用于 EQ1090、SH760、JN1150/100、JN1150/106 以及丰田、日产等进口小轿车上。20 高锡铝基轴承合金的不足之处是膨胀系数大、冷起动困难、易与轴咬合，故安装时必须留有较大间隙，即刮研轴瓦时，配合间隙要比原厂规定稍大些。

除以上轴承合金外，粉末冶金含油轴承、聚氨酯橡胶、聚四氟乙烯工程塑料等也可作为

滑动轴承或衬套材料。

项目小结

1. 铝和铝合金的密度小，属于轻金属，是汽车的重要材料之一。纯铝的导电、导热性能优良，主要用途是制作电线。铝合金密度小、比强度高和导热性好的特性，使之适宜制造各种机械零件。

2. 铝合金可分为变形铝合金和铸造铝合金两大类。变形铝合金塑性很好，适宜于进行压力加工；铸造铝合金铸造工艺性能优良，可生产形状复杂的铸件。

3. 纯铜强度低，塑性好，焊接性能良好，导热性及抗大气腐蚀性也很好，还是抗磁性金属，广泛用于电工导体、传热体、防磁器械及配制各种铜合金。

4. 铜中加入合金元素后，可获得较大的强度和硬度，韧性好，同时保持了纯铜的某些优良性能。铜合金分为黄铜、青铜和白铜三大类。

5. 常用轴承合金有：锡基与铅基轴承合金（巴氏合金）、铜基轴承合金、铝基轴承合金。

6. 钛、镁、锌等合金，在汽车上使用可以减轻汽车自重，它们的合金强度较高、韧性好、耐蚀性好，易于进行冲压成形。

一、选择题

1. 下列不属于工业纯铝的特点的是（　　）。
   A. 密度低　　　B. 导电、导热性能优良　　C. 强度高　　　D. 塑性好

2. LF11 是（　　）。
   A. 防锈铝　　　B. 硬铝　　　　　　　　C. 超硬铝

3. 生产受力较大的铝合金构件要采用（　　）。
   A、防锈铝　　　B. 硬铝　　　　　　　　C. 超硬铝

4. 黄铜、青铜、白铜的分类是根据（　　）。
   A. 颜色　　　　B. 铜含量　　　　　　　C. 主加元素　　　D. 密度

5. HPb59-1 是（　　）。
   A. 铅黄铜　　　B. 铅青铜　　　　　　　C. 锡青铜

6. 超硬铝只有通过（　　）处理才能获得高的硬度和强度。
   A. 淬火+时效　　B. 退火　　　　　　　　C. 冷变形

7. 我国古代遗留下来的铜器文物（如铜镜、铜钟）的主要材料是（　　）。
   A. 黄铜　　　　B. 铅青铜　　　　　　　C. 锡青铜

8. 工业纯铝制造的导线通过冷拉塑性变形后，其强度（　　）。

A. 提高　　　　B. 降低　　　　　　　C. 不变

二、判断题（正确的画"√"，错误的画"×"）

1. 汽车发动机活塞就是由铝合金制造的。（　　）
2. 铝合金具有强度高、密度小、比强度高和导热性好的特性。（　　）
3. 变形铝合金塑性很好，适宜于进行压力加工。（　　）
4. 铸造铝合金流动性较好，具有优良的铸造工艺性能，可进行各种成形铸造，生产形状复杂的铸件。（　　）
5. H70 表示含铜量 70% 的普通黄铜。（　　）
6. 轴承合金有很高的硬度，因此耐磨性能好。（　　）

三、填空题

1. 根据铝合金的成分及生产工艺特点，铝合金可分为_____和_____两大类。
2. 铝-镁系铸造铝合金的性能特点是_____，_____，在汽车上主要用于制造气缸盖、底盘、飞轮等零部件。
3. 铜合金根据主加元素不同，可分为_____、_____和_____。
4. 常用轴承合金有_____、_____和_____。
5. 青铜是指铜与_____和_____之外的合金，按化学成分不同分为_____、_____、_____和_____。

四、简答题

1. 有色金属与黑色金属相比较，具有哪些优良的性能？
2. 汽车常用的有色金属有哪几种？
3. 铝合金分为几类？各类铝合金各自有何强化方法？
4. 铝合金的淬火与钢的淬火有什么不同？
5. 铜合金分为几类？举例说明各类铜合金的牌号。
6. 指出下列牌号的合金类别、主要合金元素、主要性质、主要用途。
2A11、5A02、ZL102、ZL108、H68、HPb59-1、ZCuZn16Si4、QSn4-3、QBe2、ZCuSn10Pb1、ZSnSb11Cu6。
7. 钛合金的性能有何特点？简述其应用前景和存在的问题。

项目四 非金属材料

项目导入

非金属材料包括橡胶、玻璃、塑料、陶瓷、合成纤维、摩擦材料、胶黏剂、涂装材料等各种材料,它们在汽车上的应用呈逐年增长的趋势。

汽车用橡胶具有高弹性、高耐磨性等特点,主要用于制造汽车轮胎、防振橡胶、软管、密封带、传动带等零部件;汽车用工程塑料主要用于制造某些机器零件或构件,具有强度高、韧性和耐磨性较好、价廉、耐腐蚀、降噪声、美观、质量小等特点,对汽车的安全性、舒适性、经济性等方面有较大的改善,因而在结构件、饰材等方面的应用逐渐广泛,用量逐年增加。例如,用塑料制作汽车保险杠、高档车用安全玻璃、汽车内饰件、仪表面板等零部件,比用钢铁材料更具有安全性,并可降低造价。

陶瓷属于无机非金属材料,是人类最早利用自然界提供的原料进行加工制造而成的材料,具有耐高温、硬度高、脆性大等特点。在汽车上最早应用陶瓷材料制造的是火花塞等零部件。现代汽车中,陶瓷的用途得到大大拓展,一部分陶瓷作为功能材料被用于制作各种传感器(如爆燃传感器、氧传感器、温度传感器等)以满足汽车电子化的急剧发展;一部分陶瓷则作为结构材料用于替代金属材料制作发动机和换热器零件。近年来,一些特种陶瓷用于制造发动机部件或整机、气体涡轮部件等,可以达到提高热效率、降低能耗、减轻自重的目的。

复合材料是指由两种或两种不同材料组合而成的材料。复合材料是一种新型的、具有很大发展前途的工程材料,它在强度、刚度、耐蚀性等方面比单纯的金属材料、陶瓷材料和聚合物材料等都优越。近年来,随着汽车轻量化、高性能的推进,复合材料在汽车工业中发挥了越来越重要的作用。例如,采用纤维增强聚合物基复合材料(FRP)制造的车身外装板件(如车顶导流板、风窗框等),具有质量小、耐冲击、便于加工异形曲面、美观等优点;采用纤维增强金属基复合材料(FRM)制造柴油发动机的活塞顶、连杆、气缸体等零件,可提高零件的耐磨性、热传导性、耐热性,同时减小热膨胀等。

其他高分子材料也在汽车上有较广泛的应用。胶黏剂指能把两种材料黏接在一起的新型连接材料,汽车用胶黏剂具有黏接、密封等作用;合成纤维可用于制造坐垫、安全带、内饰等。

本项目介绍汽车用各种非金属材料的性能、特点和在汽车上的主要应用，重点介绍橡胶和工程塑料。

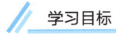
学习目标

1. 知识目标

1) 了解汽车工业中主要应用的非金属材料类型。
2) 认识橡胶、塑料、合成纤维、复合材料、车用涂料、胶黏剂的性能、种类及应用。
3) 了解汽车上非金属材料件的位置、名称。

2. 能力目标

1) 能够区分各种不同非金属材料的种类，能够描述各种不同非金属材料的性能及在汽车上的应用。
2) 能够正确选配和识别非金属材料汽车零件。

课题一　橡　　胶

橡胶是在使用温度范围内处于高弹性状态的高分子材料。橡胶广泛地应用于弹性材料、密封材料、减振防振材料和传动材料，在工业生产中有着重要的地位，是一种重要的工业材料。

一、橡胶的特性

橡胶最显著的特点是具有高的弹性和回弹性。在-50~150℃的温度范围内，橡胶能保持较好的弹性，而且它受外力作用发生的变形是可逆的高弹性变形，伸长率可达100%~1000%。橡胶在高弹变形时，弹性模量低，只有1MPa左右，仅为软质塑料的1/30左右。橡胶具有良好的回弹性，天然橡胶的回弹高度可达70%~80%，外力去除后，只需0.001s便可恢复到原来的形状。橡胶还有一定的强度，优异的抗疲劳性，以及良好的耐磨、绝缘、隔声、防水、缓冲、吸振等性能。因此，橡胶材料被广泛用于生产中。

二、橡胶的基本组成

橡胶是以生胶为原料，加入适量的配合剂，经硫化工艺处理以后得到的一种生产原材料。

1. 生胶

橡胶的性质主要取决于生胶的性质。按其来源分，生胶可分为天然橡胶和合成橡胶两大类。天然橡胶是橡胶工业中应用最早的橡胶，其主要成分为橡胶烃。天然橡胶主要取自橡胶树上流出的天然白色胶乳，经一定的处理和加工，可直接用来制作各种胶乳制品，也可制成固体的天然橡胶，作为生产原材料。合成橡胶是以从石油、天然气中得到的某些低分子不饱和烃作为原料，在一定条件下经聚合反应而得到的产物。

由于生胶的分子结构多为线型或带有支链型的长链状分子，其性能不稳定，受热发黏、遇冷变硬，只能在5~35℃的范围内保持弹性，而且强度低、耐磨性差、不耐溶剂，故生胶一般不能直接用来制造橡胶制品。

2. 配合剂

为了制造可以使用的橡胶制品，改善橡胶的工艺性能和降低制品成本，需在生胶中加入其他辅助化学组分，这些组分称为配合剂。按照各种配合剂在橡胶中所起的作用，可以分为硫化剂、硫化促进剂、硫化活性剂、增强填充剂、防焦剂、防老化剂、软化剂、着色剂等。

（1）硫化剂　其作用是通过化学反应使橡胶的卷曲分子链形成立体网状结构，将塑性的生胶变为具有一定强度、韧性的高弹性硫化胶。常用的硫化剂有硫黄、含硫化合物、硒、过氧化物等。

（2）硫化促进剂　其作用是降低硫化温度、加速硫化过程。常用的硫化促进剂包括胺类、胍类、秋兰姆类、噻唑类及硫脲类等化学物质。

（3）硫化活性剂　其作用是加速发挥有机促进剂的活性。常用的硫化活性剂有金属氧化物、有机酸和胺类。

（4）增强填充剂　其作用是提高橡胶的力学性能，改善其工艺性能，降低成本。常用的增强填充剂有炭黑陶土、碳酸钙、硫酸钡、氧化硅、滑石粉等。

（5）防焦剂　其作用是使生胶在加工过程中不发生早期硫化现象，提高加工操作过程中的安全性。

（6）防老化剂　其作用是延缓或抑制橡胶的老化过程，延长橡胶的使用寿命或存储期。常用的防老剂有苯胺、二苯胺等。

（7）软化剂　其作用是改善橡胶的塑性，降低硬度，提高耐寒性也称为增塑剂。常用的软化剂有松香、凡士林、石蜡、硬脂酸等。

（8）着色剂　其作用是使橡胶制品着色，常用的有钛白、丹红、锑红、镉钡黄、铬青等颜料。

除上述几类配合剂以外，对于一些特殊用途的橡胶，还配有专用的发泡剂、硬化剂、溶剂等。

在制作橡胶制品时，还会采用天然纤维、人造纤维、金属材料等制成骨架，增加橡胶制品的强度，防止变形。

三、常用橡胶材料的品种及其性能与一般用途

生产上常用的橡胶材料有天然橡胶、合成橡胶和再生胶。

1. 天然橡胶

天然橡胶材料是指以天然橡胶为生胶制成的橡胶材料，代号为NR。天然橡胶属于通用橡胶。它具有优良的弹性，弹性温度范围为-70~130℃；具有较高的强度和优异的耐疲劳性能、耐磨性、耐寒性、防水性、绝热性和电绝缘性；具有良好的加工性能。其缺点是耐老化性和耐候性差，耐油性和耐溶剂性较差，易溶于汽油和苯类等溶剂，易受强酸侵蚀，而且容易自燃。

天然橡胶材料有着广泛的用途，大量用于制造各类汽车轮胎，尤其是子午线轮胎和载重轮胎。另外，它还用于制造胶带、胶管、各种工业用橡胶制品，以及胶鞋等日常生活用品和医疗卫生制品。

2. 合成橡胶

由于资源的限制，天然橡胶的产量远远不能满足工业生产的需要，因而产生了合成橡胶。早在1914年，世界上就生产出了合成橡胶。石油工业的迅速发展，使合成橡胶的原料来源丰富、成本低廉，产量超出了天然橡胶。目前，合成橡胶在各行各业得到了广泛的应用，是汽车工业的一种重要的生产材料。

合成橡胶的种类繁多，主要品种有丁苯橡胶、顺丁橡胶、氯丁橡胶，异戊橡胶、丁基橡胶、丁腈橡胶、乙丙橡胶、丙烯酸酯橡胶、氯醇橡胶、聚氨酯橡胶、硅橡胶、氟橡胶等。常用合成橡胶的特性及主要用途见表4-1。

表4-1 常用合成橡胶的特性及主要用途

名称	代号	主要原料	特性（与天然橡胶比较）	主要用途
丁苯橡胶	SBR	丁二烯、苯乙烯	较好的耐磨性、耐候性、耐热性、耐老化性、耐油性；弹性、耐寒性、加工性能差	是产量和消耗量最大的通用合成橡胶，多用于制造轮胎、通用橡胶工业制品及生活日用品
顺丁橡胶	BR	丁二烯	很高的弹性，良好的耐低温性，优异的耐磨性、耐热性、耐老化性，生产成本低；但抗拉强度较低、抗撕裂性较差，加工性能差	大部分用于制造轮胎，特别是乘用车轮胎，也可用于制造胶带、胶管、胶辊等
氯丁橡胶	CR	2-氯-1,3-丁二烯	抗拉强度较高，耐老化性、耐候性、耐热性、耐油性良好，不易燃烧，气密性好；储存稳定性、电绝缘性、耐寒性较差，加工时对温度敏感	广泛用于制造轮胎胎侧，耐热运输带，耐油、耐蚀胶管，容器衬里，汽车和拖拉机配件，胶板、胶辊，导线电缆外皮、门窗密封条等
异戊橡胶	IR	异戊二烯	综合性能最好，物理性能、力学性能、电绝缘性、耐水性、耐老化性均优于天然橡胶；强度、硬度略差，成本较高	与天然橡胶相似，用于制造轮胎的胎面胶、胎体胶、胎侧胶，也可制作胶带、胶管、胶鞋、工业制品、医疗制品和食品用制品
丁基橡胶	IIR	异丁烯、异戊二烯	气密性非常好，化学稳定性很高，极好的耐热、耐老化性、耐候性、耐寒性、绝缘性、减振性、耐化学药品；加工性能不好，耐油、耐溶剂性差	广泛用于制造充气轮胎的内胎，电线、电缆绝缘材料，胶布、化工耐蚀容器衬里，防振橡胶制品等
丁腈橡胶	NBR	丁二烯、丙烯烃	优异的耐油性，良好的耐磨性、耐老化性、气密性、耐热性等；耐寒性、电绝缘性较差	广泛用于耐油橡胶制品（如油封、轴封、垫圈等），还可制作耐油胶管、输送带、胶辊等
乙丙橡胶	ERM EPDM	乙烯、丙烯	耐老化性、耐候性、耐蚀性优异，有很好的弹性；加工性能差	用于制造耐热运输带、蒸汽胶管、耐腐蚀密封件，以及垫片、密封条、散热器胶管等汽车零件
丙烯酸酯橡胶	ACM	丙烯酸酯	很高的稳定性，优越的耐热性、耐老化性、耐油性；耐寒性、耐水性差，弹性和耐磨性不够好	用于制造汽车的耐热密封垫、油封和耐热、耐油海绵制品

(续)

名　　称	代　号	主要原料	特性（与天然橡胶比较）	主要用途
氯醇橡胶		环氧氯丙烷	具有优良的耐臭氧性、耐热性、耐老化性、耐寒性、耐油性；密度较大	用于制造汽车、飞机及仪器仪表等的橡胶配件，还可用于制造胶管、胶布、印刷胶辊、耐油和耐高、低温的密封制品
聚氨酯橡胶	AU/EU	聚酯、聚醚、二异氰酸酯	强度高，耐磨性好，优异的弹性、耐老化性、气密性、耐油性、耐溶剂性；耐水性差	用于制造胶带、耐油胶管、胶辊以及耐磨的工业橡胶制品
硅橡胶		硅氧烷	优越的耐高、低温性能，在 -100~300℃ 保持弹性，耐臭氧老化、耐热氧老化、耐气候老化、绝缘，稳定性好；强度较低、耐磨性较差、价格昂贵	多用于工业和航空业的密封、减振及绝缘材料
氟橡胶		含氟单体	耐热、氧、老化性能极好，耐高温、耐化学腐蚀、耐油性能优异；耐寒性、加工性能差，价格昂贵	多用于国防工业部门制作各种密封材料；也应用于化学工业、电器等部门

近年来，在生产上还应用了一种能在常温下具有橡胶弹性，而在高温条件下能进行塑化成形、不需要进行硫化的新型橡胶，称为热塑性橡胶。热塑性橡胶分为聚氨酯类、苯乙烯类、聚酯类、聚烯烃类等类别。其特点是易于成形加工，可类似于塑料的生产方法，采用塑料成型方法成型而得到制品。不足之处是它不能在较高温度下使用，在 100~150℃ 时已软化，而且耐老化性、耐油性较差。热塑性橡胶目前主要用于汽车橡胶配件和注压橡胶制品的生产以及制鞋工业。

3. 再生胶

再生胶是将硫化胶的边角废料和废旧橡胶制品经粉碎、化学和物理方法加工后，去掉硫化胶的弹性，恢复塑性和黏性，可以重新硫化的橡胶。再生胶对于环保和生产资料的再利用有着重要的意义。再生胶的强度较低，硫化速度快，操作比较安全，并有良好的耐老化性，加工容易，成本低廉。

再生胶广泛地用于各种橡胶制品的生产。在轮胎工业中，再生胶用于制造垫带、钢丝圈胶、三角胶条、封口胶条等。汽车工业中采用再生胶制作胶板、橡胶地毡、汽车用橡胶零件等。另外，再生胶可掺于天然橡胶或合成橡胶中，制作胶管、胶带、各种模样制品，还可以制造胶鞋的鞋底、海绵胶等。

四、橡胶制品在汽车上的应用

橡胶是汽车工业中常用的一种重要材料。一辆轿车上的橡胶件重量占车重的 4%~5%。轮胎是汽车的主要橡胶件，此外还有各种橡胶软管、密封件、减振垫等橡胶件。

1. 轮胎

轮胎是汽车上的重要部件之一。制造轮胎的主要原材料有生胶（包括天然橡胶、合成橡胶、再生胶）、骨架材料（即纤维材料，包括棉纤维、人造丝、尼龙、聚酯、玻璃纤维、钢丝等）以及炭黑等。其中，生胶是轮胎最重要的原材料，轮胎用的生胶约占轮胎全部原材料质量的50%。目前，汽车载重轮胎的生胶以天然橡胶为主，而轿车轮胎则以合成橡胶为主。

天然橡胶在许多性能方面优于通用型合成橡胶，其主要特点是强度高、弹性高，生热和滞后损失小，耐撕裂，有良好的工艺性、内聚性和黏着性。采用天然橡胶制成的轮胎耐刺扎，特别对使用条件苛刻的轮胎，其胎面上层胶大多采用天然橡胶制造。

在轮胎用合成橡胶中，丁基橡胶属于特种合成橡胶，具有优良的气密性和耐老化性。用它制造的内胎，气密性比天然橡胶内胎好，使用中不必经常充气，轮胎的使用寿命也相应提高。它是无内胎轮胎密封层的最好材料。

2. 其他橡胶配件

除轮胎以外，汽车用橡胶配件还包括各种车用胶管、传动带、油封、高压密封件、减振缓冲胶垫、窗玻璃密封条等。这些零部件应用于轿车的各部位，数量虽然不大，但对汽车的性能和质量起着重要作用。

（1）车用胶管　它包括水、气、燃油、润滑油、液压油等的输送管。制造这些橡胶零件的橡胶材料要求耐油性要高，以保证橡胶与各种工作油接触后，性能不会恶化。通常，这类零件采用丁腈橡胶、氯丁橡胶等材料制造，而且多采用内层橡胶、增强材料（纤维、玻璃等）和表皮橡胶复合的形式。

（2）车用胶带　它大多是无接头的环形带，例如传动带等，要求噪声低、使用寿命长、耐磨损等，多用氯丁橡胶制作。

（3）车用橡胶密封件　它以油封为主，包括O形圈、密封圈、衬垫等，用于前轴、后轴、曲轴、离合器、变速器、减速器、差速器、制动系统和排气系统等部位，要求气密性好、耐热、耐老化。这类零件多采用丙烯酸酯橡胶、硅橡胶等材料制作。对于汽车门窗玻璃密封条，要求能防雨、防风，并具有优良的耐候性，这类零件多采用乙丙橡胶制造，也有将氯丁橡胶或丁苯橡胶与乙丙橡胶并用的，可达到经久耐用的目的。

（4）防振橡胶　为了提高舒适性，降低振动噪声，汽车多处采用了防振橡胶（如发动机支承、抗振缓冲器行驶部分的支撑缓冲橡胶、轴套、橡胶耦合器等）。防振橡胶具有稳定的弹性、耐候性、耐热性好，无弹性衰减，与金属零件的黏接性好，可以保证良好的减振性能。

课题二　玻　璃

玻璃是一种非晶态固体，它是以石英砂、纯碱、长石、石灰石等为主要原料，并加入某些金属氧化物等辅料，在高温窑中煅烧至熔融后，经成形、冷却所获得的非金属材料。玻璃具有许多优良性质，经过特殊处理后，又可得到各种不同的特殊性能，因此，玻璃是现代工业和建筑业等行业不可缺少的材料。

一、玻璃的性能

玻璃的一般性能有以下几方面。

（1）密度　成分不同的玻璃，密度有所不同。普通玻璃的密度一般为$2.5g/cm^3$左右，石英玻璃的密度最小，为 2.3g/cm³，而铅玻璃的密度最大可达 8g/cm³。

（2）力学性能　玻璃的抗拉强度低，抗压强度高，硬度较高（莫氏 4～8 级），韧性很差，是典型的脆性材料。

（3）耐热性　普通玻璃的耐热性较差，经过热处理后，可提高其耐热性。

（4）化学稳定性　玻璃有良好的化学稳定性，对酸、碱的腐蚀具有较强的抵抗能力。但氢氟酸对玻璃具有较强的腐蚀作用。

（5）绝缘性　固态玻璃具有良好的绝缘性能，可用于制造各种绝缘器材和电学仪器，但液态玻璃却具有良好的导电性。

（6）光学性质　玻璃最突出的特点是具有良好的光学性质。玻璃的光学性质主要反映在透明性和折光性两个方面。

二、常用玻璃的种类、特点及主要用途

玻璃的种类繁多，按其化学组成的不同，可分为钠玻璃、钾玻璃、铅玻璃、铝镁玻璃、硼硅玻璃和石英玻璃等。按用途不同，玻璃可分为建筑玻璃、工业玻璃、光学玻璃、化学玻璃及玻璃纤维等。其中，建筑玻璃有平板玻璃、波纹玻璃、玻璃砖和异型玻璃构件；工业玻璃有泡沫玻璃、夹丝玻璃、钢化玻璃、夹层玻璃、中空玻璃以及磨光玻璃等；平板玻璃有一般的窗用玻璃、压花玻璃、磨砂玻璃、彩色玻璃和浮法玻璃等类别。

1. 平板玻璃
平板玻璃通常指窗用平板玻璃，又称镜片玻璃，在日常生活中随处可见。

2. 磨砂玻璃
磨砂玻璃通常又称为毛玻璃，它是对平板玻璃进行表面磨砂处理而得到的。其主要特点是透光不透明，常用于制作浴室、卫生间门窗等，还可用于制作灯罩、黑板面等。

3. 浮法玻璃
浮法玻璃是经锡槽浮抛成形的高质量平板玻璃。其主要特点是表面平整，无波纹，光学性质比一般平板玻璃优良。浮法玻璃多用于橱窗的制作及高级建筑的门窗等。

4. 钢化玻璃
钢化玻璃是普通玻璃经过高温淬火处理得到的特种玻璃，即将普通玻璃加热到一定温度后，迅速冷却进行特殊钢化处理。其性能特点是具有很高的温度急变抵抗能力，强度也较高。钢化玻璃主要用于高层建筑的门窗，厂房的天窗，汽车、火车、船舶的门窗和汽车的风窗玻璃等。

钢化玻璃在受到冲击破碎时，在即将破碎前瞬间的临界状态，会沿玻璃晶界产生裂纹，碎片小而无棱角（图 4-1a），不会造成人体伤害。但这种玻璃在破碎前会产生很多裂纹，由于光线的漫射作用，玻璃会变得模糊不清，如果用于汽车正面风窗玻璃，此时会造成驾驶人不能继续驾驶，易造成事故。所以，钢化玻璃仅用于汽车后窗玻璃和侧窗玻璃。

钢化玻璃中还有一种局部钢化玻璃，处理时，只对玻璃外边缘部分进行局部淬火，而对中间部分不进行淬火。当玻璃受到冲击作用时，玻璃的局部会碎裂为细小的碎块，中部则破碎成大块（图 4-1b）。这种特性，使局部钢化玻璃在临破碎之前能保持一定的透明度，使驾驶人受到较小的伤害，还有短暂的时间来进行应急处理。同样，局部钢化玻璃一般作为汽车后窗玻璃和侧窗玻璃。

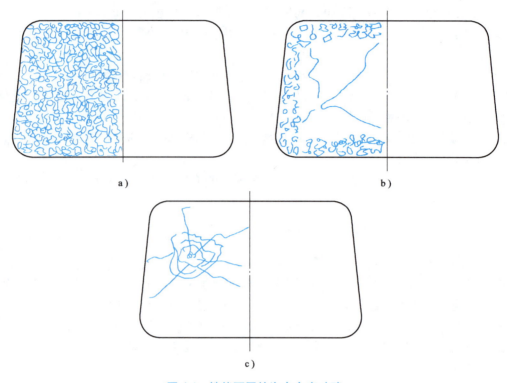

图 4-1 性能不同的汽车车窗玻璃
a) 钢化玻璃　b) 局部钢化玻璃　c) 夹层玻璃

5. 夹丝玻璃

夹丝玻璃又称为防碎玻璃，在玻璃中间夹有一层金属网。夹丝玻璃的强度高，不易破碎，即使破碎，玻璃碎片也会附着在金属网上而不易脱落，具有一定的安全作用。它适用于建筑中需要采光而对安全性要求比较高的场合，例如厂房天窗、防火门窗、地下采光窗等。

6. 夹层玻璃

夹层玻璃又称为安全玻璃。它是将两片以上的平板类玻璃用聚乙烯醇缩丁醛塑料衬片黏合而成，具有较高的强度。夹层玻璃在受到破坏时，会产生辐射状或同心圆形裂纹，碎片不易脱落，而且不影响玻璃的透明度，不产生折光现象（图 4-1c）。夹层玻璃常用于汽车的前风窗玻璃。各国已制订有关法规，规定轿车的前风窗必须安装夹层玻璃。此外，夹层玻璃还常用于高层建筑门窗和航空用的安全玻璃等。

7. 信号玻璃

信号玻璃主要有平板色玻璃、凸透镜玻璃、偏光镜玻璃和牛眼形玻璃 4 类。对信号玻璃的质量要求远高于普通玻璃。信号玻璃应色彩鲜艳，质地均匀一致，透明度较高，可以有选择性地透光。信号玻璃广泛应用于铁路、公路、水路、航空等领域，用于制作各种信号机和信号灯。

三、常用汽车玻璃

汽车上玻璃的重量占汽车总重的 3% 左右（轿车）。玻璃是汽车上具有重要功能的外装件。汽车上使用的玻璃主要是窗玻璃,对玻璃的透明性、耐候性、强度及安全性有很高的要求。在现代汽车中,玻璃不仅是一种功能性外装件,而且还兼顾了开阔视野、提供良好的乘坐环境、降低空气阻力和提供装饰等多种功能。玻璃优良的造型设计有利于降低汽车的空气阻力,减少燃料的消耗。例如,现代汽车上流行的曲面风窗玻璃,就使汽车的造型更加美观实用。

根据玻璃在汽车上的安装位置不同,汽车用玻璃可分为风窗玻璃、后窗玻璃、前角窗玻璃、前门窗玻璃、后门窗玻璃、后角窗玻璃和后侧窗玻璃等。轿车的玻璃如图 4-2 所示。汽车用玻璃必须是安全性能高的夹层玻璃、局部钢化玻璃或钢化玻璃。

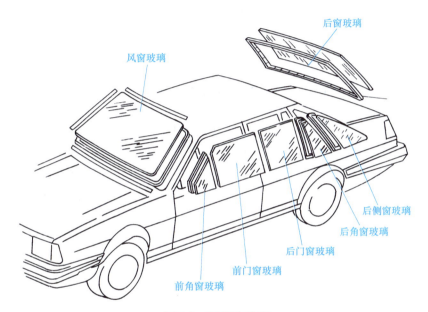

图 4-2　轿车的玻璃

随着汽车工业的发展,汽车玻璃的颜色也在不断改进。早期汽车玻璃的颜色是无色透明的,这种玻璃有良好的透光性,但直射入车内的阳光往往会使车内燥热,并加速车内饰件的老化。因此,在制造汽车玻璃时,经常会加入一些微量元素,制成有颜色的玻璃。汽车玻璃常用的颜色有蓝色、茶色、褐色等,它们降低了玻璃的透明度,但吸收了阳光中的部分紫外线和红外线,并可防止外界对车内的窥视。当然,在玻璃上贴膜或镀膜,也可以达到同样的效果。

此外,还有一些其他用途的新型玻璃。例如,天线玻璃,它是在玻璃夹层中装置导线,可以用作汽车车内收音机、电视机、移动电话、卫星导航等需要的天线;除霜玻璃,它是在玻璃夹层中安装了加热电阻丝,当气候变冷玻璃表面结霜时,可以用电阻丝加热玻璃使霜融化,由于其操作方便,常被用作现代轿车的后窗玻璃;反光玻璃,它在玻璃表面涂有一层具有反光特性的物质,用作汽车后窗时,后面车辆的车灯照在上面会反光,可提高车辆的安全性。

近年来,开发出一些新的车用玻璃品种,例如,汽车上新型电控液晶变色玻璃制成的"智能车窗",能够自动调节光线的辐射和穿透强度,可控制车内光线的柔和度。

课题三 塑　　料

塑料是一种以有机合成树脂为主要组成的高分子材料，它通常可在加热、加压条件下被注塑或固化成型，故称为塑料。

一、塑料的组成

塑料的主要成分是有机合成树脂，也可根据需要加入各种增强材料、填料、增塑剂、固化剂、稳定剂、着色剂和阻燃剂等。塑料的成型是将分装、粒状、溶液或分散体等各种物态的塑料物料转变为所需形状的制品的过程。成型的方法很多，有注射、压制、浇铸、挤出、吹塑、真空等多种成型方法。

1. 合成树脂

合成树脂是由低分子化合物（如乙烯）通过化学聚合反应合成的高分子化合物，例如酚醛树脂、聚乙烯等。合成树脂是塑料的主要组成物，是塑料的基体材料，它决定了塑料的基本性能，并起着黏接剂的作用。在一定的温度和压力条件下，合成树脂可软化并塑造成型。在工程塑料中，合成树脂占 40%～100%。

2. 添加剂

添加剂是指为改善或弥补塑料的物理、化学、力学或工艺性能而特别加入的助剂。常用的有以下几种：

（1）填料或增强材料　填料在塑料中主要起增强作用。在塑料中，加入石墨、石棉纤维或玻璃纤维等，可以改善塑料的力学性能。填料有时可改善或提高塑料的某些特殊性能，加入石棉粉可提高塑料的耐热性，加入云母粉可提高塑料对光的反射能力。通常，塑料中填料的用量达 20%～50%。

（2）固化剂　固化剂的作用是使树脂内部分子结构发生变化，硬度提高，稳定性增加。

（3）增塑剂　增塑剂用以提高树脂的可塑性和柔性。在聚氯乙烯树脂中加入邻苯二甲酸二丁酯，可使塑料变得柔软而富有弹性。

（4）稳定剂　加入稳定剂是为了防止塑料因受热、光的作用过早老化。在塑料中添加酚类和胺类等有机物能抗氧化，添加炭黑则可使塑料吸收紫外线。

此外，还有其他一些塑料添加剂，例如润滑剂、着色剂、阻燃剂、抗静电剂和发泡剂等，可优化塑料的其他各种特定性能，例如降低摩擦系数、改善阻燃性、改变色泽等。

二、塑料的性质

塑料是生产和日常生活中应用最广泛的材料之一。其主要优、缺点见表 4-2。

表 4-2　塑料的主要优、缺点

优　点	缺　点
重量轻；成型自由，可制造成复杂形状，加工成本低；良好的耐蚀性；优良的绝缘性；自润滑性好；着色自由；手感柔性，可进行二次加工（着色、光亮处理、涂装、浮雕等）	强度低；耐热性差；耐疲劳性差；修理性不好；耐候性差；耐蠕变性差；尺寸不稳定；废弃处理困难

三、常用工程塑料

工程塑料主要指综合性能（包括力学性能、耐热性、耐寒性、耐蚀性和绝缘性能等）良好的各种塑料。它们是制造工程结构用零部件、工业容器和设备等的一类新型结构材料。由于工程塑料具有高强度（>500MPa）、高弹性模量和高的耐热性（>150℃），使其具有很好的经济效益。因此，工程塑料的发展相当快，在工业上的应用十分广泛。

常用的工程塑料分为热塑性工程塑料和热固性工程塑料两类。

1. 热塑性工程塑料

热塑性工程塑料在成型前即处于高分子状态。加热时，材料会软化并熔融，可塑造成型，冷却后即成型并保持既得形状。而且，这个过程具有重复性。这类塑料的优点是加工成型简单，具有较高的力学性能；缺点是耐热性和刚性比较差。

在工业生产中，热塑性塑料在数量上占绝对优势，大约占总塑料产量的80%。常用的热塑性塑料有以下几种：

（1）聚乙烯（PE）、聚丙烯（PP）塑料 它们均属于聚烯烃塑料，具有相对密度小、耐溶剂性和耐水性好、介电常数小、电绝缘性高等特点，是目前最重要的通用塑料，其产量历年来居世界塑料工业首位。

（2）聚氯乙烯（PVC）塑料 PVC塑料有硬质和软质之分。前者强度、硬度高，耐蚀性、耐油性、耐水性、阻燃性好，常用于制造塑料管、塑料板；后者强度、硬度低，耐蚀性较差，易老化，但气密性好，多用于制造薄膜、软管等。

（3）聚四氟乙烯（PTFE）塑料 PTFE塑料属于氟塑料，被誉为"塑料王"，具有非常优良的耐高、低温性能，可长期在-180~240℃之间使用，并具有极高的耐蚀性，任何强酸、强碱、强氧化剂都对它不起作用。其摩擦系数极低，是优良的减摩、自润滑材料。这种材料常用于制造各种机械的减摩密封圈、化工耐蚀零件、活塞环、轴承及医疗代用血管、人工心脏等。

（4）聚甲基丙烯酸甲酯（PMMA）塑料 PMMA塑料俗称有机玻璃，分为透明、半透明或有色、无色等品种。有机玻璃的强度、韧性与硬质聚氯乙烯差不多，透光率可达92%，可耐稀酸、碱，不易老化，但表面硬度低，易擦伤，较脆。有机玻璃广泛用于航空、汽车、仪表、光学等工业中，多用于制造有一定透明度要求的零件，例如可用来制作风窗玻璃、舷窗、透明管道、仪器仪表护罩、外壳等。

（5）ABS塑料 又称为ABS树脂。它具有良好的耐热性、耐蚀性和一定的表面硬度，较高的刚性，良好的加工工艺性能和着色性。ABS在塑料中的品种牌号最多，可分为一般用品种、耐热品种、电镀用品种和透明品种等。与其他塑料相比，ABS具有良好的综合力学性能，刚性好，耐寒性强，加工性能好，表面光洁，制品表面还可以电镀。因此，ABS塑料的用途很广，可用来制造轴承、齿轮、叶片、叶轮、设备外壳、管道、容器和仪器仪表零件等，在汽车上发挥着其他材料不可替代的作用。

此外，还有聚苯乙烯（PS）、聚酰胺（PA，尼龙）、聚甲醛（POM）、聚碳酸酯（PC）等工程塑料。近年开发的氟塑料、PSF塑料等的性能明显提高（如优良的耐蚀性、耐热性、绝缘性和耐磨性等），是性能较好的高级工程塑料。

2. 热固性塑料

热固性塑料是把分子量在1000以下的一次树脂加热融化，浇入模中加热，使一次树脂连接而成高分子树脂的成型品。其特点是初加热时软化，可塑造成型，但固化后再加热时将不再软化，也不溶于溶剂。这类塑料有酚醛、环氧、氨基、不饱和聚酯等。它们具有耐热性高，受压不易变形等优点。其缺点是力学性能不好，但可加入填料来提高其强度。常用的热固性塑料有以下几种：

（1）酚醛塑料（PF） 酚醛塑料是由酚类和醛类材料在酸或碱催化剂的作用下，经合成反应制成酚醛树脂，再根据不同性能要求加入各种添加剂而制得的塑料。常用的酚醛树脂是由苯酚和甲醛为原料制成的，其性质可根据制备工艺的不同，分为热塑性和热固性两类。热固性酚醛塑料通常以压塑粉（俗称胶木粉）为填料制成，经压制而成的电器开关、插座、灯头等不仅绝缘性好，而且有较好的耐热性，较高的硬度、刚度和一定的强度；以纸片、棉布、玻璃布等为填料制成的层压酚醛塑料，具有强度高、耐冲击性好以及耐磨性优良等特点，常用以制造受力要求较高的机械零件，例如仪表齿轮、轴承、汽车制动片、内燃机曲轴带轮等。

（2）氨基塑料（UF） 氨基塑料是以氨基化合物（如尿素或三聚氰胺）与甲醛缩聚反应制成的氨基树脂，然后加入添加剂而制成的氨基塑料，其中最常用的是脲醛塑料。用脲醛塑料压塑粉压制的各种制品，有较高的表面硬度，颜色鲜艳且有光泽，又有良好的绝缘性，俗称"电玉"。其常见的制品有仪表外壳、电话机外壳、开关、插座等。

（3）环氧塑料（EP） 环氧塑料是由环氧树脂加入固化剂（如乙二胺、顺丁烯二酸酐）后形成的热固性塑料，一般以铸型的方式成型。它的强度高、韧性好，并具有良好的化学稳定性、绝缘性及耐热耐寒性，长期使用温度为-80~150℃，成型工艺性好，但具有某些毒性。环氧塑料可制作塑料模具、船体、电子零部件等。

四、塑料在汽车上的应用

塑料正式应用于汽车始于19世纪60年代石油化学工业的兴隆时期。由于汽车是一种时尚产品，外观质量和手感成为重要的评价标准。塑料作为一种可自由设计外观质量和手感的材料，主要应用在汽车的内饰件上。到了20世纪70年代，汽车工业面临污染、安全、节能三大课题，汽车制造业开始大量采用塑料，以使车身轻量化，在一些高强度零件、功能部件、外装件上积极使用塑料，从机械、热应力较小的内饰件和小机件，发展到大型结构件（如车身、车架皮、悬架弹簧等）。20世纪80年代以来，塑料已逐步进入发动机内部，用于制造连杆、活塞销、进气门等零件。由于塑料件比金属件轻得多，所以采用塑料已成为汽车制造厂家节油和降低车体重量的重要手段。同时，塑料件的应用也促进了承载式汽车撞伤修理新技术的出现和发展，使许多塑料件的修复比更换更为经济，并缩短了汽车的修理时间。现代承载式汽车上使用塑料件的部位如图4-3所示。

汽车用塑料按照用途可分为汽车内饰件用塑料、汽车用工程塑料和汽车外装件用塑料。

1. 汽车内饰件用塑料

汽车内饰件用塑料要求具备吸振性能好、手感好、耐用性好的特点，以满足安全、舒适、美观的目的。内饰用塑料品种主要有：聚氨酯（PU）、聚氯乙烯（PVC）、聚丙烯（PP）和ABS等。它们用于制作坐垫、仪表板、扶手、头枕、门内衬板、顶篷衬里、地毯、

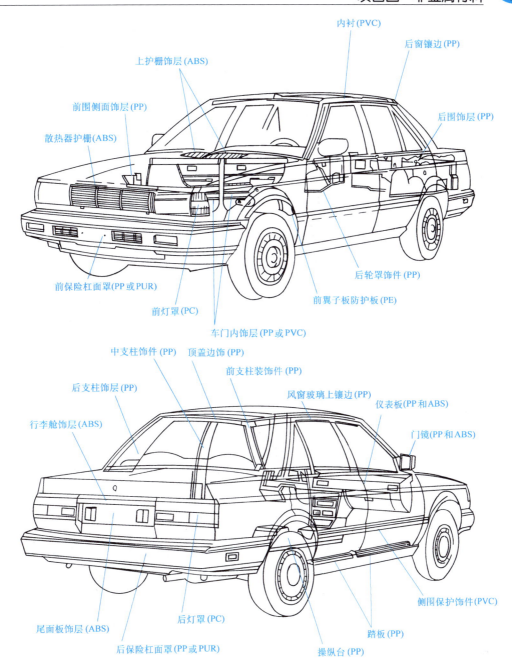

图 4-3 现代承载式汽车上使用塑料件的部位

控制箱、转向盘等内饰塑料制品。

2. 汽车用工程塑料

在汽车上,汽车用工程塑料主要用作结构件,这就要求塑料具有足够的强度、抗蠕变特性以及尺寸稳定性。随着现代塑料工业的发展,工程塑料已能够满足上述的技术要求。汽车上常用的工程塑料有聚丙烯(PP)、聚乙烯(PE)、聚苯烯、ABS、聚酰胺、聚甲醛、聚碳酸酯、酚醛树脂等。

采用工程塑料取代金属制造汽车配件，可以直接取得汽车轻量化的效果，还可以改善汽车的某些性能（如防腐、防锈蚀、减振、控制噪声、耐磨等）。例如，在汽车上，采用聚乙烯（PE）制造燃油箱，与金属燃油箱相比，具有长期稳定性良好、冲撞时不发生火花等优点，因此不会发生燃烧爆炸；设计自由度大，可充分利用空间；重量轻，较金属油箱可减轻重量 1/3~1/2；耐蚀性好；成型工艺简单，价廉。

3. 汽车外装件用塑料

汽车的外装件要求具备高强度，因而多采用纤维增强塑料复合材料制造，这将在后面的复合材料中进行介绍。

汽车用主要塑料的名称、变形温度及使用场合见表 4-3。

表 4-3　汽车用主要塑料的名称、变形温度及使用场合

塑料名称（符号）	变形温度/℃	使用场合
聚氨酯（PUR） ＊热固性泡沫塑料 热塑性塑料	80 60	为汽车的主要内饰材料 用于制造汽车坐垫、汽车仪表板、扶手、头枕等缓冲材料 用于制造汽车保险杠、仪表板、挡泥板、前端部、发动机舱盖等大型部件
聚氯乙烯（PVC）	55~75	在汽车上的用量占汽车用塑料总量的 20%~30%，主要用于制造各种表皮材料和电线包皮。例如聚氯乙烯人造革用于制造汽车坐垫、车门内板及其他装饰覆盖件；聚氯乙烯地毯用于制造货车驾驶室等部件
聚丙烯（PP）	50~110	聚丙烯主要用于通风采暖系统，发动机的某些配件以及外装件，汽车转向盘、仪表板、前、后保险杠、加速踏板、蓄电池壳、空气滤清器、冷却风扇、风扇护罩、散热器格栅、转向机套管、分电器盖、灯壳、导线覆皮等
聚乙烯（PE）	40~82	用于制造燃油箱、挡泥板、转向盘、各种液体储罐、车厢内饰件以及衬板等
ABS 树脂（ABS）	70~107	散热器护栅、驾驶室仪表板、控制箱、装饰类件、灯壳、嵌条类件
丙烯树脂（PMMA）	70~98	灯玻璃类件
聚酰胺（尼龙，PA）	80~182	用于制造燃油滤清器、空气滤清器、机油滤清器、正时齿轮、水泵壳、水泵叶轮、风扇、制动液罐、动力转向液罐、刮水器齿轮、前照灯壳、百叶窗、轴承保持架、熔丝盒、速度表齿轮等
聚甲醛（POM）		各种阀门（如排水阀门、空调器阀门）、各种叶轮（如水泵叶轮、暖风器叶轮、油泵轮）、轴套及衬套（如行星齿轮和半轴垫片）、钢板弹簧吊耳衬套、轴承保持架等机能结构件、各种电器开关及电器仪表上的小齿轮、各种手柄及门销等
聚碳酸酯（PC）	140	保险杠、刻度板、加热器底板
＊不饱和聚酯树脂（UP）	60~205	挡泥板、车身装饰件、轮毂防尘罩、加热装置、驾驶室仪表板
酚醛塑料（PF）		制动衬片、离合器摩擦片、分电器盖
饱和聚酯 聚对苯二甲酸丁酯（PBT）、聚对苯二甲酸乙二酯（PET）		后窗通风格栅、车尾板通风栅、前挡泥板延伸部分、灯座、车牌支架等车身部件，分电器盖、点火线圈架、开关、插座等电器零件，冷却风扇、刮水器刮杆、油泵叶轮和壳体、镜架、各种手柄等机能结构件

注：＊为热固性塑料。

课题四　陶瓷材料

陶瓷是以天然或人工合成的各种无机化合物为基本原料，经原料处理、成形、干燥、烧制等工序制成的无机非金属固体材料。

传统的陶瓷材料是指硅酸盐类材料，主要用于制造陶瓷和瓷器，这些材料都是用黏土、石灰石、长石、石英等天然硅酸盐类矿物制成的。现代的陶瓷材料已有了巨大变化，许多特种陶瓷（新型陶瓷）已经远远超出了硅酸盐的范畴，主要为高熔点的氧化物、碳化物、氮化物、硅化物等的烧结材料，它们不仅在性能上有了重大突破，在应用上也渗透到了各个领域。近年来发展的金属陶瓷，主要指用陶瓷生产方法制取的金属与碳化物或其他化合物构成的粉末制品。所以，一般认为，陶瓷材料是各种无机非金属材料的通称。

一、陶瓷的分类

陶瓷产品的种类繁多，性能各异，其分类方法也各不相同。陶瓷的分类如图 4-4 所示。

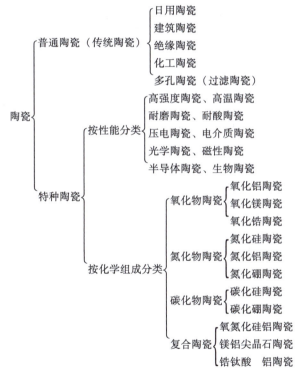

图 4-4　陶瓷的分类

二、陶瓷的组织结构

陶瓷是由金属和非金属元素的化合物构成的多晶固体材料，晶体结构比金属复杂得多，它们主要是以离子键为主的晶体（如 MgO、Al_2O_3）和以共价键为主的共价晶体（如 BN、SiC、Si_3N_4），但大多数为两者的混合型晶体。尽管陶瓷种类繁多，但其显微结构总的可归纳为3种相，即晶相、玻璃相和气相。陶瓷的显微组织如图4-5所示。以上3种相的数量、形状及分布对陶瓷的性能起着决定性的作用。

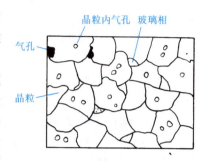

图4-5 陶瓷的显微组织

（1）晶相 晶相是陶瓷的主要组成相，它由固溶体或化合物组成，且一般是多晶体，存在着晶粒和晶界。同金属一样，细化晶粒和亚晶粒也可以强化陶瓷材料。从晶格结构上看，常见的有氧化物结构和硅酸盐结构两类。陶瓷材料的主要性能由晶相决定。陶瓷晶体存在着点、线、面等缺陷，它们都对性能有很大影响。

（2）玻璃相 玻璃相是陶瓷烧结时各组成物和杂质通过一系列物理化学作用形成的一种非晶态的低熔点固体。玻璃相的主要作用是将分散的晶相黏结在一起，起到降低烧成温度，抑制晶体长大以及填充气孔空隙的作用。玻璃相强度低、热稳定性差，因此工业陶瓷应限制玻璃相所占的体积分数，一般在20%~40%的范围内。

（3）气相 陶瓷中的气相就是气孔，常以孤立状态分布于玻璃相之中，或以细小气孔形式存在于晶界或晶内。气孔的数量、形状、分布对陶瓷性能产生较大的影响。气孔往往产生应力集中，又是裂纹源，它使组织致密性下降，降低材料的强度和电击穿能力，使材料脆性增大。所以，应减少气孔量。不过轻质材料、保温材料中希望增加气孔量。一般来说，气相占陶瓷体积的5%~10%。

普通陶瓷的组织通常由晶相、玻璃相、气相组成。对特种陶瓷来说，由于对其性能要求更高、更严，因此，它的组织只能由晶相和气相（<5%）或极少量的玻璃相组成。金属陶瓷仅由晶相和极少量的气相（<0.5%）组成。

三、陶瓷的性能

（1）力学性能 陶瓷弹性模量比金属大、硬度大、抗压强度高；但其脆性大、抗拉强度低、塑性和韧性也很差。

（2）热学性能 陶瓷熔点高（2000℃以上）、抗蠕变能力强、热膨胀系数和导热系数小，1000℃以上仍能保持室温性能。

（3）电学性能 陶瓷一般是优良绝缘体，个别特殊陶瓷具有导电性和导磁性，属新型功能材料。

（4）化学性能 陶瓷非常稳定，能耐酸、碱、盐等的腐蚀，不老化，不氧化。

四、常用陶瓷

1. 普通陶瓷（传统陶瓷）

传统陶瓷是以高岭土、长石、钠长石和石英为原料经过成形和高温烧结制成的一种多相固体材料。这类陶瓷的主要晶相为莫来石，占25%~30%，玻璃相占35%~60%，气相占1%甚至3%以上。通过改变组成物的配比、溶剂、辅料以及原料的细度和致密度，可以获得不同特性的陶瓷。

传统陶瓷质地坚硬，有良好的抗氧化性、耐蚀性和绝缘性，能耐一定高温，成本低，生产工艺简单。但由于传统陶瓷含有较多的玻璃相，故结构疏松，强度较低，在一定的温度下会软化，耐高温性能不如现代陶瓷，一般最高使用温度为1200℃左右。传统陶瓷产量大、种类多，广泛应用于日用、建筑、电气、化工等领域。

2. 特种陶瓷（现代陶瓷）

特种陶瓷在化学组成、内部结构、性能和使用效能各方面均不同于传统陶瓷。它是以精制高纯的化工产品为原料，并严格控制各个工艺过程，其中包括采用各种成形、烧结或其他先进工艺。在性能方面，特种陶瓷也是传统陶瓷所望尘莫及的，强度之高可与金刚石相媲美，柔韧如铸铁，透明如玻璃，可像人体五官那样敏感、智能。正是由于这些独特而优异的性能，决定了特种陶瓷具有广泛的适用性，已成为高技术领域不可缺少的关键材料。

（1）氧化铝陶瓷（又名高铝陶瓷）　其主要成分是Al_2O_3和SiO_2，其中Al_2O_3的含量在45%以上。根据陶坯中主要晶相的不同，氧化铝陶瓷可分为刚玉瓷、刚玉-莫来石瓷及莫来石瓷等；按Al_2O_3含量分为75瓷、95瓷和99瓷。其中常用的刚玉瓷性能最优，所含玻璃相和气相极少，硬度高（莫氏硬度为9）、机械强度比普通陶瓷高3~6倍，抗化学腐蚀能力和介电性能好，且耐高温（熔点为2050℃）。其缺点是脆性大、抗冲击性和抗热振性差，不宜承受环境温度剧烈变化。近来生产出的氧化铝-微晶刚玉瓷、氧化铝金属瓷等，进一步提高了刚玉瓷的性能。氧化铝瓷的主要性能见表4-4。

表4-4　氧化铝瓷的主要性能

项　目	刚玉-莫来石瓷	刚　玉　瓷	莫来石瓷
牌号	79瓷	95瓷	99瓷
Al_2O_3含量	75	95	99
密度/(g/cm³)	3.2~3.4	3.5	3.9
抗拉强度/MPa	140	180	250
抗弯强度/MPa	250~300	280~350	370~450
抗压强度/MPa	1200	2000	2500
热膨胀系数/$10^{-6}℃^{-1}$	5~5.5	5.5~7.5	6.7
介电强度/(kV/mm)	25~30	15~18	25~30

氧化铝陶瓷很早就用于纺织用的导线器以及火箭用的导流罩，现在还广泛用于氩弧焊的气体罩、喷砂用的喷嘴等。氧化铝陶瓷具有很好的高温性能，可用作高温实验仪器、熔化金属的坩埚以及高温热电偶套管等。它还具有耐蚀性好的特点，可以制作化工零件（如化工用泵的密封集电环、机轴套和叶轮等）。氧化铝陶瓷有很好的介电性能，可制作内燃机火花塞。氧化铝陶瓷的耐磨性好，可用作轴承，制作的活塞可以加工到相当高的精度和很低的粗糙度。由于它的硬度高，很早就被用来制作刀具。

（2）氮化硅陶瓷　氮化硅陶瓷是将硅粉经反应烧结法或将Si_3N_4粉经热压烧结法制成的。前者称为反应烧结氮化硅；后者称为热压氮化硅。氮化硅是共价化合物，键能相当高，原子间结合很牢固。因此，其化学稳定性高、除氢氟酸外，能耐各种无机酸、王水、碱液的腐蚀，也能抵抗熔融的有色金属的侵蚀；有优异的电绝缘性能；有高的硬度、良好的耐磨性；摩擦系数低（0.1~0.2）、具有自润滑性；其抗高温蠕变性和抗热振性是其他任何陶瓷材料不能比拟的。从强度上考虑，热压氮化硅中几乎不存在气相，因此，其组织致密，强度高；反应烧结氮化硅中含有20%~30%的气相，强度不及前者，但可获得形状复杂、精度很高的制品。

反应烧结氮化硅常用于耐磨、耐腐蚀、耐高温、绝缘的零件，例如制作泵的机械密封环，可比普通陶瓷制作的使用寿命提高 6~7 倍；制作高温轴承、热电偶套管、输送铝液的电磁泵的管道、阀门和炼钢生产上的铁液流量计等；还可用于制作燃气轮机零件（如转子叶片等）。由于其提高了工作温度，因而提高了效率，使燃料消耗降低，大气污染减少，重量降低 1/3 左右。

热压氮化硅制成的刀具不仅可加工淬火钢、冷硬铸铁，也可以加工钢结硬质合金、镍基合金等，成本比金刚石和立方氮化硼刀具低。

近年来，在 Si_3N_4 中加入 Al_2O_3 制成的新型陶瓷材料，称为赛纶（Sialon），是目前强度最高的陶瓷材料，它在发动机部件、轴承和密封圈等耐磨部件和刀具材料上得到应用。此外，还在铜、铝等合金的冶炼、轧制和铸造中得到了应用。表 4-5 列出了氮化硅陶瓷和赛纶陶瓷的性能。

表 4-5 氮化硅陶瓷和赛纶陶瓷的性能

性 能 指 标	热压 Si_3N_4	反应烧结 Si_3N_4	赛纶陶瓷
密度/（kg/m³）	3240	2400~2600	2900
抗弯强度/MPa	490~590	166~206	350
硬度（努氏硬度 HK）	1489	786	1313
热膨胀系数/$10^{-6}℃^{-1}$	3.28	2.99	3

（3）碳化硅陶瓷 碳化硅是把石英、碳和木屑装入电弧炉中，在 1900~2000℃ 高温下合成的。

碳化硅陶瓷的制造方法与氮化硅陶瓷一样，有反应烧结和热压烧结两种生产工艺。碳化硅主要有两种晶体结构，一种是 α-SiC，属六方晶系；一种是 β-SiC，属等轴晶系。碳化硅的最大特点是高温、高强度。一般陶瓷材料到 1200~1400℃ 时强度显著降低，而碳化硅在 1400℃ 时抗弯强度仍保持 500~600MPa 的较高水平。其热传导能力强，在陶瓷中仅次于氧化铝陶瓷。它的热稳定性好，耐磨性、耐蚀性、抗蠕变性好。

由于碳化硅具有高温高强度的特点，因此可用于火箭尾喷嘴、浇注金属用的喉嘴、热电偶套管、炉管、燃气轮机的叶片、轴承等零件。由于其热传导能力高，因此可用作高温下热交换器材料、核燃料的包封材料，也可以用于制作各种泵的密封圈。

（4）其他陶瓷材料 陶瓷材料种类繁多，可制成各种功能元件。氧化锂瓷为高温材料，氧化锆瓷为高频绝缘材料，氧化钛瓷为介电材料，钛酸钡瓷为光电材料，硼化物、氮化物、硅化物等金属陶瓷为超高温材料，铁氧体瓷为永久磁铁、记忆磁铁、磁头等材料，稀土钴瓷为存储器材料，半导体瓷为压敏元件、太阳电池等材料。

五、陶瓷在汽车上的应用

陶瓷作为结构材料和功能材料，在汽车中有广泛的应用。20 世纪 80 年代后，随着新型陶瓷材料的开发，陶瓷在汽车上的应用越来越广泛。表 4-6 列举了汽车应用的功能陶瓷，这些部件体积很小，而且材料的密度较小，重量轻，灵敏度高，对恶劣环境的适应性好。另外，金属体表面喷涂耐磨润滑陶瓷在汽车上也有应用，例如活塞环表面的耐涂料层（Al_2O_3、Cr_2O_3、WC、Al_2TiO_5等），转动部件的润滑耐磨涂层、隔热涂层和耐磨涂层等。

表4-6 汽车中应用的功能陶瓷

	材料	特性	制品
氧化物	Al_2O_3	绝缘性	基板，封袋
	MgO		温度敏感器
	硅酸盐	透光性	车窗挡风调光
	$BaTiO_3$	诱电性	回路部件
	(MnNiZn)Fe_3O_4	磁性	电动机
	B″—Al_2O_3	导体	NaS电池
	ZrO_2	导电性	测氧测温元件，燃料电池
	过渡金属氧化物	半导体	热敏湿敏元件
	PZT	压电性	机电转换器，加速传感器
非氧化物	ZnS	发光性	液晶计时器，光电开关
	SiC	导电性	气体点火器，发热体

特种陶瓷具有各种优异的特性，应用于汽车上，对于有效降低车辆的重量、提高发动机的热效率、降低油耗，减少排气污染、提高易损件使用寿命、完善汽车智能性功能等都有重要意义。

氮化硅陶瓷材料制成的陶瓷纤维活塞耐磨性好，可以有效地防止铝合金活塞由于热膨胀系数大而产生的"冷敲热拉"现象。

特种陶瓷可用于制作气门、气门座、摇臂等零件，以充分发挥其优良耐热性、耐磨性的特性。特种陶瓷耐蚀性好，在高温下有良好的热稳定性，被广泛地用作汽油机点火系统火花塞的基体。

功能性特种陶瓷主要用于汽车调控系统的敏感元件制作，例如稀空燃比燃烧传感器及传动装置传感器等。随着人们对汽车的安全性、舒适性、智能化、节能及对噪声、排放污染限制要求的提高，具有绝缘性、介电性、压电性、半导体性、导磁性等功能的陶瓷在汽车上作为诸多调控敏感元件的应用范围越来越广，品种和规格日趋繁多，例如温度传感器、废气传感器（包括浓差电池式氧化锆传感器、临界电流式氧化锆传感器、半导体型氧化锆传感器、NO传感器、CO传感器）、湿度传感器、压电性传感器（爆燃传感器、超声波传感器）、硅压力传感器等。

为了提高发动机的热效率，利用陶瓷耐热、耐磨、耐腐蚀、热膨胀系数小的特点可以制作陶瓷绝热发动机。日本日野汽车公司开发了陶瓷发动机，该发动机气缸套、活塞、气门等燃烧室零件有40%为陶瓷零件，取消了散热器和冷却装置，可以提高功率10%，燃烧消耗降低30%。日本、美国绝热发动机上采用结构陶瓷的情况见表4-7。

表 4-7 日本、美国绝热发动机上采用结构陶瓷的情况

零件名称		要求的性能						适用的陶瓷材料
		耐热	耐磨	低摩擦	轻量	耐蚀	膨胀小	
活塞		√			√	√	√	Si_3N_4、PSZ、TTA
活塞环		√	√					SSN、PSZ 涂层
气缸套		√	√	√		√	√	Si_3N_4、PSZ 涂层
预燃烧室		√				√		PSZ、Si_3N_4
气门头		√	√					SSN、PSZ 复合材料
气门座		√	√					PSZ、SSN
气门挺杆			√					PSZ、Si_3N_4、SiC
气门导管		√		√				PSZ、SSN、SiC
进气管/排气管		√				√		ZrO_2、Si_3O_4、Al_2O_3、TiO_2
排气门/进气门		√						ZrO_2、Si_3O_4、Al_2O_3、TiO_2
机械密封			√	√				SiC、Si_3N_4、PSZ
涡轮增压器	叶片	√			√	√	√	Si_3N_4、SiC
	涡轮壳	√				√	√	LAS
	隔热板					√	√	ZrO_2、LAS
	轴承	√	√	√	√	√		SST

注：SSN 为烧结氮化硅；PSZ 为部分稳定氧化锆；LAS 为钾-铝-硅酸盐；TTA 为改性的韧性氧化铝。

目前，特种陶瓷除了制作火花塞以外，在汽车上的应用并不广泛，其主要原因是：成形工艺复杂，要求高；再现性困难，由于特种陶瓷对其原材料要求比较严格，工艺难以掌握，使得每批制品的性能难以保持同前一批一致；成本长期居高不下，可加工性差，脆性大等。但是，随着科学技术的飞速发展，工艺不断完善，特种陶瓷材料以及其优异的性能，一定会在汽车生产中得到广泛的应用。

课题五 复合材料

复合材料是一种新型的工程材料，它具有一系列其他材料不具备的优点，它的出现，开辟了一条发展新材料的重要途径。

复合材料是由两种或两种以上的物理和化学性质不同的物质经一定方法合成而得到的一种新的多相固体材料。它不仅具有各组成材料的优点，还具有比单一材料更优良的综合性能。例如碳纤维的比强度、比模量很高，但脆性较大，如果与柔软的树脂基体复合，便可获得兼有树脂与碳纤维二者所长的树脂基复合材料；多数金属较坚韧，但不耐高温，而陶瓷耐高温却又较脆，将二者复合制成复合材料，这种新材料即为金属陶瓷复合材料。"复合"已成为改善材料性能的一种手段。复合材料的发展迅速，在各个领域的应用越来越多。

一、复合材料的分类

复合材料种类繁多，分类方法也不尽统一。原则上讲，复合材料可以由金属材料、高分子材料和陶瓷材料中任两种或几种制备而成。复合材料的分类归纳如图 4-6 所示。

项目四 非金属材料

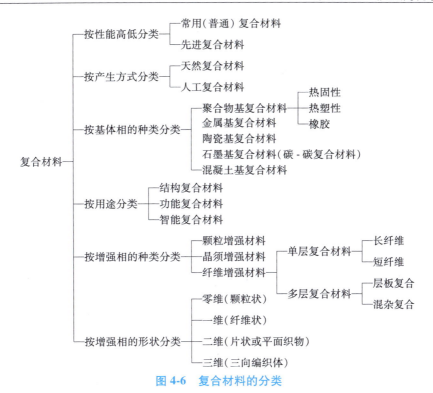

图 4-6 复合材料的分类

一般情况下，用来表示复合材料的形式是斜线前表示增强材料，斜线后表示基体材料，例如碳纤维/环氧复合材料，其增强材料为碳纤维，基体材料为环氧树脂。目前使用最多的是纤维增强复合材料。

二、复合材料的复合原则

复合材料的复合过程包含着复杂的物理、化学、力学甚至生物学等过程，并不是组成材料的简单组合。由于复合材料是由基体材料和增强相构成的，因此两者的类型和性质以及两者之间的结合力，决定着复合材料的性能。同时，增强相的形状、数量、分布以及制备过程等也对复合材料的性能影响很大。部分复合材料的结构示意图如图 4-7 所示。

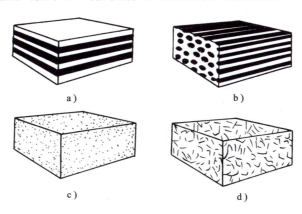

图 4-7 部分复合材料的结构示意图
a) 层叠复合　b) 连续纤维复合　c) 颗粒复合　d) 短切纤维复合

三、复合材料的性能特点

复合材料的主要性能有以下几点。

（1）高的比强度和比模量　比强度、比模量高是复合材料最突出的特点，这对要求减轻自重和高速运转的结构和零件是非常重要的，碳纤维增强环氧树脂复合材料的比强度是钢的7倍、比模量是钢的4倍。常用金属材料和复合材料的性能比较见表4-8。

表4-8　常用金属材料和复合材料的性能比较

类别	材料	密度/(g/cm^3)	抗拉强度/MPa	弹性模量/GPa	比强度/$10^6 m^2/s^2$	比模量/$10^9 m^2/s^2$
金属材料	钢	7.8	1030	210	1.3	2.7
	铝	2.8	470	75	1.7	2.6
	钛	4.5	960	114	2.1	2.5
复合材料	玻璃钢	2.0	1060	40	5.3	2.1
	硼纤维/铝	2.65	1000	200	3.8	7.5
	硼纤维/环氧树脂	2.1	1380	210	6.6	10
	高强碳纤/环氧树脂	1.45	1500	140	10.3	2.1
	高模碳纤/环氧树脂	1.6	1070	240	6.7	15
	有机纤维PRD/环氧树脂	1.4	1400	80	10.0	5.7
	SiC纤维/环氧树脂	2.2	1090	102	5.0	4.6

（2）抗疲劳性能好　由于纤维复合材料对缺口、应力集中敏感性小，而且纤维和基体界面能够阻止和改变裂纹扩展方向，因此复合材料有较高的疲劳极限。有研究表明，碳纤维复合材料的疲劳极限可达抗拉强度的70%~80%，而一般金属材料的疲劳极限只有抗拉强度的40%~50%。

（3）良好的破断安全性能　纤维复合材料中有大量独立的纤维，平均每平方厘米面积上有几千到几万根纤维，当纤维复合材料构件由于超载或其他原因使少数纤维断裂时，载荷就会重新分配到其他未破断的纤维上，因而构件不致在短期内发生突然破坏，故破断安全性好。

（4）优良的高温性能　由于增强纤维的熔点均很高（一般都在2000℃以上），而且在高温条件下仍然可保持较高的高温强度，故用它们增强的复合材料具有较高的高温强度和弹性模量，特别是金属基复合材料。例如铝合金在400℃时，弹性模量接近于零，强度值也从室温的500MPa降到30~50MPa，而碳纤维或硼纤维增强铝合金复合材料在400℃时，强度和弹性模量几乎可保持室温时的水平；玻璃钢材料可瞬时耐高温，故在火箭发动机上用作耐烧蚀材料。

（5）减振性能好　因为结构的自振频率与材料的比模量的平方根成正比，而复合材料比模量高，其自振频率也高，高的自振频率不易引起工作时的共振，这样就可避免因共振而产生的早期破坏。同时，复合材料中纤维及基体间的界面具有吸振能力，因此它的振动阻尼很高。对相同形状和尺寸的梁共同进行振动实验，即轻合金梁与碳纤维复合材料的梁同时起振，前者需要9s才能停止振动，复合材料的梁只需2.5s就静止了。

（6）成形工艺简便、灵活及可设计性强　对于形状复杂的构件，根据受力情况可以一次整体成形，减少了零件、紧固件和接头数目，材料利用率较高。例如用硼纤维增强复合材料，1000t 的原料可获得 800t 的零件；日产布尔巴特汽车前端板，用钢板制造时由 20 多个零件组成，而用纤维增强塑料复合材料时用 7 个零件就可以。

四、常用复合材料

1. 纤维增强复合材料

纤维增强复合材料中承受载荷的主要是增强相纤维，而增强相纤维处于基体之中，彼此隔离，其表面受到基体的保护，因而不易遭受损伤，塑性和韧性较好的基体能阻止裂纹的扩展，并对纤维起到黏结作用，复合材料的强度因而得到很大的提高。纤维种类很多，但用作现代复合材料的纤维主要是指高强度、高模量的玻璃纤维、碳纤维、石墨纤维、硼纤维等。

（1）玻璃纤维增强复合材料　它是由玻璃纤维与热固性树脂或热塑性树脂复合的材料，通常称为玻璃钢。它是 20 世纪 40 年代发展起来的第一代复合材料。由于它具有高强度、价格低、来源丰富、工艺性能好等特点，至今仍广泛应用在国民经济各领域中。玻璃钢可分为热塑性和热固性两类。

1）热塑性玻璃钢。它是以玻璃纤维为增强剂和以热塑性树脂为黏接剂制成的复合材料。制成玻璃纤维的玻璃主要为二氧化硅和其他氧化物的共熔体以极快的速度抽拉成细丝状的玻璃，直径一般为 $5\sim9\mu m$，玻璃纤维柔软如丝，比玻璃的强度和韧性高得多，而且纤维越细，强度越高，其抗拉强度可高达 $1000\sim3000MPa$，比高强度钢还高出两倍，耐热性高（250℃以下力学性能变化不大），化学稳定性好。其主要缺点是脆性较大。但若其与合成树脂结合在一起，便能形成具有较佳性能的玻璃钢。应用较多的热塑性树脂是尼龙、聚烯烃类、聚苯乙烯类、热塑性聚酯和聚碳酸酯 5 种，其中，尼龙的增强效果最好。常见热塑性玻璃钢的性能和用途见表 4-9。

表 4-9　常见热塑性玻璃钢的性能和用途

材　　料	密度/(g/cm^3)	抗拉强度/MPa	弯曲模量/10^2MPa	特性及用途
尼龙 66 玻璃钢	1.37	182	91	刚度、强度、减摩性好。用作轴承、轴承架、齿轮等精密件，电工件、汽车仪表、前后灯等
ABS 玻璃钢	1.28	101	77	化工装置、管道、容器等
聚苯乙烯玻璃钢	1.28	95	91	汽车内装饰件、收音机机壳、空调叶片等
聚碳酸酯玻璃钢	1.43	130	84	耐磨件、绝缘仪表等

热塑性玻璃钢同热塑性塑料相比，基本材料相同时，强度和疲劳极限可提高 $2\sim3$ 倍，冲击韧度提高 $2\sim4$ 倍，蠕变强度提高 $2\sim5$ 倍，达到或超过了某些金属的强度。例如，40%玻璃纤维增强尼龙的强度超过了铝合金而接近于镁合金的强度。因此可以用来取代这些金属。

2）热固性玻璃钢。它是以玻璃纤维为增强剂和以热固性树脂为黏结剂制成的复合材料。常用的热固性树脂为酚醛树脂、环氧树脂、不饱和聚酯树脂和有机硅树脂 4 种。酚醛树脂出现最早，环氧树脂性能较好，应用较普遍。

热固性玻璃钢集中了其组成材料的优点，即质量小、比强度高、耐蚀性好、介电性能优越，是成形性能良好的工程材料。它们的比强度比铜合金和铝合金高，甚至比合金钢还高；但其刚度较差，仅为钢的1/10～1/5，耐热性不高（低于200℃），容易老化，容易蠕变等。

玻璃钢的性能主要取决于基体树脂的类型，例如酚醛树脂玻璃钢质地坚硬，耐烧蚀；环氧玻璃钢强度高，黏着牢固，耐蚀性高；聚酯玻璃钢成形工艺性好，可在常温下固化；有机硅玻璃钢耐热性较高等。表4-10列出了常见热固性玻璃钢的性能特点和用途。

玻璃钢的应用极为广泛，它可用来制造游船、舰艇、各种车辆的车身及配件、各种耐腐蚀的管道、阀门、储罐、高压气瓶、撑杆、防护罩以及轴承、法兰圈、齿轮、螺钉、螺母等各种机械零件和机械设备。玻璃钢作为一种优良的工程材料，越来越多地应用于国民经济各领域中，已成为工程上不可缺少的重要材料之一。

（2）碳纤维增强复合材料　碳纤维增强复合材料是以碳纤维或其织物为增强相，以树脂、金属、陶瓷等为黏结剂制成的，目前有碳纤维/树脂、碳纤维/碳、碳纤维/金属、碳纤维/陶瓷等复合材料。其中以碳纤维/树脂复合材料应用最为广泛。碳纤维/树脂复合材料中采用的树脂有环氧树脂、酚醛树脂、聚四氟乙烯树脂等，与玻璃钢相比，其强度和弹性模量高、密度小。因此，它的比强度、比模量在现有复合材料中名列前茅。它还具有较高的冲击韧度和疲劳极限，优良的减摩性、耐磨性、导热性、耐蚀性和耐热性。碳纤维树脂复合材料广泛应用于制造要求比强度、比模量高的飞行器结构件，例如导弹的鼻锥体、火箭喷嘴、飞机尾翼等，还可制造重型机械的轴承、齿轮，化工设备的耐蚀件等。这类材料的缺点是价格高，碳纤维与树脂的结合能力不强。

表4-10　常见热固性玻璃钢的性能特点和用途

性能特点	材料类型			
	环氧树脂玻璃钢	聚酯树脂玻璃钢	酚醛树脂玻璃钢	有机硅树脂玻璃钢
密度/(g/cm^3)	1.73	1.75	1.80	
抗拉强度/MPa	341	290	100	210
抗压强度/MPa	311	93		61
抗弯强度/MPa	520	237	110	140
特点	耐热性较高，150～200℃下可长期工作，耐瞬时超高温。价格低、工艺性较差、收缩率大、吸水性大。固化后较脆	强度高、收缩率小、工艺性好、成本高。某些固化剂有毒性	工艺性好，适用各种成形方法，用作大型构件，可机械化生产。耐热性差、强度较低、收缩率大。成形时有异味、有毒	耐热性较高，200～250℃可长期使用。吸水性低、耐电弧性好、防潮、绝缘、强度低
用途	主要受力构件，耐蚀件（如飞机、宇航器等）	一般要求的构件（如汽车、船舶、化工件）	飞机内部装饰件、电工材料	印制电路板、隔热板等

2. 层叠复合材料

层叠复合材料是由两层或两层以上不同性质的材料复合而成的，可以达到增强的目的。

（1）三层复合材料　它是以钢板为基体，烧结铜为中间层，塑料为表面层制成的。它的物理、力学性能主要取决于基体，而摩擦、磨损性能取决于表面塑性层。中间多孔性青铜使三层之间获得可靠的结合力。表面塑性层通常为聚四氟乙烯（如 SF-1 型）和聚甲醛（如 SF-2 型）。这种复合材料比单一塑性材料承载能力提高 20 倍，导热系数提高 50 倍，热膨胀系数降低 75%，从而改善了尺寸稳定性，常用于制作无油润滑轴承、机床导轨、衬套、垫片等。

（2）夹层复合材料　它是由两层薄而强的面板或蒙皮与中间夹一层轻而柔的材料构成的。面板一般由强度高、弹性模量大的材料组成（如金属板、玻璃等）。心料结构有泡沫塑料和蜂窝格子两大类，这类材料的特点是密度小、刚性和抗压稳定性好、抗弯强度高，常用于航空、船舶、化工等工业（如飞机、船舱隔板和冷却塔等）。

3. 颗粒增强复合材料

颗粒增强复合材料中承受载荷的主要是基体，颗粒增强的作用在于阻碍基体中位错或分子链的运动，从而达到增强的效果。增强效果与颗粒的体积含量、分布、粒径、粒间距有关，粒径为 $0.01 \sim 0.1 \mu m$ 时的增强效果最好；粒径小于 $0.01 \mu m$ 时，位错容易绕过，难以对位错运动起阻碍作用；粒径大于 $0.1 \mu m$ 时，会造成附近基体中应力集中，或者使颗粒本身破碎，反而导致材料强度降低。常见的颗粒复合材料有两类：一类是颗粒增强树脂复合材料（如塑料中添加颗粒状填料，橡胶用炭黑增强等）；另一类是颗粒增强金属复合材料（如陶瓷颗粒增强金属复合材料）。

五、复合材料在汽车上的应用

1. 玻璃钢的应用

玻璃钢作为一种新型的工程材料，不仅在国防和尖端技术领域中得到普遍应用，而且在汽车工业中的应用日趋广泛。由于玻璃钢比强度高、耐蚀性好，现已用玻璃钢制造各种汽车、机车、客车、拖拉机的车身及多种配件，减轻了自重，提高了车辆的重量利用系数（载重量/车自重）。

2. 碳纤维增强塑料的应用

碳纤维增强塑料是汽车工业大量使用的增强材料。目前汽车耗油量要求逐年下降，要使汽车轻量化、发动机高效化、车型阻力小，都要求有质量小和一材多能的轻型结构材料，而碳纤维增强塑料是最理想的材料。它主要的应用有：发动机系统中的推杆、连杆、摇杆、水泵叶轮，传动系统中的传动轴、离合器片、加速装置及罩等，底盘系统中的悬置件、弹簧片、框架、散热器等，车体上的车顶内衬、外衬、地板、侧门等。

课题六　摩擦材料

汽车用摩擦材料是汽车上的消耗性材料之一，主要起到传递动力、制动减速、停车制动等作用，是汽车制动系统与行车系统的重要组成部分。采用摩擦材料制造的零部件主要包括汽车制动摩擦片、汽车离合器摩擦片及驻车制动摩擦片等。汽车摩擦材料对于汽车的安全性、使用性能及操纵稳定性起着十分重要的作用。目前，我国每年汽车摩擦材料的消耗量在 20 万 t 以上。

一、汽车用摩擦材料的性能要求

对于汽车用摩擦材料,主要有以下几方面的性能要求。

1. 摩擦系数

摩擦系数是摩擦材料一个最为主要的技术指标,通常不是一个常数,而是随温度、压力、速度、表面状态、摩擦环境等的变化而变化。理想的摩擦系数是对这些因素的影响变化相对不敏感的摩擦系数。

2. 耐磨性

耐磨性是衡量摩擦材料使用寿命的一个重要指标。良好的耐磨性会使摩擦对偶的磨损降低。

3. 物理、力学性能

摩擦材料的物理、力学性能除要满足摩擦材料的加工要求以外,还要满足摩擦材料在使用中的强度要求,以保持良好的使用性能。对于汽车离合器摩擦片,要求摩擦材料具有良好的冲击韧度、抗压强度、抗剪强度,以及良好的导热性、耐热性,性能随温度的变化要小。

4. 噪声

汽车制动噪声产生的原因很复杂。就摩擦材料而言,低的摩擦系数容易产生过重的噪声。

二、汽车摩擦材料的组成

汽车摩擦材料主要由骨架材料、黏结剂和填充材料组成。

1. 骨架材料

骨架材料多以石棉纤维为主。因此,这种摩擦材料也称为石棉摩擦材料,占摩擦材料总量的95%以上。

2. 黏结剂

摩擦材料用黏结剂多以酚醛树脂为主,也有相当一部分使用了含橡胶、腰果油、聚乙烯醇或其他高分子材料成分的改性酚醛树脂。

3. 填充材料

填充材料多采用重晶石、硅灰石、氧化铝、铬铁矿粉、氧化铁、轮胎粉及铜、铅等粉末。

目前,摩擦材料的生产多采用模压法,即将各种组成材料经混合、热压、研磨后得到摩擦材料。也有采用辊压法、一步成形法或其他加工方法的。

随着汽车技术水平的不断提高,对摩擦材料也提出了更为苛刻的技术要求。近年来,人们开发出许多新型的摩擦材料及无石棉摩擦材料(如钢纤维摩擦材料、玻璃纤维摩擦材料、陶瓷纤维摩擦材料、芳纶纤维摩擦材料、碳纤维摩擦材料等)。

课题七 胶 黏 剂

胶黏剂又称黏合剂或黏接剂。它是一类通过黏附作用使两种物质黏接在一起,并在胶接面上有一定强度的物质。

随着汽车等车辆工业的快速发展，为了节省能源必须尽可能减轻汽车自重，采用黏接代替焊接等是减轻汽车自重的重要手段。在汽车制造业，汽车内饰布置及材料的选用是衡量整车华丽性和舒适性的一项重要指标。内饰件材料要求吸振性能好、手感好、美观耐用。这些内饰件的复合或组合成形通常都要采用黏接工艺，要使用大量的胶黏剂。所以胶黏剂（黏接密封剂）广泛应用于汽车等制造工业。

一、胶黏剂的组成

胶黏剂的组成根据使用性能要求而采用的配方不同而有所不同，其中黏性基料是主要的组成成分，它对黏接剂的性能起主要作用。因此必须具有优异的黏附力及良好的耐热性、抗老化性等。常用黏性基料有环氧树脂、酚醛树脂、聚氨酯树脂、氯丁橡胶、丁腈橡胶等。胶黏剂中除了黏性基料，通常还有各种添加剂（如填料，固化剂，增塑剂等），这些添加剂是根据胶黏剂的性质及使用要求选择的。

二、胶黏剂的分类

胶黏剂的种类很多、分类方法各异。

1. 按胶黏剂基料化学成分分类

胶黏剂按基料化学成分的分类如图4-8所示。

2. 按胶黏剂的主要用途分类

（1）结构胶　结构胶要求必须有足够的黏接强度，用于黏接受力部件，一般要求黏接接头能够承受的应力与被黏物自身强度基本相当。

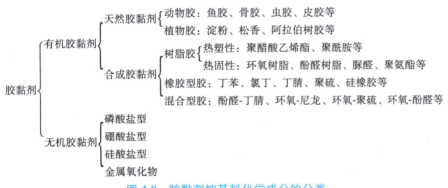

图4-8　胶黏剂按基料化学成分的分类

（2）非结构胶　不要求严格的力学性能，主要用于非主要受力部件，一般称为通用胶。

（3）次（准）结构胶　其黏接强度介于结构胶和非结构胶之间，能承受一定强度的载荷。

三、常用胶黏剂

1. 树脂型胶黏剂

（1）热塑性树脂胶黏剂　热塑性树脂胶黏剂以线型热塑性树脂为基料，与溶剂配制成溶液或直接通过熔化的方式进行胶接。这类胶黏剂使用方便、容易保存、具有柔韧性、耐冲击性、初黏能力良好，但耐溶剂性和耐热性较差，强度和抗蠕变性能低。

聚醋酸乙烯酯胶黏剂是一种常用的热塑性树脂胶黏剂，它是以聚醋酸乙烯酯为基料的胶黏剂。这类胶黏剂适于胶接多孔性、易吸水的材料（如纸张、木材、纤维织物），也可用于塑料及铝箔等的黏合。

（2）热固性树脂胶黏剂　该类胶黏剂以多官能团的单体或低分子预聚体为基料，在一定的固化条件下通过化学反应，交联成体型结构的胶层来进行胶接。这类胶黏剂的胶层呈现刚性，有很高的胶接强度和硬度，良好的耐热性与耐溶剂性，优良的抗蠕变性能。其缺点是起始胶接力较小。

环氧树脂胶黏剂是一种常用的热固性树脂胶黏剂，其基料是环氧树脂，主要品种为双酚A型环氧树脂。环氧树脂胶黏剂的突出优点是：黏附力强（被称为"万能胶"），内聚力大，工艺性能好，收缩率低，耐温性能较好。其主要缺点是：耐热性不高，耐候性尤其是耐紫外线性能较差，适用期短，部分添加剂有毒。环氧树脂胶黏剂常用来胶接各种金属和非金属材料，在机械、化工、建筑、航空、电子等工业部门得到广泛应用。

2. 橡胶型胶黏剂

橡胶型胶黏剂是以氯丁、丁腈、丁苯、丁基等合成橡胶或天然橡胶为基料配制成的一类胶黏剂。这类胶黏剂具有较高的剥离强度和优良的弹性，但其抗拉强度和抗剪强度较低，主要适用于柔软的或膨胀系数相差很大的材料的胶接。橡胶型胶黏剂的主要品种有：

（1）氯丁橡胶胶黏剂　其基料为氯丁橡胶。这类胶黏剂具有较高的内聚强度和良好的黏附性能、耐燃性、耐候性、耐油性和耐化学试剂性能等均较好。其主要缺点是稳定性和耐低温性能较差，是一种广泛使用的非结构型胶黏剂。它可用于极性或非极性橡胶的胶接，以及非金属、金属材料的胶接，在汽车、飞机、船舶制造和建筑等方面均得到广泛应用。

（2）丁腈橡胶胶黏剂　其基料为丁腈橡胶。这类胶黏剂的突出特点是耐油性好，有良好的耐化学介质性和耐热性能。对极性材料有很强的黏附性，但对非极性材料的胶接稍差。它适用于金属、橡胶、塑料、木材、织物以及皮革等多种材料的胶接，尤其在各种耐油产品中得到广泛应用。

3. 混合型胶黏剂

混合型胶黏剂又称为复合型胶黏剂。它是由两种或两种以上高聚物彼此掺混或相互改性而制得的，即构成胶黏剂基料的是不同种类的树脂或树脂与橡胶。

（1）酚醛-聚乙烯醇缩醛胶黏剂　酚醛-聚乙烯醇缩醛胶黏剂简称酚醛-缩醛胶黏剂，它是以甲基酚醛树脂为主体，加入聚乙烯醇缩醛类树脂（如聚乙烯醇缩甲醛、缩丁醛、缩糠醛等）进行改性而成的。由于它兼具了酚醛树脂和聚乙烯醇缩醛树脂在结构方面的某些特征，因此不仅克服了酚醛树脂性脆和聚乙烯醇缩醛树脂耐热性差的缺点，而且具有二者的长处，表现出良好的综合性能。这类胶黏剂对金属和非金属都有很好的黏附性，加之胶层固化后呈网状结构，其胶接强度高，抗冲击和抗疲劳性能良好。此外，它还具有良好的耐大气老化和耐水性，是一种应用广泛的结构型胶黏剂。

酚醛-缩醛胶黏剂适用于金属、陶瓷、玻璃、塑料及木材等的胶接，它是目前最通用的飞机结构胶之一，可用于胶接金属结构和蜂窝结构。此外，它可用于汽车制动片、轴瓦、印制电路板及导波元件等的胶接。在这类胶黏剂的基础上加入环氧树脂，从而制得酚醛-缩醛-环氧胶黏剂，其胶接强度大大提高，性能进一步改善，耐热性、耐湿热、耐老化和耐介质性能均较好，尤其适用于铝、铜、钢等金属及玻璃钢的胶接。

（2）酚醛-丁腈胶黏剂　酚醛-丁腈胶黏剂综合了酚醛树脂和丁腈橡胶的优点，既有良好的柔韧性，又有较高的耐热性，是综合性能优良的结构型胶黏剂。酚醛-丁腈胶黏剂性能的主要特点是胶接强度高、耐振动、冲击韧度好，其抗剪强度随温度变化不大，可以在-55～180℃下长时间使用，其耐水、耐油、耐化学介质以及耐大气老化性能都较好。但是，这种胶黏剂固化条件严格，必须加压、加温才能固化。

酚醛-丁腈胶黏剂可用于金属和大部分非金属材料的胶接，例如汽车制动片的黏合、飞机结构中轻金属的黏合，印制电路板中铜箔与层压板的黏合以及各种机械设备的修复等。

四、胶黏剂的选用

胶黏剂的选用通常应综合考虑胶黏剂的性能、胶接对象、使用条件、固化工艺和经济成本等各方面的因素，合理地选用。对各种胶黏剂的选用可参考表4-11。

表4-11　各种胶黏剂的选用

材料	材料						
	皮革、织物、软质材料	竹木	热固性塑料	热塑性塑料	橡胶制品	玻璃陶瓷	金属
金属	2、4、3、8	1、4、2、6	1、4、3、7	1、5、4、9	4、8	1、2、3、4、5、7、10	1、2、3、4、5、7、10
玻璃、陶瓷	2、4、3、8	1、3、4	1、4、3、7	1、4、2、5	4、8	1、2、3、4、5、7、10	
橡胶制品	4、8	1、2、4、8	2、3、4、8	1、4、8	4、8		
热塑性塑料	4、9	1、4、9	1、4、5	1、4、5、9			
热固体塑料	2、3、4、9	1、2、4、9	1、4、7、9				
竹木	1、2、4	4、6、7					
皮革、织物、软质材料	4、8						

1—环氧树脂胶　2—酚醛-缩醛胶　3—酚醛-丁腈胶　4—聚氨酯胶　5—聚丙烯酸酯胶　6—脲醛树脂胶　7—不饱和聚酯树脂胶　8—橡胶胶黏剂　9—塑料胶黏剂　10—无机胶黏剂

五、胶黏剂在汽车中的应用

1. 车体

（1）车身　轿车贴花加工和聚氯乙烯的成形护侧条黏接，可用丙烯酸压敏胶。

（2）装饰型材　接缝装饰条、木纹聚氯乙烯侧面装饰板、装饰板标牌的黏接，可用丙烯酸压敏胶和氯丁橡胶。

（3）顶篷　聚氯乙烯接缝、聚氯乙烯顶篷衬里、顶篷隔声衬垫、顶篷拱形加固梁与顶篷的黏接，可用聚酯、聚酰胺热熔胶。

（4）后盖　后盖板防雨条、隔声材料黏接，用氯丁橡胶胶黏剂。

（5）座椅　座椅衬垫与聚氯乙烯板黏接，用丁苯橡胶-乙烯醋酸乙烯共聚树脂、氯丁胶。

（6）车门　车门内装饰板、车门防风防雨条黏接，用氯丁胶。

（7）密封　绝热隔板接缝密封、外层窗玻璃密封，用再生丁苯胶腻子，丁基胶-聚异丁烯混合物；后窗玻璃密封、后窗外层辅助密封，用丁基胶密封胶、软性丁基-聚异丁烯混合物；顶篷排水槽、顶篷至车舱后部塑料挡板、行李舱接缝、涂料层下的外缝、非膨胀焊接内缝等密封，用聚氯乙烯塑料胶；减振器垫片密封，用热固化氯丁胶；底板内缝密封，可膨胀性焊接内缝密封（行李舱挡板至挡泥板），用沥青、可膨胀的热固化丁苯胶；罩板总装的膨胀性焊缝密封，用丁苯胶。

2. 动力系统

发动机舱盖内、外挡板黏接，用热固化乙烯基塑料溶胶；气缸盖垫片密封，用不干性油；螺杆及螺栓的密封，用氯丁胶乳或厌氧胶；燃油箱输油管密封，用可膨胀的热固化氯丁胶。

3. 运行系统

制动片衬里与闸瓦黏接，用丁腈酚醛胶；电动机传动带与离合器黏接，用丁腈-酚醛胶；闸瓦底座与圆盘衬垫黏接，用酚醛胶。

课题八　涂装材料

涂装材料是一种流动或粉末状态的有机物质，可采用不同的工艺涂覆在物体表面上，形成黏附牢固、具有一定强度的连续固态薄膜，统称为涂膜，又称漆膜或涂层。对于形成的涂膜而言，涂料是涂膜的半成品，涂料只有经过使用即施工到被涂物件的表面形成涂膜后才能发挥作用。

一、涂料的作用及特点

1. 涂料的作用

1) 保护作用。涂料在物件表面形成一层保护膜，能阻止或延迟材料在大气等各种介质中的锈蚀、腐朽和风化等破坏现象的发生和发展，使材料的使用寿命延长。

2) 装饰作用。涂料可以改善材料表面的外观形象，起到美化的作用。

3) 特殊功能作用。涂料能够提供多种不同的特殊功能，例如改善材料表面的力学、物理、化学和微生物学等方面的性能。

2. 涂料的特点

1) 适用面广，可广泛应用于各种不同材质的物体表面。

2) 能适应不同性能的要求。

3) 使用方便，一般用比较简单的方法和设备就可以进行施工。

4) 涂膜容易维护和更新，这是涂料的优越性之一。

5) 涂膜装饰保护作用具有一定的局限性，涂膜材料大多为有机物质，且一般涂层较薄，只能在一定的时间内发挥一定程度的作用。

二、涂料的组成

涂料的组成包含成膜物质、颜料、溶剂、助剂4个组分。

1. 成膜物质

成膜物质是组成涂料的基础，它具有黏结涂料中其他组分形成涂膜的作用，对涂料和涂膜的性质起着决定性的作用。涂料的成膜物质可分为非转化型成膜物质和转化型成膜物质两大类。

非转化型成膜物质在涂料成膜过程中组成结构不发生变化，涂膜物质保持成膜物质的原有结构，所形成的涂膜具有热塑性，受热软化，冷却后变硬，大多具有可溶解性。属于这类成膜物质的有虫胶、硝基纤维素、氯化橡胶、过氯乙烯树脂等。

转化型成膜物质在涂料成膜过程中组成结构发生变化，成膜物质所具有的官能团在热、氧或其他物质的作用下能够通过交联反应聚合成与原始成膜物质组成结构不同的不溶、不熔的网状高分子化合物，即热固性高分子化合物。属于这类成膜物质的有干性油、酚醛树脂、醇酸树脂、聚氨酯等。

2. 颜料

颜料是有颜色的涂料，即色漆的一个重要组分，颜料使涂膜具有一定的遮盖能力，起到装饰和保护作用。颜料还能增强涂膜的力学性能和耐久性能，并赋予涂膜某种特殊功能，例如耐腐蚀、导电、防延燃等。

颜料一般为微细粉末状有色物质，按其来源可分为天然颜料和合成颜料两类；按其化学组成可分为无机颜料和有机颜料两种；按其在涂料中所起的作用可分为着色颜料、体质颜料、防锈颜料等。

3. 溶剂

溶剂的作用是将涂料的成膜物质溶解或分散为液态，便于施工时容易形成薄膜，施工后能从薄膜中挥发出来，使薄膜形成固态的涂层。所以溶剂通常也称为挥发剂。水、无机化合物和有机化合物等都可用作溶剂，其中以有机化合物品种最多，常用的有脂肪烃、芳香烃、醇、酯、醚、酮等，统称为有机溶剂。虽然溶剂的主要作用是将成膜物质变成液态的涂料，但它对涂料的生产、储存、施工、成膜和涂膜的性能及外观等都会产生重要的影响。

4. 助剂

助剂也称为材料的辅助成分，其作用是改善涂料或涂膜的某些性能。助剂的作用有不同类型：有对涂料生产过程产生作用的助剂（如消泡剂、润湿剂、分散剂、乳化剂等）；有对涂料储存过程产生作用的助剂（如防沉剂、防结皮剂等）；有对涂料施工成膜过程产生作用的助剂（如催干剂、固化剂、流平剂等）；还有对涂膜性能产生作用的助剂（如增塑剂、平光剂、防静电剂等）。

三、涂料的种类及用途

涂料工业发展很快，品种繁多，按其主要成膜物质的不同，可分为若干系列，主要有3类：以单纯油脂为成膜物质的油性涂料（如清油、厚洒漆、油性调和漆）；以油、天然树脂为成膜物质的油基涂料（如磁性调和漆）；以合成树脂为主要成膜物质的各类涂料等。工业上金属设备常用涂料多以合成树脂作为主要成膜物质，主要有酚醛树脂涂料、醇酸树脂涂料、氨基树脂涂料、环氧树脂涂料和防锈涂料等。常用涂料的性能及用途见表4-12。

表4-12 常用涂料的性能及用途

种　　类	常用品种与型号	性能及用途
酚醛树脂涂料	纯酚醛清漆 F01-15	漆膜光亮坚硬，耐水性好，自干、烘干均可，适用于交通工具及食品容器外壁涂装
	各色酚醛磁漆 F04-1	附着力好、色彩鲜艳、光泽好、可常温干燥，适用于机械设备、交通工具等金属表面涂装

(续)

种类	常用品种与型号	性能及用途
醇酸树脂涂料	醇酸清漆 C04-48	耐水性、附着力好，适用于桥梁等钢结构表面涂覆
	各色醇酸磁漆	漆膜坚韧光亮、色彩鲜艳、耐油、耐水、耐热、附着力较好，适用于汽车、船舶、机械等表面涂覆
氨基树脂涂料	氨基烘干清漆 A01-10	漆膜坚硬、平滑光亮、耐候、耐潮，适用于各种汽车、车辆等金属表面作保护性涂饰
	各色氨基烘干磁漆 A04-11，A04-15	漆膜色彩鲜艳光亮、耐湿热、耐候，适用于各种车辆的金属表面保护性涂饰
环氧树脂涂料	各色环氧磁漆 H04-8	漆膜光亮、耐汽油性能好，常温干燥，适用于柴油机表面涂装
防锈涂料	红丹醇酸防锈漆 C53-31	桥梁、机车、船舶等钢结构及钢结构建筑物防锈底漆

四、常用汽车涂料及应用

对于乘用车的车身式样和涂装，往往要求较高，因为这些可见部位的美观程度尽管与实用性联系不大，但往往影响到其商品价值。因此，汽车厂对车身的防锈、涂料的褪色、调色、光泽度等非常重视，对涂装予以特别的关注。

汽车需要涂装的部位有车身外板、底盘各部位、箱型结构内部、保险杠、仪表板等，通过涂装达到防锈、美观、耐候、隔声、防振、耐冲击、防尘、防水等目的。

汽车涂装工序分为3个步骤：以防锈为目的的底涂、为保证面涂精度的中涂、为形成色彩和平滑涂装表面的面涂。其中，底漆的涂装从最早的刷漆、喷涂发展到电泳涂装，电泳涂装也由阴离子型改进为涂层密实性更好的阳离子型。中涂和面涂一般是自动静电涂装后用手动静电涂装喷枪再进行补喷。轿车车身涂装工序示例如图4-9所示。

汽车涂装修补采用的材料包括漆前处理材料、涂料、漆后处理材料和辅助材料等。汽车涂装修补常用材料的作用与分类见表4-13。

车身车间 ⟹ 预处理工序 [热水洗(喷射)→水洗(喷射)→脱脂(浸渍)→水洗(喷射)→水洗(喷射)→表面调整(浸渍)→表面化学处理(浸渍)→水洗(喷射)→水洗(浸渍)→纯水洗(喷射)→干燥 ⟹ 底涂工序 [电泳涂装→水洗(喷射)→水洗(喷射)→水洗(喷射)→水洗(喷射)→脱脂(浸渍)→吹风(鼓风)] ⟹ 特殊处理 [屏蔽→堵塞→隔声涂装→耐冲击涂装→干燥] ⟹ 中涂工序 [清洗→中涂喷漆→涂装饰用黑色漆→干燥] ⟹ 中涂水研磨工序 [水研磨→水洗→吹风→干燥] ⟹ 面涂工序 [清洗→喷涂→干燥] ⟹ 检查 ⟹ 喷涂防锈剂 ⟹ 舣装 ⟹ [清洗→修整→装饰用涂装→喷涂防锈剂→喷涂涂膜保护剂] ⟹ 出厂

修补工序 [水洗→脱水→干燥→屏蔽→清洗→修补涂漆→干燥]

图4-9 轿车车身涂装工序示例

项目四　非金属材料

表 4-13　汽车涂装修补常用材料的作用与分类

名　　称	作　　用	分　　类
漆前处理材料	漆前清除被涂表面上所有污物	脱脂、除锈、磷化及钝化材料
涂料	涂覆在物体表面上，干燥固化后形成连续的牢固附着的一层膜	底漆、中间涂料、面漆、抗石击涂料、密封涂料、腻子及修补涂料
漆后处理材料	修饰喷完面漆后出现的漆膜表面缺陷和提高防锈性能	增光、抛光及保护材料
辅助材料	消除涂层表面的缺陷，提高平整度，同时防止噪声、振动、热量的产生与传播	打磨、擦净、遮蔽、密封、仿生、绝热材料

课题九　隔热、隔光、隔声及密封材料简介

随着人们生活水平不断地提高，人们对汽车的舒适性、安全性、可靠性的要求越来越高。隔热材料、隔光材料、隔声材料、密封材料的使用是体现汽车功能的保证。

一、车用织物

织物用纤维按其来源可以分为两大类：天然纤维和化学合成纤维。

棉纤维和羊毛纤维均属于天然纤维。其他的纤维属于化学合成纤维。

化学合成纤维普遍具有隔热、隔光、隔声、密封性较好的特点，而且表面较光亮，纤维强度高，色泽牢固鲜艳，耐皱性、耐磨性、耐冲击性好，并具有良好的化学稳定性，在一般条件下不怕汗液、海水、肥皂、碱液等的侵蚀，不易发霉，现正逐渐取代天然纤维，在汽车中大量使用。其缺点是耐热性一般。化学合成纤维的发展极为迅速，目前品种繁多，大规模生产的约有 40 种，发展最快的是聚酯纤维（涤纶）、聚酰胺纤维（锦纶）、聚丙烯腈纤维（腈纶）、聚乙烯醇纤维（维纶）、聚丙烯纤维（丙纶）和聚氯乙烯纤维（氯纶），通称为"六大纶"。其中最主要的是涤纶、锦纶和腈纶 3 个品种，它们的产品占化学合成纤维总产量的 90% 以上。

汽车上纺织品使用的部位主要是座椅罩布、顶篷、地毯、车门内护板饰面、行李舱护板饰面等。不同的部位用材的要求也不相同。

1. 纺织纤维材料

纤维材料在汽车上应用最多的是车内饰物（如座椅、车篷等），最早用尼龙材料，现代汽车中，尼龙材料正在被耐光性优良的聚酯纤维替代。另外，纤维材料可以作为汽车轮胎的帘线、复合材料的强化纤维材料等。

轿车座椅面料现已大部分采用纺织纤维材料。它具有价格低廉、强度较高、透气性好、阻燃隔热、装饰性好的特点，提高了乘坐的舒适性。坐垫及靠背蒙皮可用以下几种：棉织品（如灯芯绒、沙发布等）；化学合成纤维（如尼龙）、聚酯及其混纺织物等；也可用涤、毛织物和皮制品，主要是根据车辆的档次和风格而选择织物品种。

2. 人造革

人造革是广泛应用于汽车的内饰材料。它和天然皮革相比具有裁剪方便、几乎无气味、厚薄均匀、不吸水、耐晒、耐磨性良好等特点，可制成各种花纹和颜色，耐酸、碱、油，不

会被虫蛀和霉变,但其透气性、透湿性不够理想。常用的人造革品种有:帆布聚氯乙烯人造革、鼠纹布聚氯乙烯人造革和细平纹布聚氯乙烯人造革。

3. 毛毡

毛毡因其价廉、减振及隔热性好,在汽车上得到大量应用,例如用在轿车前挡板的上部、中部及左、右两侧,仪表板的左、右两侧及右下护板,变速杆顶部,前、后门里护板,顶篷,后围和行李舱等部位。常用的毛毡有玻璃纤维毡、再生纤维毡等。

4. 防水篷布

防水篷布常在高栏板汽车、某些汽车驾驶室内及汽车顶篷使用。它是将维纶帆布或板帆布、亚麻帆布等,经防水、防腐涂层联合处理而成的。目前经常使用的帆布材质有棉维纶、尼龙和聚酯等。

5. 车用地毯

车用地毯除应具有良好的外观、踏感、优良的保温性、吸湿性和吸尘性外,还要具有高的耐磨性、耐候性、耐水性、耐油性、尺寸稳定性及与地板的良好吻合性。车用地毯常用材料为涤纶、锦纶、腈纶、丙纶纤维等,另外应用聚乙烯橡胶等做裱里涂层。

二、石棉制品

石棉是自然界中唯一的天然矿物纤维,其质地柔软且有弹性,机械强度高,耐高温,不燃烧,导电、导热性很低,具有一定的耐酸、耐碱性能,防潮、防霉、防老化性能很好,此外还具有优良的吸收树脂的能力。它广泛地应用于各个工业领域,作为绝热、保温、防火、隔声和电气绝缘材料,也可以与橡胶、树脂、沥青、水泥及其他纤维混合,组成各种复合材料。

汽车中普遍使用的石棉制品是石棉衬垫。

(1) 石棉橡胶板 是以石棉、橡胶为主要原料制成的密封衬垫材料。

(2) 耐油石棉橡胶板 是以石棉、耐油胶黏剂为主要原料制成的,可作为燃油、石油基润滑油及冷气系统结合处等部位上的密封垫材料。

(3) 衬垫石棉纸、板 是由石棉纤维、植物纤维和黏接材料混合而制成的,用作发动机缸垫及其他管道连接件上密封垫片的内衬材料。

近年来,随着人们环保意识的增强,石棉的用量逐步减少。

三、纸板

纸制品由于原料来源广泛、价格便宜、重量轻,且具有一定的机械强度和优越的物理性能,很早就在汽车产品上得到应用。目前纸类制品在汽车生产中主要应用在滤清、绝缘、防漏、密封等方面。

防漏纸垫在汽车中主要用于两个金属结合面之间,起到密封作用。借助纸垫的柔性和弹性可使两结合面严密地贴合。

汽车上用于制作纸垫的材料主要有浸渍纸和软钢纸。浸渍纸是经过通常的造纸工艺生产的纸,先经过冲压成形工艺,然后根据工作环境要求进行浸渍和烘干成形。软钢纸板是经过蓖麻油或甘卤处理的平板钢纸。

浸渍纸垫的机械强度比软钢纸垫低,通常可以用于不经常拆卸的且装配时仅受单一压力的密封场合，例如法兰盘结合的密封垫等。软钢纸垫多用于两结合件靠螺钉拧紧来连接的端面密封处，在装配过程中，纸垫不仅受到端面的压力，还受到螺钉的紧固力矩作用。

现在比较常见的还有一种预涂胶纸垫。这种纸垫是经过冲压成形后，预先在垫的两面分别涂上密封胶条，在汽车装配中可以直接使用，简化了装配现场涂胶的工艺，又可确保涂胶质量，提高生产效率。纸垫预涂的胶主要有溶剂型浸渍胶和硅酮密封胶等，这种纸垫可以用于变速器、水泵、发动机等部位的密封。

除以上材料外，还可采用一些塑料或复合材料制作气缸盖、发动机舱盖、油底壳等，它们能隔离发动机的噪声，并且起到隔断发动机向车内传热的效果。例如，福特公司的柴油发动机，在铝活塞的下部外面粘接上塑料制成的套，可以减轻活塞的重量，降低往复惯性力，吸收活塞敲缸撞击能量，抑制发动机的噪声。另外，目前研制出的减振合金，用于汽车发动机油底壳、气缸盖、船舶螺旋桨、运输带齿轮等，可达到减振和降低噪声的目的。

还有一些变色材料，在光、电、热的外界条件作用下，材料内部会发生变化从而改变材料对光波吸收的特性，使材料显现出不同的颜色，可用来调控光波的辐射，称为智能变色材料。常用的智能变色材料有智能光色玻璃和电致变色薄膜，智能光色玻璃用于制作汽车、飞机、船舶的前风窗玻璃或观察窗玻璃；电致变色薄膜是利用一些氧化物薄膜在电场作用下发生电子交换导致颜色改变的特性，设计出的能够调节玻璃透光特性的智能窗。

项目小结

1. 非金属材料包括塑料、橡胶、玻璃、陶瓷、合成纤维、胶黏剂、摩擦材料、涂装材料等各种材料，本项目主要了解汽车上应用的各种非金属材料。

2. 橡胶具有高的弹性和回弹性，广泛地应用于弹性材料、密封材料、减振防振材料和传动材料。橡胶材料有天然橡胶、合成橡胶和再生胶。

3. 玻璃的性能特点主要有抗拉强度低、抗压强度高、硬度较高、韧性很差、具有良好的光学性质。汽车上使用的玻璃主要是窗玻璃，对玻璃的透明性、耐候性、强度及安全性有很高的要求。汽车用玻璃必须是安全性能高的夹层玻璃、局部钢化玻璃或钢化玻璃。

4. 汽车用摩擦材料制造的零部件主要包括汽车制动摩擦片、汽车离合器摩擦片及驻车制动摩擦片等。

5. 塑料的主要成分是有机合成树脂，也可根据需要加入各种增强材料、填料、增塑剂、固化剂、稳定剂、着色剂和阻燃剂等。常用的工程塑料分为热塑性工程塑料和热固性工程塑料两类。

6. 陶瓷具有较好力学、热学、电学、化学性能，分为普通陶瓷和特种陶瓷，在汽车上应用于密度较小、重量轻、灵敏度高、对恶劣环境的适应性好的小体积部件。

7. 复合材料具有比单一材料更优良的综合性能，种类繁多，可以由金属材料、高分子材料和陶瓷材料中任意两种或几种制备而成。常用复合材料有：纤维增强复合材料（玻璃纤维增强复合材料、碳纤维增强复合材料）、层叠复合材料、颗粒增强复合材料。

8. 常用胶黏剂有：树脂型胶黏剂（热塑性树脂胶黏剂、热固性树脂胶黏剂）、橡胶型胶黏剂、混合型胶黏剂。

强化训练

一、选择题

1. 以下材料属于合成高分子材料的是（　　）。
   A. 聚氯乙烯塑料　　B. 头发　　C. 硅酸纳　　D. 蛋白质
2. 高弹性是（　　）类聚合物特有的属性。
   A. 塑料　　B. 纤维　　C. 橡胶　　D. 塑料和纤维
3. 以下属于透明的塑料是（　　）。
   A. PE　　B. PVC　　C. PS　　D. PP
4. 以下属于难燃的塑料是（　　）。
   A. PE　　B. PVC　　C. PS　　D. PP
5. 以下（　　）类聚合物不适宜做塑料薄膜袋。
   A. PE　　B. 软质PVC　　C. PS　　D. PP
6. 复合材料的优点是（　　）。（①强度高；②质量小；③耐高温；④耐腐蚀。）
   A. ①④　　B. ②③　　C. ①②④　　D. ①②③④
7. 复合材料中往往有一种材料作为基体，另一种材料作为（　　）。
   A. 增塑剂　　B. 发泡剂　　C. 防老剂　　D. 增强剂
8. 安全性最好的汽车玻璃是（　　）。
   A. 钢化玻璃　　B. 区域钢化玻璃　　C. 夹层玻璃　　D. 防水玻璃
9. 用于制作油封的材料是（　　）。
   A. 丁苯橡胶　　B. 丁基橡胶　　C. 氯丁橡胶　　D. 丁青橡胶
10. 橡胶是优良的减振材料和磨阻材料，因为它具有突出的（　　）。
    A. 高弹性　　B. 黏弹性　　C. 塑性　　D. 减磨性

二、判断题（正确的画"√"，错误的画"×"）

1. 高分子材料的减振性较好，可用于制造不承受高载荷的减振零件。（　　）
2. 陶瓷材料有很高的硬度和耐磨性，故适合于制造齿轮。（　　）
3. 高分子链能形成的构象数越多，柔顺性越大。（　　）
4. 涂料可以在物体表面形成一层保护膜，对制品具有保护作用。（　　）
5. 顺丁橡胶的低温性能好，可在寒带地区使用。（　　）
6. 聚氯乙烯属于热固性塑料。（　　）
7. 现代汽车中的玻璃纤维挡泥板是由脆性的玻璃和韧性的聚合物相复合而成的。（　　）
8. 热塑性玻璃钢同热塑性塑料相比，基体材料相同时，强度和疲劳极限都较低。（　　）
9. 汽车底盘采用玻璃纤维补强树脂（GFRP），其重量比钢铁材料增重了80%。（　　）
10. 特种陶瓷应用于汽车发动机气门，充分利用了其耐热性、耐磨性好等特点。（　　）

三、填空题

1. 塑料按受热时的性质分为_____和_____两类；按应用范围不同分有_____、_____和_____。
2. 工程塑料的品种很多，主要有_____、_____、_____、_____、_____等。
3. 橡胶的主要特性有_____，良好的_____和_____，以及耐磨、耐蚀、绝缘性好等；其主要的缺点是_____。
4. 橡胶可分为_____和_____两类。合成橡胶根据其性能和用途可分为_____和_____两类。
5. 合成橡胶的种类较天然橡胶多，汽车上常用的合成橡胶有_____、_____、_____、_____、_____和_____等。
6. 车用复合材料按性能分为_____复合材料和_____复合材料。
7. 按照基体材料来分，复合材料有_____复合材料、_____复合材料。
8. 汽车上使用的玻璃主要是窗玻璃，对玻璃的、_____、_____、_____及安全性有很高的要求。
9. 汽车用玻璃有_____、_____、_____。
10. 传统上的"陶瓷"一词是_____和_____的总称。

四、简答题

1. 试述合成橡胶的种类。
2. 什么是工程塑料？具有哪些特性？
3. 列举常用的热塑性塑料和热固性材料，说明其用途。
4. 陶瓷的组织由哪几个相组成？它们对陶瓷性能有何影响？
5. 陶瓷材料具有哪些特性？
6. 什么是复合材料？复合材料有何优异的性能？
7. 胶黏剂按成分和用途分为哪几类？
8. 试举例几种常用胶黏剂及其适宜黏接的材料。

项目五 汽车零件的选材

 项目导入

与其他机器相同,在汽车制造过程中,从设计新产品、改造老产品,到维修、更换零件,都会涉及零件的选材、热处理工艺的确定和热处理工序的安排等问题。这对提高产品质量和生产率、降低成本有着重要的意义。

前面几个项目的内容,已为读者合理选材、正确确定热处理工艺及合理安排热处理工序打下了一定的基础,本项目将进一步介绍汽车零件的失效与选材的关系,以及选材的基本原则,并实际分析一些典型的汽车零件的选材及热处理工艺。

 学习目标

1. 知识目标
1) 了解零件的失效形式。
2) 掌握零件的选材原则及方法。

2. 能力目标
掌握汽车零件的选材和工艺路线的选择。

课题一 零件的失效分析

零件的选材与零件的失效是密切相关的,要合理选材,首先要分析零件的失效方式和成因,找出问题的症结所在,再根据零件的具体情况选择适用的材料。

一、失效的概念

各种机械零件都具有一定的功能,零件由于某种原因丧失原设计所规定的功能称为零件失效。零件未达到预期使用寿命的失效称为早期失效。

判定一个机械零件是否失效,主要从以下几个方面进行考虑:
1) 零件是否已被完全破坏,不能继续工作。

2）零件是否受到严重损伤，已不能安全工作。

3）零件是否虽然仍能安全工作，但不能完成规定的功能。

以上3种情况中只要有一种情况发生，即可认为零件已经失效。

由于零件的材料与零件的失效密切相关，对于一些没有明显预兆的失效，例如疲劳断裂失效，往往会造成严重的事故。因此，在选材之前，了解零件的失效形式，找出零件失效的原因，提出防止或推迟失效的措施，对于零件的合理选材显得尤为重要。这种运用各种分析实验手段，分析零件失效的原因和形式，研究采取补救和预防措施的技术活动和管理活动称为失效分析。失效分析是现代材料工程技术中的一个重要的分析手段。

二、常见的失效形式与成因

根据零件损坏的特点、所受载荷类型及外在条件，零件失效的类型可归纳为变形、断裂与表面损伤3种。零件失效形式的类型见表5-1。

引起失效的具体原因是多种多样的，但大体可以分为设计、材料、加工和安装使用4个方面。导致零件失效的主要原因见表5-2。

表5-1 零件失效形式的类型

类型	名称	失效机理
过量变形失效	弹性变形失效	弹性变形
	塑性变形失效	塑性变形
	蠕变变形失效	弹、塑性变形
断裂失效	韧性断裂失效	塑性变形
	低应力脆性断裂失效	断裂韧度
	疲劳断裂失效	疲劳
	介质加速裂断失效	应力腐蚀
	蠕变断裂失效	蠕变断裂
表面损伤失效	磨损失效	磨粒磨损、黏着磨损
	表面疲劳失效	疲劳
	腐蚀失效	氧化、电化学

表5-2 导致零件失效的主要原因

名称	原因
设计	工况条件及过载情况估计不足
	结构、外形不合理
	计算错误
材料	选材不当
	材质低劣
加工	毛坯有缺陷
	冷加工缺陷
	热加工缺陷
安装使用	安装不良
	维护不善
	过载使用
	操作失误

不同的失效形式有不同的失效机理，可以通过失效分析来判断零件失效属于哪一种类型，以及失效的原因是什么，从而选取相应的材料，采用适当的热处理手段。

1. 过量变形失效

过量变形失效指零件在使用过程中，整体或局部因外力作用而产生超过设计允许变形量的失效形式。它可能是弹性变形失效或塑性变形失效，也可能是因温度变化引起的蠕变变形失效。

弹性变形失效常发生在长轴、杆件、薄壁板件或薄壁筒件上，失效原因主要是材料的刚性不足使零件在受力过程中产生过量弹性变形或弹性失稳而导致零件失效。弹性变形取决于零件的尺寸和材料的弹性模量E。对于承受弯、扭变形的轴类零件，过度变形会造成轴上零件（如轴承）的严重偏载或齿轮的啮合失常，从而引起传动失效。

塑性变形失效大多发生在零件的实际工作应力超过其屈服强度的情况下，零件产生了过量的塑性变形引起失效。失效的原因有材质本身缺陷、使用不当、设计失误等。例如，淬火不当会在零件上形成较软的组织，从而未达到所需的硬度和屈服强度，会导致零件在工作时发生塑性变形失效；如果齿轮传动在严重过载或润滑不足的条件下运行，齿面就很可能出现如鳞皱、起脊等塑性变形，导致齿轮失效。

蠕变变形失效是指在固定载荷下，随着时间的延长，变形不断增加，最终导致变形过大引起的失效。蠕变变形与材料的熔点有关，熔点越高，材料抗蠕变的能力就越大。通常陶瓷材料、金属材料的抗蠕变能力较好，而高分子材料在室温下也会发生明显的蠕变。

2. 断裂失效

断裂失效是零件最危险的失效形式，尤其是突然断裂，往往带来巨大的损失，所以，人们长期以来非常重视对断裂的断口的分析以及对断裂原因的研究。断裂失效包括韧性断裂失效、低应力脆性断裂失效、疲劳断裂失效、介质加速裂断失效和蠕变断裂失效等形式。

（1）韧性断裂失效　它是材料在断裂前发生了明显的宏观塑性变形引起的失效。它是金属材料破坏的主要形式之一，大多数发生在具有良好塑性的金属材料上。韧性断裂是一个缓慢的断裂过程，事先比较容易被察觉。

（2）低应力脆性断裂失效　它与材料的冲击韧度和断裂韧度有关。这种失效在低温、冲击载荷作用下或在有缺陷的部位及应力集中的零件上尤其容易发生。材料中，陶瓷的冲击韧度非常低，高分子材料也不高，金属材料最优越。

（3）疲劳断裂失效　它是多见于汽车发动机曲轴、齿轮、弹簧等零件的失效。这种失效事先无征兆，突然发生断裂。据统计，零件断裂失效中约有80%为疲劳断裂失效。

（4）介质加速裂断失效　它是由于零件在腐蚀性介质的环境下工作，同时受到应力和介质的腐蚀，从而造成断裂失效。例如黄铜零件的应力腐蚀断裂就是在应力和腐蚀介质的联合作用下加速断裂的。

（5）蠕变断裂失效　它是蠕变变形失效的进一步发展。

3. 表面损伤失效

表面损伤失效是指零件在工作时由于相对的机械摩擦或受环境介质的腐蚀，或在两者的联合作用下发生的失效。这种失效在零件的表面产生损伤或尺寸变化，主要有磨损失效、腐蚀失效和表面疲劳失效等。

（1）磨损失效　它是指相互接触的、具有相对运动的一对摩擦副零件，在接触表面不断发生损耗或产生塑性变形，使零件表面产生损伤或尺寸减小的失效形式。磨损是零件表面失效的主要原因之一，直接影响了机器的使用寿命。磨损失效的基本类型有磨粒磨损、黏着磨损、冲刷磨损、腐蚀磨损等多种形式。在实际的失效中，往往会遇到几种磨损类型共存的情况。为了降低磨粒磨损，选用的材料应具有较高的硬度，在组织中含有较多的耐磨相；为了减少黏着磨损，应尽量使摩擦副的配对材料不属于同一种类型，并使摩擦系数尽可能小。

（2）腐蚀失效　它是指材料受环境介质的化学或电化学作用而产生的表面及其附近的损耗。它包括了均匀腐蚀、点腐蚀、晶间腐蚀等。均匀腐蚀是指整个表面均匀发生腐蚀，它可在大气、液体及土壤里发生。点腐蚀是指集中于局部的腐蚀，呈尖锐小孔，有时可纵深扩展成为空穴，甚至穿透零件造成孔蚀；点腐蚀主要是由于电化学反应引起的。晶间腐蚀易发生于晶界上或晶界周围，它会使零件的力学性能显著下降以至酿成突然事故，危害很大。不锈钢、镍合金、铝合金、镁合金及钛合金均可在某种特定环境介质下产生晶间腐蚀。

（3）表面疲劳失效　它是指两个接触面滚动时，在交变接触应力的作用下，材料的表面疲劳而产生材料损失（如麻点、剥落）的现象。车辆的齿轮副、凸轮副、滚动轴承的滚动体与座圈、火车轮箍和钢轨之间都容易产生表面疲劳失效。要避免表面疲劳失效，就要对表面采用各种强化处理技术，例如表面淬火、化学热处理及其他表面技术。

课题二　零件的选材原则

汽车零件材料的选择首先必须遵循一般的工程材料选择原则。选择适合的材料是设计和制造产品的必要条件。

一、使用性能原则

零件的使用性能主要指零件在使用状态下应具有的力学性能、物理性能和化学性能。满足使用性能是保证零件完成规定功能的必要条件。在大多数情况下，它是选材首先要考虑的问题。

零件的使用性能的要求中，在使用状态下的力学性能要求是对零件的最重要的要求，是保证零件经久耐用的决定性条件。它一般是在分析零件工作条件和失效形式的基础上提出的。因此，通过对零件工作条件和失效形式的全面分析，可确定零件对使用性能的具体要求。

由于工况不同，零件的工作条件是复杂的。从载荷性质来分，有静载荷、动载荷；从受力状态来分析，有拉、压、弯、扭应力，还有交变应力；从工作温度来分，有低温、室温、高温、交变温度等；从环境介质来看，有加润滑剂的，有接触酸、碱、盐、海水、粉尘的等。此外，有时还要考虑物理性能方面的要求，例如电导性、磁导性、热导性、热膨胀性、辐射等。

表 5-3 举出了几种常用零件的工作条件、失效形式和所要求的主要力学性能。

表 5-3　几种常用零件的工作条件、失效形式和所要求的主要力学性能

零件	工作条件			常见的失效形式	要求的主要力学性能
	应力类型	载荷性质	受载状态		
紧固螺栓	拉、剪	静载		过量变形断裂	强度、塑性
传动轴	弯、扭	循环、冲击	轴颈摩擦、振动	疲劳断裂、过量变形、轴颈磨损	综合力学性能
传动齿轮	压、弯	循环、冲击	摩擦、振动	轮齿折断、磨损、疲劳断裂、塑性变形	表面高强度及疲劳极限、心部强度、韧性
滚动轴承	压	循环	摩擦	过度磨损、疲劳点蚀、塑性变形	抗压强度、疲劳极限
弹簧	扭、弯	交变、冲击	振动	弹性失稳、疲劳破坏	弹性极限、屈强比、疲劳极限
冷作模具	复杂应力	交变、冲击	强烈摩擦	磨损，脆断	硬度、足够的强度、韧性

材料的各项力学性能指标可满足零件不同的使用要求。例如，材料的刚性和屈服强度是

保证零件在使用时不产生过量变形的前提；材料的硬度是满足耐磨性的重要指标，耐磨零件应选择具有较高硬度的材料；为防止零件的疲劳破坏，材料应具有较高的强度和韧度。对于一些零件，还会以一些特殊的物理、化学性能作为零件的使用要求。在确定了零件的具体力学性能指标和数值以后，即可查阅各种机械手册进行选材。

应当指出，当以强度为主要依据选材时，还应考虑构件所承受的载荷与其重量之比。此时选材的参数为比强度 R_{eL}/ρ，当 R_{eL}/ρ 值最大时，构件重量最小。所以，在给定外载条件下，当材料的密度接近时，应选用屈服强度高的材料。此外，强度对材料的组织很敏感，因此在选材时既要按强度要求选用合适的材料，又必须确定适当的热处理工艺。

二、工艺性能原则

材料的工艺性能指材料加工的难易程度。在选材时，同使用性能相比较，材料的工艺性能一般处于次要地位，但在某些特殊情况下，工艺性能也可成为选材考虑的主要依据。例如，在大批量切削加工生产中，为了保证材料的可加工性，往往选用易切削钢。

因此，选材时必须考虑材料的工艺性能，使所选材料的工艺性能满足生产工艺的要求。有时，尽管某一可选材料的性能很理想，但极难加工或加工成本很高，在这种情况下，选用该种材料是不现实的。例如，高分子材料的成型工艺虽然比较简单，但它的导热性较差，若需要采用切削加工，在切削过程中不易散热，易使零件温度急剧升高，可能使热固性塑料变焦，使热塑性材料变软；陶瓷材料在压制、烧结成形后，硬度极高，除了可用碳化硅或金刚石砂轮磨削外，几乎不能进行任何其他加工；金属材料选材时，若是采用铸造成形，最好选用共晶或接近共晶成分的合金；若是锻造成形，则最好选用呈固溶体的合金；若是焊接成形，则最适宜的材料是低碳钢或低碳合金钢。

总之，选材时应当尽量使材料所要求的工艺性能与零件生产的加工工艺路线方法相适应。钢铁材料的加工工艺路线如图 5-1 所示。具体的工艺性能就是从工艺路线中提炼出来的。

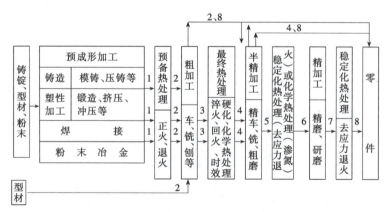

图 5-1　钢铁材料的加工工艺路线

金属材料的工艺性能与其工艺路线密切相关。由图 5-1 可看出，金属材料工艺路线的变化较多，它不仅影响了零件的成形，还大大影响其最终性能。金属材料的工艺路线大致可分为以下 3 类。

(1) 性能要求不高的一般零件　其工艺路线多选用图 5-1 中的 1、2、8 路线。其工艺路线：

毛坯→预备热处理（正火或退火）→粗加工→零件。

采用这种工艺的零件多选用普通的铸铁和碳钢制造，它们的工艺性能较好，便于加工。

(2) 性能要求较高的零件　其工艺路线多选用图 5-1 中的 1、2、3、4、8 路线。其工艺路线：

毛坯→预备热处理（正火或退火）→粗加工→最终热处理（淬火、回火、时效硬化、化学处理等）→半精加工→零件。

采用这种工艺路线的零件多是采用合金钢、高强铝合金制造的轴、齿轮等零件。它们的工艺相对复杂，必须采用预备热处理改善零件的可加工性，为切削加工做好准备。

(3) 要求较高的精密零件　其工艺路线多选用图 5-1 中的 1、2、3、4、5、6、7、8 路线。其工艺路线：

毛坯→预备热处理（正火或退火）→粗加工→最终热处理（淬火、低温回火、时效硬化、化学热处理等）→半精加工→稳定化处理（渗氮）→精加工→稳定化热处理→零件。

采用这种工艺路线的零件有车床中的精密丝杠、镗床主轴等，多采用高合金钢制造。这类零件除了要求有较高的使用性能以外，还要有较高的尺寸精度和较小的表面粗糙度，加工路线复杂，所选用材料的工艺性能应充分予以保证。

三、经济性原则

材料的经济性是选材的根本原则。采用便宜的材料，把总成本控制至最低，取得最好的经济效益，使产品在市场上具有竞争力，始终是零件设计的重要任务之一。材料的经济性一般从材料的成本、零件的总成本和资源等方面考虑。

材料的成本为直接成本，在产品的总成本中占有相当的分量。在以强度为主要指标进行选材时，常常根据强度和成本来比较材料。例如，在轿车零件选材时，要求重量轻、强度高，这可根据材料的比强度（R_{eL}/ρ）来比较候选材料。在满足使用要求的前提下，尽量选用低成本材料，并把必须使用的贵重金属材料减少到最低限度。值得一提的是，许多优异性能的高分子材料，在一些场合可以替代金属材料，这样既降低了成本，又减轻了重量。例如，利用高密度聚乙烯替代钢板制造燃油箱；采用 SMC 片状玻璃纤维增强塑料替代钢板制造车身外板件，具有相当的竞争力；采用聚甲醛塑料替代轴承钢制造的 4t 载重汽车用底盘衬套轴承，汽车可行驶 1 万 km 不用加油维护。

一般来说，零件的总成本与其使用寿命、重量、加工费用、研究费用、维修费用和材料的价格密切相关。如果能准确地知道零件总成本与上述各因素之间的关系，就可以将其对材料选材的影响做出比较精确的判断。但在大多数情况下，要做出完整详尽的分析是比较困难的，只能尽可能利用一切可能得到的资料，逐项分析，尽可能地降低零件的总成本。

此外，选材时还要立足于国家的资源，要考虑材料的来源是否丰富、生产该种材料所耗能源的多少、对环境是否有影响等诸多因素。

课题三　典型汽车零件的选材

零件的合理选材对产品有着重要的意义。下面通过几个典型汽车零件的选材和工艺路线的选择，了解零件的选材方法。

一、零件选材的一般方法

零件的一般选材步骤如图 5-2 所示，主要分为以下几步：

1）周密分析零件的工作特性和使用条件。通过分析，找出主要失效形式，从而恰当地提出主要力学性能指标。

2）根据零件的工作条件，提出必要的设计制造技术条件。

3）根据所提出的技术条件和要求，综合考虑工艺性、经济性，对材料进行预选择。材料的预选择通常通过与相类似机器零件的比较和实践经验的判断来选择，或者通过各种材料选用手册来进行选择。

4）对预选方案材料进行计算，以确定是否能满足上述工作条件要求。

5）进行二次（或最终）选择。选择方案可以是若干种方案。

6）通过实验室试验、台架试验和工艺性能试验，最终确定合理选材方案。

7）在中试生产的基础上，接受生产考验，以检验选材是否合理。

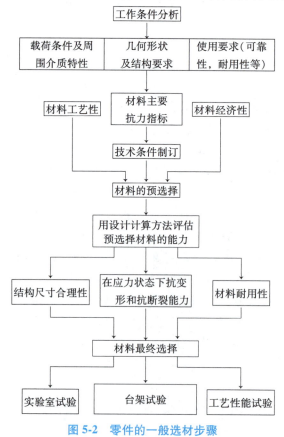

图 5-2　零件的一般选材步骤

二、汽车的主要构成

现代汽车的结构比较完善，是由许多机构和装置组合而成的，大多数汽车的总体构造及其主要机构的构造和作用原理大体上是一致的。常用汽车的总体构造基本上由以下4个部分组成：发动机、底盘、车身、电气设备。货车总体构造如图5-3所示。

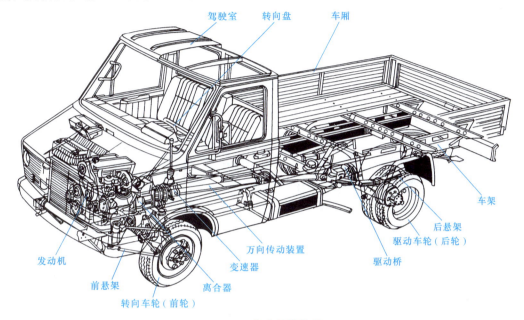

图 5-3　货车总体构造

1. 发动机

发动机是汽车的动力装置，是汽车的"心脏"。其作用是使供入其中的燃料燃烧而发出动力，通过底盘传动系统驱动汽车行驶。发动机主要由气缸体、气缸盖、活塞、连杆、曲轴及配气系统、燃料供给系统、润滑系统、冷却系统等组成。

2. 底盘

底盘接受发动机发出的动力，使汽车得以正常行驶。底盘将汽车各总成、部件连接成为一个整体，并具有传动、转向、制动等功能。底盘主要包括传动系统（离合器、变速器、后桥等）、行驶系统（车架、车轮等）、转向系统（转向盘、转向蜗杆等）和制动系统（油泵或气泵、制动片等）4大系统。

3. 车身

车身用以安置驾驶人、乘客和货物。通常，货车车身由驾驶室、车厢等组成；客车、轿车则由车身结构件、车身覆盖件、车身外装件、车身内装件和车身附件等总成或零件组成。

4. 电气设备

汽车电气设备主要包括电源、发动机的起动系统和点火系统、照明系统、信号系统、电子控制设备等。在现代汽车中，电子技术配备有了飞跃性的发展。目前，在汽车上，尤其是在轿车上，较普遍地使用了电控点火、发动机动力输出控制（EPC）、发动机电控喷射系统、防抱死制动系统（ABS）、安全气囊系统（SRS）、自动诊断装置等电子设备，大大提高了轿车的可靠性和安全性。

三、典型汽车零件的选材及工艺路线

下面以几个典型汽车零件为例,介绍汽车典型零件的选材步骤。

1. 汽车齿轮的选材

汽车齿轮的选材要从齿轮的工作条件、失效形式及其对材料性能的要求等方面综合考虑。汽车变速齿轮如图 5-4 所示。

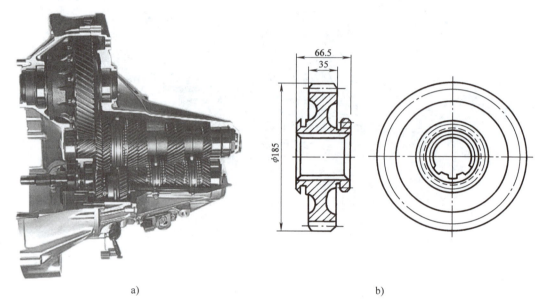

　　　　　　　　　　a)　　　　　　　　　　　　　　　　　b)

图 5-4　汽车变速齿轮

a)汽车变速器　b)汽车变速器齿轮

(1) 汽车齿轮的工作条件　汽车齿轮主要分装在变速器和差速器中。在变速器中,齿轮改变发动机、曲轴和主轴齿轮的速比;在差速器中,齿轮增加转矩,调节左、右轮的转速。全部发动机的动力均通过齿轮传给车轴,推动汽车运行。所以,汽车齿轮受力较大,受冲击频繁,对其耐磨性、疲劳极限、心部强度以及冲击韧度等的要求比一般机床齿轮的要高。齿轮工作时的受力情况:由于传递转矩,齿根承受很大的交变弯曲应力;换档、起动或啮合不均匀时,齿部承受一定冲击载荷;齿面相互滚动或滑动接触,承受很大的接触应力及摩擦力作用。

(2) 汽车齿轮的主要失效形式　按照工作条件的不同,汽车齿轮的失效形式见表 5-4。

表 5-4　汽车齿轮的主要失效形式

失效形式	失效表现
疲劳断裂	主要从根部发生,这是齿轮最严重的失效形式,常常一齿断裂会引起数齿甚至所有齿的断裂
齿面磨损	由于齿面接触区摩擦,使齿厚因磨损变小
齿面接触疲劳破坏	在交变接触应力作用下,齿面产生微裂纹。微裂纹的发展会引起点状剥落(亦称麻点、点蚀)
过载断裂	主要是冲击载荷过大造成的断齿

（3）对汽车齿轮的性能要求　根据工作条件及失效形式的分析，可以对齿轮材料提出如下性能要求：

1）高的抗弯强度和疲劳极限。

2）高的接触疲劳极限、耐磨性。

3）较高的强度和冲击韧度。

4）较好的热处理性能，热处理变形小。

（4）典型汽车齿轮选材　在我国应用最多的汽车齿轮用材是合金渗碳钢 20Cr 或 20CrMnTi（经渗碳、淬火和低温回火）。渗碳后其表面碳含量大大提高，保证淬火后得到高硬度，提高耐磨性和接触疲劳极限。合金元素可提高淬透性，淬火、回火后可使心部获得较高的强度和足够的冲击韧度。为了进一步提高齿轮的使用寿命，渗碳、淬火、回火后，还可采用喷丸处理，增大表面压应力，有利于提高疲劳极限并清除氧化皮。

（5）合金渗碳齿轮的工艺路线　一般的齿轮加工工艺路线：

下料→锻造→正火→切削加工→渗碳、淬火及低温回火→喷丸→磨削加工。

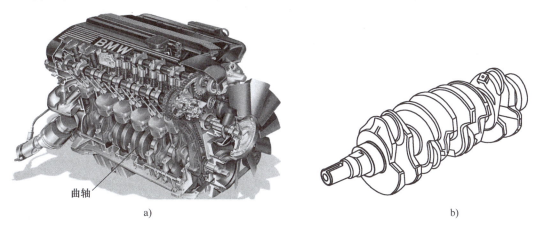

图 5-5　汽车发动机曲轴

a）宝马发动机　b）发动机曲轴

2. 汽车发动机曲轴的选材

汽车发动机曲轴是汽车发动机中形状复杂的重要零件之一，如图 5-5 所示。

（1）汽车发动机曲轴的工作条件　汽车发动机曲轴的作用是输出动力，并带动其他部件运动。曲轴在工作中受到弯曲、扭转、剪切、拉压、冲击等交变应力。而且，曲轴的形状极不规则，其上的应力分布极不均匀；曲轴颈与轴承发生滑动摩擦。

（2）曲轴的主要失效形式　由上述受力情况可知，曲轴的主要失效形式是疲劳断裂和轴颈严重磨损两种。

（3）对曲轴的性能要求　根据曲轴的破坏形式，要求曲轴具有以下几方面的性能：

1）高强度。

2）一定的冲击韧度。

3）足够的抗弯强度、扭转强度、疲劳极限。

4）足够的刚度。

5）轴径表面有高的硬度和耐磨性。

（4）典型曲轴的选材　实际生产中，可按照制造工艺，将汽车发动机曲轴分为锻钢曲轴和铸造曲轴。锻钢曲轴一般采用优质中碳钢和中碳合金钢制造，例如30、45、35Mn2、40Cr、35CrMo等。铸造曲轴主要由铸钢、球墨铸铁、珠光体可锻铸铁及合金铸铁等制造，例如ZG230-450、QT600-3、QT700-2、KTZ450-5、KTZ500-4等。

（5）曲轴典型的工艺路线　根据材质不同，曲轴的工艺路线可分为以下两类：

1）铸造曲轴的工艺路线：

铸造→高温正火→高温回火→切削加工→轴颈气体渗碳。

2）锻钢曲轴的工艺路线：

下料→模锻→调质→切削加工→轴颈表面淬火。

3. 汽车钢板弹簧的选材

汽车钢板弹簧的结构如图5-6所示。

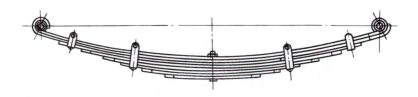

图5-6　汽车钢板弹簧的结构

（1）汽车钢板弹簧的工作条件　汽车钢板弹簧用于缓冲和吸振，承受很大的交变应力和冲击载荷。

（2）汽车钢板弹簧的主要失效形式　主要失效形式为刚度不足引起的过度变形或疲劳断裂。

（3）对汽车钢板弹簧的性能要求　要求汽车钢板弹簧材料有较高的屈服强度和疲劳极限。

（4）典型钢板弹簧选材　汽车钢板弹簧一般选用弹性高的合金弹簧钢来制造，例如65Mn、65Si2Mn钢等。对于中型或重型汽车，钢板弹簧还采用50CrMn、55SiMnVB钢；对于中型载货汽车用的大截面积钢板弹簧，则采用55SiMnMoV、55SiMnMoVNb钢制造。

（5）钢板弹簧的工艺路线　一般采用如下加工工艺路线：

热轧钢板冲裁下料→压力成形→淬火→中温回火→喷丸强化。

喷丸强化也是对钢板弹簧进行表面强化的重要手段，目的是提高钢板弹簧的疲劳极限。

四、常见汽车零件的选材

汽车零件以冷冲压零件和结构零件居多，下面就这两类零件的选材作简单的介绍。

（一）汽车结构零件材料

汽车结构零件多为发动机零件和底盘零件，一般采用钢铁材料居多，一些零件还采用了有色金属合金和粉末冶金材料。汽车发动机和传动系统简图如图5-7所示。汽车发动机零件和汽车底盘零件用材情况见表5-5、表5-6。

项目五　汽车零件的选材

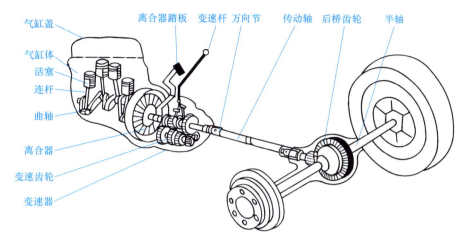

图 5-7　汽车发动机和传动系统简图

表 5-5　汽车发动机零件用材情况

代表零件	材料种类及牌号	使用性能要求	主要失效方式	热处理及其他方式
气缸体、气缸盖、飞轮、正时齿轮	灰铸铁：HT200	刚度、强度、尺寸稳定性	产生裂纹、孔臂磨损、翘曲变形	不处理或去应力退火。也可用ZL104铝合金做气缸体、气缸盖，固溶处理后时效
气缸套、排气门座等	合金铸铁	耐磨性、耐热性	过量磨损	铸造状态
曲轴等	球墨铸铁：QT600-2	刚度、强度、耐磨性	过量磨损、断裂	表面淬火、圆角滚压、渗氮，也可以用锻钢件
活塞销等	渗碳钢：20、20Cr、18CrMnTi、12Cr2Ni4	强度、冲击韧度、耐磨性	磨损、变形、断裂	渗碳、淬火、回火
连杆、连杆螺栓、曲轴等	调质钢：45、40Cr、40MnB	强度、疲劳极限、冲击韧度	过量变形、断裂	调质、探伤
各种轴承、轴瓦	轴承钢、轴承合金	耐磨性、疲劳极限	磨损、剥落、烧蚀破裂	不热处理（外购）
排气门	高铬耐热钢：4Cr10Si2Mo、4Cr14-Ni14W2Mo	耐热性、耐磨性	起槽、变宽、氧化烧蚀	淬火、回火
气门弹簧	弹簧钢：65Mn、50CrVA	疲劳极限	变形断裂	淬火、中温回火
活塞	高硅铝合金：ZL108、ZL110	耐热强度	烧蚀、变形、断裂	固溶处理及时效
支架、盖、罩、挡板、油底壳等	钢板：A3、08、20、16Mn	刚度、强度	变形	不热处理

表 5-6 汽车底盘零件用材情况

代表零件	材料种类及牌号	使用性能要求	主要失效方式	热处理及其他方式
纵梁、横梁、钢圈等	钢板：25、16Mn	强度、刚度、韧性	弯曲、扭斜、铆钉松动、断裂	要求用冲压工艺性能好的优质钢板
前桥（前轴）转向节臂（"羊角"）、半轴等	调质钢：45、40Cr、40MnB	强度、韧性、疲劳极限	弯曲变形、扭转变形、断裂	模锻成形、调质处理、圆角滚压、无损探伤
变速器齿轮、后桥齿轮等	渗碳钢：20、CrMnTi、40MnB	强度、耐磨性、接触疲劳极限及断裂强度	麻点、剥落、齿面过量磨损、变形、断齿	渗碳（渗碳层深度0.88mm以上）、淬火、回火，表面硬度58~62HRC
变速器壳、离合器壳	灰铸铁：HT200	刚度、尺寸稳定性、一定的强度	产生裂纹、轴承孔磨损	去应力退火
后桥壳等	可锻铸件：KT350-10 球墨铸铁 QT400-10	刚度、尺寸稳定性、一定的强度	弯曲、断裂	后桥还可用优质钢板冲压后焊接，或用铸钢
钢板弹簧	弹簧钢：65Mn、60Si2Mn、50CrMn、55SiMnVB	耐疲劳、冲击和腐蚀	折断、弹性减退、弯度减小	淬火、中温回火、喷丸强化
驾驶室、车厢罩等	08钢板、20钢板	刚度、尺度稳定性	变形、开裂	冲压成形
分泵活塞、油管	有色金属：铝合金、纯铜	耐磨性、强度	磨损、开裂	

1. 发动机气缸体选材

发动机气缸体是发动机的骨架和外壳，在气缸体内、外安装着发动机主要的零部件。汽车发动机气缸体结构如图 5-8 所示。气缸体在工作时要承受燃气压力的拉伸和燃气压力与惯性力联合作用下的扭转和弯曲以及螺栓预紧力的综合作用，会使气缸体产生横向和纵向的变形，超过许用值时将影响与机座相连部件的可靠性和工作能力。尤其是活塞、连杆和曲轴等零件的工作可靠性和耐磨性会受到严重影响，并导致发动不能正常运转。因此气缸体材料必须具有良好的铸造性、可加工性、价格低廉。气缸体常用的材料有灰铸铁和铝合金两种。铝合金的密度小，但刚度差、强度低、价格高。所以，除了某些发动机为减轻重量而采用铝合金外，一般气缸体材料均用灰铸铁。

2. 发动机气缸套选材

发动机的工作循环是在气缸内完成的。气缸内与活塞接触的内壁面，由于直接承受燃气的冲刷，并与活塞存在着一定压力的高速相对运动，使气缸内壁受到强烈的摩擦，会造成磨损。气缸内壁的过量磨损是造成发动机大修的主要原因之一。因此，气缸体一般采用普通铸

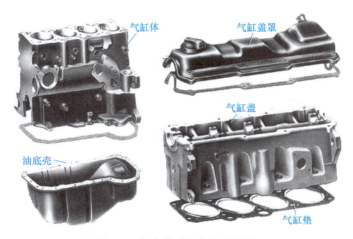

图 5-8　汽车发动机气缸体结构

铁或铝合金，而气缸工作面则用耐磨材料，制成气缸套镶入气缸。

常用气缸套材料为耐磨合金铸铁，主要有高磷铸铁、硼铸铁、合金铸铁等。为了提高气缸套的耐磨性，可以用镀铬、表面淬火、喷镀金属钼或其他耐磨合金等方法对气缸套进行表面处理。

3. 活塞组选材

活塞、活塞销和活塞环等零件组成活塞组（图 5-9），与气缸体、气缸盖配合形成一个容积变化的密闭空间，以完成内燃机的工作过程；同时，它还承受燃气作用力并通过连杆把力传给曲轴输出。活塞组工作条件十分苛刻，在工作中受到周期性变化的高温、高压燃气作用，工作温度最高可达 2000℃，并在气缸内做高速往复运动，产生很大的惯性载荷。活塞在传力给连杆时，还承受着交变的侧压力。对活塞用材料的要求是热强度高、导热性好、吸热性差、膨胀系数小，减摩性、耐磨性、耐蚀性和工艺性好等。

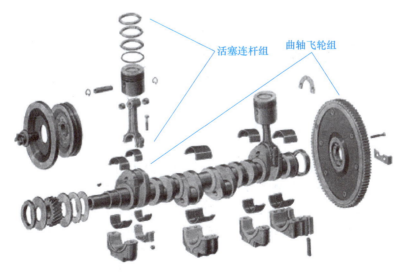

图 5-9　活塞连杆组

常用的活塞材料是铝硅合金。铝合金的特点是导热性好、密度小；硅的作用是使膨胀系数减小，耐磨性、耐蚀性、硬度、刚度和强度提高。铝硅合金活塞需进行固溶处理及人工时效处理，以提高表面硬度。

由于经活塞销传递的力高达数万牛顿，且承受交变载荷，这就要求活塞销材料应有足够的刚度、强度及耐磨性，还要求外硬内韧，同时具有较高的疲劳极限和冲击韧度。活塞销材料一般采用20、20Cr、18CrMnTi等低碳合金钢。活塞销外表面应进行渗碳或液体碳氮共渗处理，以满足外表面硬而耐磨、材料内部韧而耐冲击的要求。

活塞环材料应具有耐磨性好、易磨合、韧性好以及良好的耐热性、导热性和易加工性等性能特点。目前活塞环材料一般多用以珠光体为基的灰铸铁或在灰铸铁基础上添加一定量的铜、铬、钼及钨等合金元素的合金铸铁，也有的采用球墨铸铁或可锻铸铁。为了改善活塞环的工作性能，活塞环宜进行表面处理，目前应用最广泛的是镀铬，可使活塞环的使用寿命比不做处理的提高2~3倍。其他表面处理的方法还有喷钼、磷化、氧化、涂敷合成树脂等。

4. 气门选材

气门的主要作用是打开和关闭进、排气道（图5-10）。气门在工作时，需要承受较高的机械负荷和热负荷，其中排气门工作温度高达650~850℃。另外，气门头部还承受气压力及落座时因惯性力而产生的相当大的冲击。对气门的主要要求是保证燃烧室的气密性。气门材料应选用耐热、耐蚀、耐磨的材料。进、排气门工作条件不同，材料的选择也不同。进气门一般可用40Cr、35CrSi、38CrSi、42Mn2V等合金钢制造；排气门要求用高铬耐热钢制造，采用4Cr10Si2Mo作为气门材料时工作温度可达550~650℃。

图5-10 汽车发动机气门

5. 半轴选材

汽车半轴是驱动车轮转动的直接驱动零件，也是汽车后桥中的重要受力部件，汽车驱动桥和半轴结构如图5-11所示。汽车运行时，发动机输出的转矩经过变速器、差速器和减速器传给半轴，再由半轴传给车轮，推动汽车行驶。半轴在工作时主要承受转矩、交变弯曲以及一定的冲击载荷。因此，要求半轴材料具有高的抗弯强度、疲劳极限和较好的韧性，即有较高综合力学性能。通常选用调质钢制造半轴。中、小型汽车的半轴一般采用45钢、40Cr制造，重型汽车采用40MnB、40CrNi或40CrMnMo等淬透性较高的合金钢制造。半轴加工中常采用喷丸处理及滚压凸缘根部圆角等强化方法。

6. 螺栓、铆钉等联接零件选材

汽车结构中的螺栓和铆钉等冷镦零部件，主要起联接、坚固、定位以及密封汽车各零部件的作用。在汽车行驶过程中，由于螺栓连接的零部件不同，而这些零部件所受的载荷各不相同，故不同螺栓的应力状态也不相同：有的承受弯曲或切应力；有的承受反复交变的拉应力和压应力；也有的承受冲击载荷；或同时承受上述几种载荷。此外，由于螺栓的结构及其所传递的载荷的特性，螺栓具有很高的应力集中。因此，应根据螺栓的受力状态合理地选材。

图 5-11　汽车驱动桥和半轴结构

（二）汽车冷冲压零件材料

在汽车零件中，冷冲压零件种类繁多，占总零件数的 50%～60%。汽车冷冲压零件采用的材料有钢板和钢带，其中主要是钢板，包括热轧钢板和冷轧钢板，例如钢板 08、20、25 和 16Mn 等。热轧钢板主要用来制造一些承受一定载荷的结构件，例如保险杠、制动盘、纵梁等。这些零件不仅要求钢板具有一定刚度、强度，而且还要求钢板具有良好的冲压成形性能。

冷轧钢板主要用来制造一些形状复杂、受力不大的机器外壳、驾驶室、轿车的车身等覆盖零件。这些零件对钢板的强度要求不高，但却要求它具有优良的表面质量和良好的冲压性能，以保证高的成品合格率。

加工性能良好、强度（屈服强度和抗拉强度）高的薄钢板——高强度钢板可降低汽车自重、提高燃油经济性，因而在汽车上获得应用，例如已用于制造车身外面板（包括车顶、前脸、后围、发动机罩、车门、行李舱等）、保险杠、横梁、边梁、支架等。高强度钢板在轿车中的使用部位如图 5-12 所示。

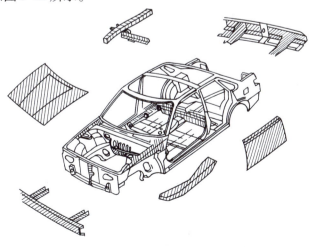

图 5-12　高强度钢板在轿车中的使用部位

项目小结

1. 根据零件损坏的特点、所受载荷类型及外在条件，零件失效的类型可归纳为变形、断裂与表面损伤3种。引起失效的具体原因是多种多样的，但大体可以分为设计、材料、加工和安装使用4个方面

2. 工程材料的选择一般遵循以下3个原则：

1）使用性能原则。采用所选材料制造的零件在使用过程中应具有良好的力学性能、物理性能和化学性能。

2）工艺性能原则。所选用材料应能够确保零件便于加工。

3）经济性原则。所选用的材料应能使产品具有较低的总成本。

3. 零件选材的一般方法

1）周密分析零件的工作特性和使用条件。通过分析，找出主要失效形式，从而恰当地提出主要力学性能指标。

2）根据零件的工作条件，提出必要的设计制造技术条件。

3）根据提出的技术条件和要求，综合考虑工艺性、经济性，对材料进行预选择。材料的预选择通常通过与相类似机器零件的比较和实践经验的判断来选择，或者通过各种材料选用手册来进行选择。

4）对预选方案材料进行计算，以确定是否能满足上述工作条件要求。

5）进行二次（或最终）选择。选择方案可以是若干种方案。

6）通过实验室试验、台架试验和工艺性能试验，最终确定合理选材方案。

7）在中试生产的基础上，接受生产考验，以检验选材是否合理。

 强化训练

一、选择题

1. 工作条件繁重的汽车连杆螺栓，要求高强度和高的冲击韧度，可选用（　　）制造。
   A. 45　　　B. 40Cr　　　C. 60Si2Mn　　　D. 20CrMnTi

2. 汽车齿轮要求高强度、抗冲击性能好，宜选用（　　）制造。
   A. 45　　　B. 20Cr　　　C. 60Si2Mn　　　D. 20CrMnTi

3. 汽车发动机气门材料应选用耐热、耐蚀、耐磨的材料，其中排气门可选用（　　）。
   A. 45　　　B. 20Cr　　　C. 40Cr10Si2Mo　　　D. 20CrMnTi

4. 汽车板弹簧材料选用（　　）。
   A. HT200　　B. QT400-10　　C. 60Si2Mn　　　D. 20钢板

5. 汽车发动机曲轴选用（　　）制造。
   A. 20Cr　　　B. QT600-3　　　C. 65Mn　　　D. HT250

6. 选择合适材料牌号分别用于制备汽车零件：气缸盖用（　　）；前、后制动鼓用

（　　）；后桥壳用（　　）；发动机摇臂用（　　），曲轴用（　　）。
　　A．HT150　　B．HT200　　C．KTH350-10　　D．QT600-3

二、判断题（正确的画"√"，错误的画"×"）

1. 零件满足使用性能是保证零件完成规定功能的必要条件，是选材首先要考虑的问题。（　　）

2. 转轴工作中承受弯、扭应力作用，容易产生疲劳断裂、过量变形、轴颈磨损失效形式，选材必须考虑综合力学性能。（　　）

3. 选材时，既要按强度要求选用合适的材料，又必须确定材料适当的热处理工艺。（　　）

4. 汽车齿轮选用合金渗碳钢20Cr或20CrMnTi，并经渗碳、淬火、回火后可使心部获得较高的强度和足够的冲击韧度。（　　）

5. 发动机气缸体结构复杂，材料必须具有良好的铸造性、可加工性。（　　）

三、填空题

1. 根据零件损坏的特点、所受载荷类型及外在条件，零件失效的类型可归纳为_____、_____、_____3种。

2. 引起零件失效的具体原因大体可以分为_____、_____、_____和_____4个方面。

3. 工程材料选择一般遵循：_____、_____和_____3个原则。

4. 汽车齿轮的选材要从齿轮的_____、_____及_____等方面综合考虑。

5. 汽车发动机气门在工作时，需要承受较高的机械负荷和热负荷，气门材料应选用_____、_____、_____和耐磨的材料。

四、简答题

1. 零件常见的失效类型有哪些？引起失效的原因是什么？
2. 简述零件的选材原则。
3. 试分析发动机曲轴零件的选材和热处理工艺特点。
4. 结合汽车专业特点，说明选用材料时如何综合考虑材料各方面的性能。

项目六 汽车燃料

项目导入

燃料通常指能够将自身储存的化学能通过化学反应（燃烧）转变为热能的物质，汽车燃料主要有汽油和轻柴油。

随着汽车结构、性能和运行条件的变化，以及国外新型汽车和先进汽车技术等的不断引进，对汽车燃料提出了更高的要求，燃料的新品种、新规格也不断增多，因此了解汽车燃料的性能和规格，掌握汽车燃料使用技术和管理知识，对充分发挥汽车的使用性能、保证运行安全、节约能源、减少环境污染、降低运输成本都有着重要的意义。近年来，随着全球石油危机加剧和人们环境保护意识的增强，多种多样的汽车新能源正在被不断开发。

汽油和轻柴油均为石油产品，本项目将在了解石油基础知识的基础上，重点介绍汽油和轻柴油的性能，以及油料管理基本知识。

学习目标

1. 知识目标

1）了解石油及石油产品的类型及用途。
2）认识汽油、柴油的牌号及其主要使用性能指标。
3）了解汽车新能源的类型及发展趋势。

2. 能力目标

1）能够描述现行应用的汽油、柴油的牌号，能够描述燃油牌号的含义。
2）能够结合汽车的使用要求，总结车用燃油的使用原则和正确使用方法，正确选择和使用汽车燃油牌号对应的燃油。

课题一 石油与石油产品的基础知识

石油及石油产品由于具有高热值、燃烧完全、灰分低、便于储运、使用方便等优点，早在20世纪初就开始广泛应用于工业、农业、交通、电力及国防等各个重要领域。随着石油化工及石油炼制业的发展,石油和石油产品的用途已不仅限于用作燃料(能源)和润滑材料,同时还成为重要的化工原料,深入到国民经济和人民生活的各个领域中。日常生活中所用的塑料、合成纤维、合成橡胶、合成肥料、合成洗涤剂、合成农药的原料中有石油;酒精、甘油、苯、酚、醚、丙、酮、醋酸等重要工业原料也可用石油制取。如今现代汽车燃料、润滑材料的主要来源仍然是石油和石油产品。

石油是非再生能源,储量有限,石油通常深藏于地壳深部,勘探、开采要耗费大量人力、物力和财力。按人均计算,我国的石油资源相当匮乏,因此,提高石油产品的应用效率,最大限度地节约宝贵的石油资源,是一个值得关注的社会问题。

一、石油的基本组成

石油是埋藏于地下的天然矿产物。经过勘探开采出的、未经炼制的石油称为原油。在常温下,石油大都呈流体或半流体状态,颜色多为黑色或深棕色,少数为暗绿、赤褐或黄色,并有特殊气味。石油经过炼制后的成品称为石油产品。

不同产地的石油,其相对密度不相同,但一般都小于1,多在0.8~0.98之间,个别低于0.70。其凝点的差异也较大,有的高达30℃以上,有的低于-50℃。

(一)石油的元素组成

石油在外观和物理性质上存在差异的根本原因是其化学组分不完全相同,石油的主要组成成分是碳和氢。碳氢化合物也简称为烃,烃是石油加工和利用的主要对象。石油中各元素所占比例见表6-1。

表6-1 石油中各元素所占比例

元素	所占比例
碳 氢	83%~87% 11%~14% } 96%~99%(合计)
硫、氧、氮	1%~4%(合计)
镍、钒、铁、钾、钠、钙、镁、铜、铝、氯、碘、磷、砷、硅等	0.003%以下(合计)

石油中含有的硫、氧、氮等元素与碳、氢形成的硫化物、氮化物、氧化物,以及胶质、沥青质等非烃化合物,这些非烃化合物大都对石油的加工及产品质量有不利影响,在石油的炼制过程中应尽可能将它们除去。此外,石油中所含微量的氯、碘、砷、磷、镍、钒、铁、钾等元素,是以化合物的形式存在的,其含量虽小,对石油产品的影响不大,但其中的砷会使催化重整的催化剂中毒,铁、镍、钒会使催化裂化的催化剂中毒。故在进行这类的石油加工时,对原料要有所选择或进行预处理。

(二)石油的烃类组成

石油中的烃类按其结构不同,可分为烷烃、环烷烃、芳香烃和不饱和烃等几类。不同烃类对各种石油产品性质的影响各不相同。

1. 烷烃

烷烃是石油的重要组分,凡是分子结构中碳原子之间均以单键相互结合,其余碳价都为氢原子所饱和的烃称为烷烃。它是一种链状饱和烃,分子结构呈链状,其分子通式

为 C_nH_{2n+2}。

烷烃是按分子中含烃原子的数目为序进行命名的，碳原子数为 1~10 的分别用甲、乙、丙、丁、戊、己、庚、辛、壬、癸表示；10 以上者直接用中文数字表示。例如只含一个碳原子的称为甲烷；含有 16 个碳原子的称为十六烷。这样，就组成了为数众多的烷烃同系物。

烷烃按其结构的不同可分为正构烷烃与异构烷烃两类。凡烷烃分子主碳链上没有支碳链的称为正构烷，有支链结构的称为异构烷。

在常温下，甲烷至丁烷的正构烷呈气态；戊烷至十五烷的正构烷呈液态；十六烷以上的正构烷呈蜡状固态（是石蜡的主要成分）。

由于烷烃是一种饱和烃，故在常温下其化学安定性较好，但不如芳香烃。在一定的高温条件下，烷烃容易分解并生成醇、醛、酮、醚、羧酸等一系列氧化产物。烷烃的密度最小，黏温性最好，是燃料与润滑油的良好组分。

正构烷与异构烷虽然分子式相同，但由于分子结构不同，性质也有所不同。异构烷烃较碳原子数相同的正构烷烃沸点要低，且异构化越严重则沸点降低越显著。另外，异构烷烃比正构烷烃黏度大，黏温性差。正构烷烃因其碳原子呈直链排列，易产生氧化反应，即发火性能好，它是压燃式内燃机燃料的良好组分。正构烷烃的含量也不能过多，否则凝点高，低温流动性差。异构烷由于结构较紧凑，性质安定，虽然发火性能差，但燃烧时不易产生过氧化物，即不易引起混合气爆燃，适用于点燃式内燃机。

2. 环烷烃

环烷烃的化学结构与烷烃有相同之处，它们分子中的碳原子之间均以一价相互结合，其余碳价均与氢原子结合。其碳原子相互连接成环状，故称为环烷烃。由于环烷烃分子中所有碳价都已饱和，因此它是饱和烃，其分子通式为 C_nH_{2n}。环烷烃具有良好的化学安定性，不易氧化变质；其密度较大，自燃点较高，辛烷值居中；一般其须在 400℃ 以上时才能自燃，其抗爆性比正构烷烃高，与大部分异构烷烃的抗爆性能相当。它的燃烧性较好、凝点低、润滑性好，故是汽油、润滑油的良好组分。环烷烃有单环烷烃与多环烷烃之分。润滑油中含单环烷烃多则黏温性能好，含多环烷烃多则黏温性能差。

3. 芳香烃

芳香烃是一种碳原子为环状连接结构，单双键交替的不饱和烃，分子通式有 C_nH_{2n-6}、C_nH_{2n-12}、C_nH_{2n-18} 等。它最初是从天然树脂、树胶或香精油中提炼出来的，具有芳香气味，所以把这类化合物称为芳香烃。芳香烃都具有苯环结构，但芳香烃并不都有芳香味。

芳香烃化学安定性良好，与烷烃、环烷烃相比，其密度最大，自燃点最高（高达 600℃），辛烷值也最高，具有良好的抗爆性，故其为汽油的良好组分。由于其发火性差，十六烷值低，故对于柴油而言是不良组分。润滑油中若含有多环芳香烃，则会使其黏温性显著变坏，故应尽量去除。此外，芳香烃对有机物具有良好的溶解力，故某些溶剂油中需有适当含量，但因其毒性较大，含量应予控制。

4. 不饱和烃

不饱和烃在原油中含量极少，主要是在二次加工过程中产生的。热裂化产品中含有较多的不饱和烃，主要是烯烃，也有少量二烯烃。

烯烃较相当的烷烃缺少氢原子，不能满足碳的四价需要，所以分子中碳与碳原子之间有双键连接，为不饱和烃。有一个双键的称为烯烃，分子通式是 C_nH_{2n}；有两个双键的为二烯烃，分子通式是 C_nH_{2n-2}。

烯烃的化学安定性差，易氧化生成胶质，但辛烷值较高，凝点较低。故有时也将热裂化馏分（含有烯烃、二烯烃）掺入汽油中以提高其辛烷值；掺入柴油中以降低其凝点。因烯烃安定性差，这类掺兑产品均不宜长期储存，掺有热裂化馏分的汽油还应加入抗氧防胶剂。

不饱和烃对于大多数石油产品都不是理想成分，因为它在氧化时会形成胶质和有机酸。石油产品中所含的不饱和烃成分，主要是在裂化加工过程中烷烃、环烷烃分解而生成的，可通过精制石油产品把它们去掉。

（三）石油中的非烃化合物

石油中含有一些非烃化合物，其含量虽少，但它们对石油产品的使用性能和石油的加工却有很大的影响，是燃料和润滑油的有害成分，因此在石油的炼制过程中，应尽可能将它们去除。非烃化合物主要包括含硫化合物、含氧化合物、含氮化合物、胶质和沥青质。

1. 含硫化合物

含硫化合物包括硫化氢（H_2S）、硫醇（RSH）、硫醚（RSR'）、二硫化物（RSSR'）、环硫醚、噻吩及其同系物等。

汽车燃料中的硫化物能促使燃料分解，氧化生胶，减低燃料的使用性能和安定性。同时硫化物在高温下分解产生腐蚀性很强的硫化氢（H_2S）和二氧化硫（SO_2），会腐蚀零件、污染环境，危害人体健康。此外，二氧化硫遇水能生成亚硫酸、硫酸等强酸，产生"第二类腐蚀"，严重腐蚀发动机零件。特别是当发动机在温度较低的状况下起动及运行时，这类腐蚀作用将更加严重。因此，石油中的硫含量尽管不高，但对石油产品的危害却很大，特别是对于汽车用燃料和润滑材料，它的危害作用更加不能忽视。

2. 含氧化合物

石油中含氧化合物可分为酸性氧化物和中性氧化物两种。酸性氧化物有环烷酸、脂肪酸和酚类，总称为石油酸。中性氧化物有醛、酮等，它们在石油中含量一般极少，在千分之几的范围内。

酸性氧化物中，环烷酸约占90%，环烷酸在石油中的分布规律很特殊，在中间馏分（250~350℃）的含量高，汽油、润滑油中含量少，多集中在柴油中。它的化学性质与脂肪酸相似，是典型的一元羧酸，具有普通羧酸的一切性质。在中和时，环烷酸很容易生成各种盐类，其中碱金属的盐能很好地溶解于水。环烷酸能对金属产生腐蚀，它的存在对石油产品是有害的，是精制时需要清除的对象。

3. 含氮化合物

石油中的含氮化合物可分为碱性和非碱性两类。碱性氮化物含量较多，例如吡啶、喹林、异喹林和吡啶的同系物。非碱性氧化物主要有吡咯、吲哚咔唑及它们的同系物、金属的卟啉化合物。

含氮化合物的性质很不安定，容易氧化叠合生成胶质，影响石油产品的使用性能。燃料中若有较高的含氮量，燃烧时会产生难闻的臭味。

4. 胶质和沥青质

石油中的非烃化合物主要是胶质和沥青质，其含量在石油中可达百分之十几到四十几。胶质、沥青质是石油中结构最复杂、分子量最大的物质，组成中除含有碳、氢外，还含有硫、氧、氮等元素。胶质是树脂状黏稠物质，呈深黄色至棕色。沥青质是非晶态粉末，呈深褐色或黑色。石油的颜色与所含胶质、沥青质的数量有关，含量越高，石油的颜色越深。胶质和沥青质没有挥发性，沸点高，混在汽车燃料和润滑材料中可堵塞油路，降低燃料配剂精度，影响燃料正常雾化和燃烧，造成发动机工作不良甚至不能工作。此外，胶质和沥青质大量沉积于活塞环、环槽、活塞顶、气门头等重要零部件表面，易生成积炭并加速零件磨损，致使气门关闭不严，甚至造成卡环、断环、拉缸等严重故障。

石油中的沥青质全部集中在渣油中，在制取高黏度润滑油时，将它从渣油中脱出后，经氧化制成道路、建筑和电器绝缘用沥青。

（四）烃类在石油产品中的分布规律

1. 石油产品的各种馏分

一般采用蒸馏法制取石油制品。石油是一种混合物，没有固定的沸点，各种油品是石油在蒸馏过程中不同沸点的产物。蒸馏分离出来的各种成分，称为馏分。其规律如下：

1）蒸发温度在35~200℃的馏分为汽油。
2）蒸发温度在200~350℃的馏分为煤、柴油。
3）蒸发温度在350~500℃的馏分为润滑油。

烷烃、环烷烃和芳香烃的碳原子个数少，分子量小和环数少的烃都分布在低沸点馏分中；反之，分布在高沸点馏分中。

2. 烷烃、环烷烃和芳香烃在石油产品中的分布规律

烷烃、环烷烃和芳香烃在不同的石油产品中具有不同的分布规律。

1）汽油。异构烷烃体积分数约占21%，正构烷烃体积分数约占29%，即烷烃体积分数约占50%。正构烷烃的碳原子数为C_5~C_{11}，环烷烃和芳香烃多为单环的。
2）柴油。正构烷烃和异构烷烃的体积含量约各占20%。正构烷烃碳原子数为C_{23}~C_{36}，环烷烃、芳香烃环数较多，除单环外，还有双环和三环。
3）润滑油。正构烷烃体积含量约占10%，环烷烃体积含量约占40%。正构烷烃碳原子数为C_{23}~C_{36}，环烷烃均是三环以上。润滑油中芳香烃的环数、侧链数和侧链的长度较柴油均增加，三环以上的芳香烃都分布在润滑油中。

油品中的烃类分布规律不同，油品的使用性能也不同。例如，汽油与轻柴油的密度和自燃点不同。在温度为20℃、气压为100kPa时，汽油的密度为0.74kg/L，轻柴油的密度为0.830kg/L；汽油的自燃点为415~530℃，轻柴油的自燃点为240~400℃。

二、石油产品的提炼及生产方法简介

从地下开采出来的石油不能直接使用，需送至炼油厂加工，生产出各种石油产品，才能满足生产需要。根据各炼油厂主要产品的不同，可分为燃料型、燃料—润滑油型、燃料—化工型3种类型。以下仅介绍燃料—润滑油型石油炼制的基本方法。

1. 燃料—润滑油型石油炼制的基本方法

通常是先将石油进行常压、减压蒸馏，依次分离出汽油、煤油、柴油、重柴油、轻质润滑油、中质润滑油和重质润滑油等各种沸点不同的馏分。上述过程属于物理过程，石油中的烃类化合物在结构上没有发生变化，称为一次加工。

以一次加工得到的各种馏分为原料，按产品质量的要求进一步加工，可生产不同品种、规格的燃料和润滑油等石油产品。在加工过程中会有化学反应发生，且原料中的烃类化合物

在结构上将发生变化,称为二次加工。二次加工有转化工艺和精制工艺之分。属于二次加工中转化工艺的主要有热裂化、催化裂化、加氢裂化、延迟焦化、催化重整和烷基化。属于二次加工中精制工艺的主要有酸碱精制、溶剂精制、加氢精制、润滑油加氢处理、白土补充精制、丙烷脱沥青、脱蜡等。

石油经蒸馏和各种二次加工得到的燃料、润滑油产品大都是半成品,除含有少量杂质(如硫、氧、氮的化合物)外,还含有极不安定的不饱和烃(如二烯烃)。为了保证油品质量,须经精制除去这些不良成分,常用的精制方法有电化学精制、加氢精制、溶剂精制、白土补充精制、脱蜡等。

2. 燃料油与润滑油的调合

调合是生产燃料油与润滑油的最后一道工序,调合的方法分为罐式调合和管道调合两种,我国现阶段大都采用罐式调合。调合的步骤是按计算出来的数量用泵将各组分油从原料油储罐中泵入调合罐,然后加入各种添加剂进行调合。调合高档油品时,添加剂的加入是十分严格的。例如马达法辛烷值70号汽油的调配配方见表6-2。

表6-2 70号汽油调配配方

原 料	直馏汽油	催化裂化汽油	热裂化汽油	焦化汽油	其 他
配比(体积百分数)	11.7	66.3	6.0	4.3	11.7

3. 润滑脂的制备

润滑脂是由基础油、添加剂和稠化剂三部分组成的。润滑脂的制备工艺因其种类不同而各异,但其基本目的是将稠化剂与基础油分散均匀制成均一体系的润滑脂。不同类型的稠化剂和基础油应采用不同的分散方法,选择不同的分散条件。制备皂基润滑脂的工艺过程如图6-1所示,其主要工序过程是皂化、成脂、冷却和研磨。

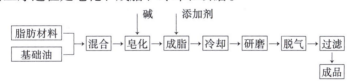

图6-1 制备皂基润滑脂的工艺过程

4. 石油添加剂的作用

随着技术水平的不断提高,机械设备对石油产品的质量和使用性能的要求越来越高。石油由于受其天然组分的局限,单靠提高加工工艺是难以满足使用要求的。为了提高油品质量、改善油品的使用性能,需要加入一些物质,这些可以改善油品一种或多种性能的物质,称为石油添加剂。

石油添加剂按应用场合不同可分为润滑剂添加剂、燃料添加剂、复合添加剂和其他添加剂4类,每类添加剂按作用的不同,可分为若干组。

课题二 汽 油

通常将馏程在30~220℃范围内、可以含有适当添加剂的精制石油馏分称为汽油。根据其用途、品质的不同,汽油可分为车用汽油、航空汽油、工业汽油和溶剂汽油等。航空汽油用于飞机发动机;工业汽油用于工业加工;溶剂汽油供洗涤机件及污染物用。以上3类汽油的性能与车用汽油不同,不能作为汽车发动机燃油使用。习惯上常将车用汽油简称为汽油。

一、汽油的使用性能及评定指标

汽油是汽油机的主要燃料。在汽油机工作时,汽油应能在很短的时间内形成良好的可燃混合气,保证汽油机能在各种条件下可靠起动、平稳运转、正常燃烧,因此其性能对内燃机的动力性、经济性、可靠性和使用寿命有很大的影响。评定车用汽油的主要性能指标有抗爆性、蒸发性、化学安定性、防腐性和清洁性等。

1. 抗爆性及其评定指标

抗爆性是汽油的一项重要的使用性能指标,它表示汽油在发动机燃烧室内燃烧时防止爆燃的能力。

爆燃是发动机工作时的一种不正常现象。在特定的情况下,当混合气已燃烧了2/3~3/4时,由于受到气缸温度、压力上升的影响,未燃部分的混合气中产生大量不稳定的过氧化物,在正常火焰前锋未到达前,由于剧烈氧化而自燃,产生许多火焰中心,火焰传播极快,形成压力脉冲,使气缸内产生清脆的金属敲击声,并引起发动机振动。爆燃会使零件过快磨损、热负荷增加、噪声增大、功率下降、油耗上升,因此爆燃限制了发动机压缩比的提高,使发动机的经济性下降,长时间爆燃还会使发动机过热,甚至使零件损坏。

通常采用汽油辛烷值作为汽油抗爆性的评定指标。

(1) 汽油辛烷值 汽油抗爆性用汽油辛烷值的大小来评价。辛烷值是代表点燃式发动机燃料抗爆性的一个约定数值,缩写成ON(Octane Number)。汽油的辛烷值越高,抗爆性就越好;反之,抗爆性越差。

汽油的辛烷值在实验室常用对比试验的方法测定。在一台专用可变压缩化的单缸试验发动机上,先用被测汽油作为燃料,使发动机在一定的条件下运转,试验中逐步提高发动机的压缩比,直到试验发动机产生标准强度的爆燃为止。然后,在该压缩比下换用由一定比例的异辛烷(一种抗爆燃烧能力很强的碳氢化合物,规定其辛烷值为100)和正庚烷(一种抗爆燃烧能力很弱的碳氢化合物,规定其辛烷值为0)混合而成的标准燃料,使发动机在相同的条件下运转,改变标准燃料中异辛烷和正庚烷的比例,直到单缸机也产生上述标准强度的爆燃为止。此时,标准燃料中异辛烷含量的百分数就是被测汽油的辛烷值。

辛烷值的测定方法分为马达法辛烷值(Motor Octane Number,MON)和研究法辛烷值(Research Octane Number,RON)。马达法的测定条件比较苛刻,发动机转速(900r/min)和混合气进气温度都较高。它能较好反映汽油用于汽车在长途高速行驶、超车或上坡时的抗爆性。研究法测定的辛烷值所对应的发动机转速较低(600r/min),主要是反映汽油用于城市运行汽车经常加速、低速行驶时的抗爆性。由于测定方法不同,同一种汽油用两种方法测得的结果差别很大。用研究法测得的数值比用马达法测得的数值一般高8~10个单位。因此,在引用辛烷值时,应指明所采用的测定方法。例如70/MON表示马达法辛烷值为70;90/RON表示研究法辛烷值为90。

(2) 抗爆指数 为了反映汽油的灵敏度,我国有的汽油规格标准采用了抗爆指数这一指标。它可以较为真实地反映汽油在汽车实际使用中的抗爆性,因此又称为实际辛烷值。由于测试方法复杂,实际辛烷值用抗爆指数表示。它是研究法辛烷值与马达法辛烷值之和的

1/2，即

$$抗爆指数 = \frac{MON+RON}{2}$$

我国原来用马达法辛烷值（MON）作为汽油的抗爆性指标，并以此划分汽油牌号。现在改用研究法辛烷值（RON）。美国从 1970 年开始用抗爆指数代替 RON 作为汽油的抗爆性指标。

（3）提高汽油抗爆性的办法　汽油抗爆性对发动机工作影响很大，所以如何提高汽油辛烷值一直是人们研究的课题，目前主要有以下 3 种方法。

1）采用先进的汽油炼制工艺，以生产出高辛烷值成分多的汽油。若炼制工艺不同，则所获汽油组分的辛烷值也不同。一般而言，用常压蒸馏法获得的汽油组分，含正构烷与环烷烃较多，异构烷、芳香烃与烯烃含量较少，所以辛烷值只有 40~55；用热裂化和焦化法制取的汽油组分，因含有较多的烯烃，辛烷值达 50~65；催化裂化、催化重整和加氢裂化是较先进的二次加工方法，炼出的汽油组分含异构烷烃和芳香烃较多，其辛烷值高达 70 以上。由此可见，采用先进的生产工艺是提高汽油辛烷值的有效途径之一。

2）在汽油中加入抗爆添加剂。常用的抗爆添加剂是四乙基铅，向直馏汽油中加入约 0.13% 的四乙基铅，辛烷值可提高 20~30，也称为加铅汽油。

四乙基铅是一种带水果香味、有剧毒的油状液体，少量四乙基铅进入人体就能引起急性中毒，甚至死亡。为了便于识别，含铅汽油带有一定的颜色（如黄橙色、红色等）。四乙基铅是一种不安定的化合物，在温度、阳光、空气及水的作用下，会分解或氧化，产生白色的氧化铅沉淀使汽油的抗爆性降低。四乙基铅还会随着汽车废气排到大气中，对人体和环境造成很大危害。为了达到日趋严格的汽车排放标准，现代汽车增加了有害排放物净化装置，而铅微粒会吸附在催化剂表面使氧化型和三元型催化转换器中的铂、钯和铑等贵重金属催化剂中毒，从而降低催化剂的净化效果，显著缩短其使用寿命。铅微粒还会使发动机闭环控制中的氧传感器丧失性能。因此含铅汽油是机外净化的一大障碍。目前，我国已禁止含铅汽油的使用，含铅汽油由无铅汽油取代。

3）在汽油中调入辛烷值改善组分——含氧系燃料组分。无铅汽油就是在汽油中不添加四乙基铅抗爆剂，而是添加甲基叔丁基醚（MTBE）或叔丁醇（TBA）等含氧化合物，它们具有辛烷值高、油耗低（调入 10% 后，油耗下降 4%~7%），可改善发动机的低温起动性和加速性，降低有害物质排放等优点。同时，其生产成本不高，因此具有较高的应用价值。

2. 蒸发性及其评定指标

汽油由液态转变为气态的性质称为汽油的蒸发性。

汽油机工作过程中，要求燃料供给系必须在 0.02~0.04s 时间内形成均匀的可燃混合气，因此汽油能否在进气系统形成良好的可燃混合气，汽油的蒸发性能是主要因素。通常评价汽油蒸发性的指标有馏程和饱和蒸气压。

（1）馏程　馏程是油品在规定条件下蒸馏所得到的，以初馏点和终馏点表示其蒸发特征的温度范围。汽油馏程的测定常用馏程测定装置，如图 6-2 所示。其测定过程大致如下：将 100mL 试样汽油倒入烧瓶中，按一定的条件加热，汽油受热蒸发成蒸气，进入冷凝管，经冷凝器冷却后又变为液体汽油流入量筒中。从冷凝管流出第一滴汽油的温度称为初馏点，馏出量为 10mL、50mL、90mL 时的各个温度，分别称为 10%、50%、90% 馏出温度。汽油蒸馏结束时的温度称为终馏点或干点，烧瓶中最后剩下的少量不蒸发物称为残留物。

馏程是汽油的重要质量指标，根据汽油的馏程可以大致判断出汽油中所含轻质馏分和重质馏分的比例。同时根据各馏出温度，还可以判断汽油在发动机各种工况下的使用情况。

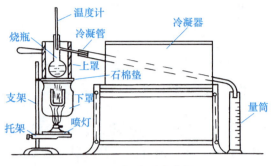

图 6-2　馏程测定装置

10%蒸发温度与发动机冷起动性能有关。该温度低，表明汽油中所含轻质部分低温时容易蒸发，这样就能迅速形成可燃混合气，发动机在低温条件下就容易起动。国家有关标准规定各牌号汽油的10%蒸发温度不高于70℃。但汽油的蒸发性也不是越强越好，夏季时，若汽油蒸发性太强，会导致发动机的油路发生"气阻"现象。"气阻"是燃料供给系统中（油泵和油管）汽油产生蒸气过多，供油量不能满足发动机工作需要的现象，这将导致汽油机功率下降，甚至供油中断。因此一般认为，10%蒸发温度不宜低于65℃。汽油的10%蒸发温度对汽油机低温起动性和高温气阻性的影响如图6-3所示。

50%馏出温度除对汽油机预热升温时间的长短有一定影响外，还直接影响汽油机的加速性及运动的稳定性。50%馏出温度低，说明汽油平均蒸发性好，汽油机起动后能很快升温到正常工作温度，且加速灵敏，运转柔和，保证其最大功率和爬坡能力；反之，50%馏出温度高，当汽油机由低速骤然变为高速时，供油量急剧增加，汽油来不及充分汽化，因而燃烧不完全，使汽油机不能发出应有的功率，甚至熄火。所以，国家标准规定50%馏出温度不高于120℃。

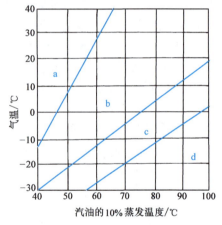

图 6-3　汽油的10%蒸发温度对汽油机低温起动性和高温气阻性的影响

a—产生气阻　b—起动容易
c—起动困难　d—不能起动

90%蒸发温度和终馏点用来判定汽油中难以蒸发的重质成分含量。此温度越低，表明汽油中重馏分含量越少，越有利于可燃混合气均匀分配到各缸，使燃烧更完全。重馏分汽油不易挥发，特别在冬季时，来不及蒸发燃烧的重馏分流到曲轴箱中会稀释润滑油，使润滑油性能变差，从而导致气缸、活塞等零件以及其他配合副机械磨损加剧；同时会造成混合气燃烧不完全，尾气排放污染增加，耗油量增加，汽油机工作不稳定等。因此国家有关标准中规定各牌号汽油90%蒸发温度不高于190℃，终馏点不高于205℃。

汽油在蒸发完毕后，仍有一些残留物，它表示汽油在储存中生成氧化胶状物的含量。这些胶状物会沉积在进气阀和电喷汽油机的喷油器上，破坏发动机的正常工作，所以应严格控制。

（2）饱和蒸气压　在一定温度下，与同种物质液态处于平衡状态的蒸气所产生的压强称为饱和蒸气压。

国内外普遍采用雷德法进行发动机燃料饱和蒸气压的测定。发动机燃料与其蒸气的体积比为1∶4且在38℃时所测出的汽油蒸气的最大压力，称为雷德饱和蒸气压。馏程是反映汽油馏分本身的蒸发性，而饱和蒸气压除反映汽油馏分本身的蒸发性外，还考虑了大气压强和环境温度的影响。汽油的饱和蒸气压越高，汽油所含轻馏分越多，低温下汽油机越容易起动，蒸发性越好。大气压强越低或环境温度越高，汽油饱和蒸气压随之提高。但饱和蒸气压不能过高，过高则易产生"气阻"，影响汽油机的正常工作，同时汽油储存在油罐、燃油箱中的蒸发损失也增大，这不仅浪费汽油，而且增加了对大气环境的污染。为了减少汽油的蒸发损失，现代汽车普遍安装了汽油蒸发吸收装置。

我国汽油质量指标规定，饱和蒸气压春夏季不大于72kPa，秋冬季不大于88kPa。

3. 化学安定性及其评定指标

汽油的化学安定性是指汽油在常温和液态下抵抗氧化生胶的能力，也称为氧化安定性。

汽油的化学安定性主要取决于石油的产地、加工炼制方法以及汽油的组成。安定性不好的汽油在使用过程中受到空气中的氧、环境温度和光等的作用，会发生氧化生成胶质，使汽油颜色变黄并产生黏稠沉淀。这些胶状物黏附在滤清器、汽油管道上，不仅会破坏汽油的正常供给，还会使混合气变稀，耗油率增大。胶状物积聚在进气门头下方，会影响气门的正常启闭和进气通道的截面，如果在高温下进一步氧化，将导致气门上的胶质在高温下分解生成积炭，沉积在活塞顶、活塞环槽、燃烧室壁和火花塞上，使气缸散热不良，发动机过热，引起爆燃和加剧磨损。此外，随着胶质的增多，会使汽油的辛烷值下降，酸度增加。

因此，为了保证汽油机可靠工作，要求车用汽油具有良好的化学安定性。

评定汽油化学安定性的指标是实际胶质和诱导期。

（1）实际胶质　它指在规定条件下测得的发动机燃料的蒸发物，以mg/100mL表示。实际胶质是判断汽油在使用过程中生成胶的倾向，从而决定汽油能否使用和能否继续储存。对于汽油的实际胶质，规定出厂时不大于5mg/100mL；出厂后4个月检查封样时不大于10mg/100mL；油库交付给使用单位时，不大于25mg/100mL。

（2）诱导期　它指在规定的加速氧化条件下，油品处于稳定状态下所经历的时间周期，以min表示。诱导期越长，汽油越不易氧化，生成胶质的倾向越小，其安定性越好，适宜长期储存。一般国产汽油出厂时诱导期为600~800min，在普通条件下储存21个月后，诱导期为400~500min。

4. 防腐性及其评定指标

汽油中引起腐蚀的物质主要是硫分、硫化物、有机酸、水溶性酸和碱等。这些成分对发动机燃料供给系统中的许多金属零件会产生直接或间接的腐蚀作用，因此，国家标准中对汽油的腐蚀性有严格的要求，即汽油应对储油容器和零件无腐蚀性。

评定汽油腐蚀性的指标是硫含量、铜片腐蚀试验、水溶性酸或碱、酸度和博士试验。

5. 清洁性及其评定指标

汽油的清洁性主要指汽油中是否含有机械杂质及水分。炼油厂炼制出的成品汽油中是不含机械杂质和水分的，但在储运及使用过程中，汽油不可避免地受到外界污染，使得机械杂质及水分进入汽油中。机械杂质会加速喷油器的磨损，或堵塞喷油器和汽油滤清器。机械杂质进入燃烧室，会使燃烧室积炭增多，引起气缸、活塞和活塞环的加速磨损。汽油中的水分在低温下易结冰，严重时会堵塞油路，甚至造成供油中断；另外，水分还有加速汽油氧化、加速零件腐蚀的不良作用。

评定汽油清洁性的指标是机械杂质和水分，国外标准中还引入喷油器清洁度、气门清洁度来表示汽油的清洁性。汽油清洁性简易的判断方法是将汽油注入清洁干燥的 100mL 玻璃量筒中目测，如果油色透明并且没有悬浮物和沉淀物以及水分，则认为其合格。

二、汽油的规格

目前我国车用汽油标准执行的是 GB 17930—2016《车用汽油》，车用汽油（Ⅳ）按研究法辛烷值分为 90 号、93 号、97 号 3 个牌号，车用汽油（Ⅴ）、车用汽油（ⅥA）、车用汽油（ⅥB）按研究法辛烷值分为 89 号、92 号、95 号、98 号 4 个牌号。车用汽油（Ⅴ）的质量指标见表 6-3。

表 6-3 车用汽油（Ⅴ）的质量指标

项　目		质量指标			试验方法
		89	92	95	
铅含量/(g/L)	不大于	0.005			GB/T 8020
馏程：					GB/T 6536
10%蒸发温度/℃	不高于	70			
50%蒸发温度/℃	不高于	120			
90%蒸发温度/℃	不高于	190			
终馏点/℃	不高于	205			
残留量（体积分数）（%）	不大于	2			
蒸气压/kPa：					GB/T 8017
11月1日~4月30日		45~85			
5月1日~10月31日		40~65			
胶质含量/(mg/100mL)：					GB/T 8019
未洗胶质含量（加入清净剂前）	不大于	30			
溶剂洗胶质含量	不大于	5			
诱导期/min	不小于	480			GB/T 8018
硫含量/(mg/kg)	不大于	10			SH/T 0689
硫醇（博士试验）		通过			NB/SH/T 0174
铜片腐蚀（50℃，3h）/级	不大于	1			GB/T 5096
水溶性酸或碱		无			GB/T 259
机械杂质及水分		无			目测

三、汽油的选用

选择汽油就是选汽油的辛烷值，即汽油的牌号。选择的汽油牌号过高，会增加费用；选择的牌号过低，则会使汽车发动机产生爆燃，影响动力性和经济性，严重时还会使汽油机损坏。因此，选择汽油牌号时应注意以下几点：

1）根据汽车使用说明书的要求选择。选择时，应注意说明书上要求的辛烷值是研究法辛烷值还是马达法辛烷值。

2）根据汽车发动机压缩比选择。压缩比高的发动机应选用牌号（即辛烷值）较高的汽油，压缩比低的发动机应选用牌号（即辛烷值）较低的汽油。如果选用不当，压缩比高的发动机使用低辛烷值的汽油，则易引起爆燃，使功率下降、耗油量增加；反之，压缩比低的发动机使用辛烷值高的汽油，会造成不必要的浪费。

3）根据使用条件选择。高原地区大气压力小，空气稀薄，汽油机工作时爆燃倾向减小，可以适当降低汽油的辛烷值。一般海拔每上升100m，汽油辛烷值可降低约0.1个单位。经常在大负荷、低转速下工作的汽油机，应选择较高辛烷值的汽油。

4）根据使用时间调整汽油牌号的选择。发动机使用较长时间后，由于燃烧室积炭、水套积垢等会使发动机压力增加，此时，再使用原牌号汽油时发动机会产生爆燃，因此，这类汽车在维护后应该燃用高一级的汽油。

5）汽油、柴油不能混用。汽油机与柴油机的性能和燃烧机理不同。汽油机对汽油有抗爆性的要求，而柴油机不要求燃油具有抗爆性，而且柴油中的胶质和硫化物会使汽油的抗爆性降低，所以在汽油中掺入柴油使用会普遍出现起动困难、排气冒黑烟、上坡和加速动力不足和爆燃现象，使用不久后发动机将出现机油压力下降、燃烧室和排气系统产生大量胶质或积炭和发动机功率下降等现象。

6）溶剂汽油不能与车用汽油混合使用。我国车用汽油是按辛烷值来标号的，而溶剂汽油是按98%馏出温度或终馏点的温度来标号的，没有抗爆性的要求，辛烷值只有40~50，只能起溶解、稀释、洗涤和抽提某些物质的作用，馏程范围很窄（80~120℃），未加入任何添加剂，所以，溶剂汽油掺入车用汽油不可能得到更高标号的车用汽油。

四、汽油的使用注意事项

使用汽油应注意以下几点：

1）发动机长期使用后，由于燃烧室积炭、水套积垢等原因，爆燃倾向增加，应及时维护发动机，若压缩比改变导致原牌号汽油不能满足需要，可考虑更换汽油牌号。

2）原用汽油由低牌号改用高牌号时，可适当增大点火提前角，以发挥高牌号汽油的优良性能；反之，应减小点火提前角，以免发生爆燃。

3）在炎热的夏季和高原地区，由于气温高，气压低，易发生气阻，应加强发动机散热，使油管和汽油泵隔热，或者换用饱和蒸气压较低的汽油。

4）汽车从平原驶到高原地区后，可换用较低辛烷值的汽油，或适当增大点火提前角。

5）汽油不能掺入煤油或柴油，后者挥发性和抗爆性差，会引起爆燃和严重破坏发动机润滑，导致发动机损坏。

6）不要使用长期存放变质的汽油，否则会导致结胶、积炭严重，这对电喷发动机工作的影响更大。同时，应尽可能加满燃油，以避免蒸发损失。

7）汽油易燃、易爆、易产生静电，使用中要注意安全。

8）汽车使用者应重视汽油的质量。加入质量低劣的燃油，不仅影响发动机使用性能，还会使动力性变差、排放变高、油耗变高，严重时会使发动机机件损坏。

课题三 轻 柴 油

我国生产的柴油分为轻柴油、重柴油和农用柴油3类。高、中速柴油发动机使用的燃料是轻柴油,习惯上称为柴油。

由于柴油发动机的燃烧不是由火花塞直接点燃,而是柴油与被压缩的高温空气相遇后自行着火燃烧的,故又称为压燃式发动机。柴油发动机具有热效率高、耗油率低、燃料资源较汽油丰富、使用耐久可靠、燃料火灾危险性小等特点,因此,柴油发动机广泛用于汽车、舰艇、坦克和工程机械,特别是一些大型载货汽车,大都使用柴油机。

一、柴油的主要使用性能及评定指标

为保证柴油机的正常工作,车用轻柴油应具备良好的燃烧性、低温流动性、蒸发性、黏度、防腐性、安全性和清洁性等。

1. 燃烧性及其评定指标

柴油的燃烧性是指其自燃能力。

高速柴油机在工作时,柴油被高压喷成细雾状进入燃烧室内,由于燃烧室的温度已超过柴油的自燃点,故柴油喷入即可自行着火燃烧。从柴油喷入燃烧室到柴油自行着火燃烧的这段时间,称为着火延迟期。若着火延迟期短,先期喷入气缸的柴油能迅速完成燃烧前的准备,着火燃烧,并逐步引燃随后进入气缸的燃料,气缸压力上升平稳,柴油机工作柔和,此时为正常燃烧。若着火延迟期过长,则在此期间内喷入气缸的柴油积存量过多,以致燃烧开始后有过量的柴油一起参加燃烧,使得柴油机的温度和压力急剧增加,气缸头和活塞发生振动和过热,造成柴油机运转不平稳,并产生强烈的振动声,这种现象即为不正常燃烧,又称柴油机工作粗暴,俗称"敲缸"。其后果与汽油机爆燃一样,会使功率下降、油耗增大,严重时甚至会损坏机件。

因此为了使柴油机能正常燃烧,要求柴油具有良好的燃烧性能,其评定指标用十六烷值表示。

柴油的十六烷值是表示压燃式发动机燃料燃烧性的一个约定数值,它是在标准四冲程可变压缩比单缸柴油机上,用标准燃料对比测定的。柴油的十六烷值与汽油的辛烷值相似,将发火性能好的正十六烷 $C_{16}H_{34}$ 的十六烷值定为 100,发火性差的七甲基壬烷的十六烷值定为 15,按不同比例将它们混合在一起,获得十六烷值 0~100 标准燃料。其他柴油的十六烷值则是在可变压缩比单缸十六烷值测定柴油机上试验,与标准燃料比较而定出来的。

标准燃料十六烷值=100×正十六烷的体积分数+15×七甲基壬烷的体积分数

与汽油辛烷值一样,柴油的十六烷值对柴油机使用性能影响较大,柴油的十六烷值高,其自燃点低,着火延迟期短,燃烧平稳,柴油机工作柔和,且低温起动性好。但柴油十六烷值并不是越高越好,十六烷值过高会使柴油的凝点升高,蒸发性变差,以致不能完全燃烧,使发动机功率下降和油耗增加。若十六烷值过低,则会使着火延迟期过长,容易出现工作粗暴和低温起动困难等现象。因此,柴油的十六烷值应与柴油机的结构相适应。

选择柴油十六烷值的主要依据是柴油机的转速。转速越高,燃料在气缸中燃烧的时间越短,同时对十六烷值的要求越高。一般柴油机转速在 1500~3000r/min 之间,十六烷值范围最好是 45~55 单位。

国家标准规定柴油十六烷值不小于 45,但十六烷值高于 60 以后,发火性能变化不大,反而由于在燃烧室内裂化过快,形成大量积炭,来不及燃烧,导致排气管冒黑烟加大耗油。此外,柴油的十六烷值对发动机在不同气温下的起动性也有影响。柴油十六烷值与起动最低

温度的关系见表6-4。

表6-4 柴油十六烷值与起动最低温度的关系

柴油的十六烷值	30	40	50	60	70	80
可以起动的最低温度/℃	30	12	4	−4	−8	11

2. 低温流动性及其评定指标

柴油低温流动性是指柴油在低温下不致因凝固而失去流动能力的性能。

由于柴油的密度和黏度都要比汽油大，低温下柴油的流动性好坏是能否保证柴油机正常供油的关键。低温流动性差的柴油，在低温状态会因柴油中析出石蜡结晶或凝固，阻碍柴油在油管和油滤中顺利通过，使供油量减少甚至中断，影响柴油机的正常工作。因此柴油机应具有较好的低温流动性。

评定柴油低温流动性的指标是凝点、浊点和冷滤点等，它们能判断柴油适宜在什么样的气温下使用。

（1）凝点　它指油料在规定条件下冷却至失去流动性时的最高温度。柴油的凝点与其蜡含量有关，油中的蜡含量越高，其凝点越高，低温时越容易堵塞滤清器和油管，使供油不畅，甚至中断供油。在低温下长期静置的柴油，如果温度降至凝点以下，便无法向车辆的燃油箱加油。发动机使用凝点过高的柴油，停车后再起动将非常困难。因此，为保证柴油机正常工作，应使用凝点低于周围气温5~7℃的燃料。

凝点是柴油的重要指标之一，由于柴油的低温性能与使用较为密切，所以轻柴油的牌号就是按凝点来划分的。例如，10号、0号、−10号轻柴油的凝点分别不高于10℃、0℃、−10℃。

（2）浊点　它指柴油在冷却过程中开始析出石蜡时的温度。柴油达到浊点后虽未失去流动性，但在燃料供给系统中容易造成油路堵塞，使供油量减少以致逐步中断供油。因此为保证发动机在低温下的正常供应、输送，柴油的使用温度一般应高于浊点3~5℃。

（3）冷滤点　它指在规定条件下，柴油试油开始不能通过滤网的最高温度。柴油冷滤点的测定标准是NB/SH/T 0248—2019《柴油和民用取暖油冷滤点测定法》，即将试油在规定的条件下冷却，在2kPa的压力下进行抽吸，使试油通过滤网，当试油冷却到通过滤网流量小于20mL/min时的最高温度，就是冷滤点。

冷滤点是选择轻柴油低温流动性的依据，因为冷滤点的测定条件是模拟发动机实际工作情况确定的，故能较好地判断轻柴油可能使用的最低温度。因为冷滤点比浊点、凝点更具有实用性，因此，国外评价柴油的低温流动性已广泛采用冷滤点法，我国也已正式采用。

3. 蒸发性及其评定指标

柴油从喷油器喷出要经过蒸发、与空气混合才能燃烧，由于其经历的时间很短，柴油的蒸发性直接影响到燃料蒸发以及形成混合气的速度。因此，柴油机对柴油的蒸发性有较高的要求。评定柴油蒸发性的主要指标有馏程和闪点。

（1）馏程　柴油馏程的测定方法与汽油馏程的测定方法基本相同，但其馏出液量分别为50%、90%和95%。

50%馏出温度表示柴油的平均蒸发性。若该温度低，说明柴油中轻质馏分多，蒸发性好，有利于形成良好的混合气，使柴油机易于起动。柴油50%馏出温度与起动性能的关系见表6-5。但50%馏出温度也不宜过低,过低会因轻质馏分过多而易使柴油机产生工作粗暴现象。国家标准规定柴油50%馏出温度不高于300℃。

表6-5 柴油50%馏出温度与起动性能的关系

柴油50%馏出温度/℃	200	225	250	275	285
发动机的起动时间/s	8	10	27	60	90

90%和95%馏出温度表示柴油重质馏分的含量。其温度越低,柴油的重质馏分越少,混合气燃烧完全,不仅可提高柴油机的动力性,减少机械磨损,还可避免柴油机过热,降低油耗。反之,则重质馏分多,蒸发性差,会使燃烧不完全,造成发动机排气冒黑烟,功率下降,气缸磨损和油耗增加。试验表明,柴油的90%馏出温度由300℃增加到335℃时,其燃料消耗增加4%以上。国家标准规定,柴油的90%馏出温度不得高于355℃。

虽然柴油的馏分轻一些对柴油机工作有许多好处,但绝不能认为柴油的馏分越轻越好,因为馏分过轻的柴油,其十六烷值也低,着火延迟期长,而且容易蒸发,使在着火延迟期喷入气缸的柴油全部参加燃烧,造成气缸内压力迅速增高,使柴油机工作不稳定,易于产生工作粗暴现象。同时,柴油馏分轻,黏度必然小,这不仅会增大喷油泵的磨损,而且降低了雾化质量,使燃烧过程恶化。由此可知,柴油的馏分要适当,过轻或过重都是不适宜的。

总的来说,与汽油相比,一般的柴油机工作性能受蒸发性的影响较小,可以使用馏分较宽的轻柴油,但现代直喷柴油机要求使用的馏分较窄(200~300℃)。

(2)闪点 它指在规定的试验条件下,加热油品所产生的蒸气和周围空气形成的混合物与火焰接触时发出瞬间闪火的最低温度。

柴油的闪点既是控制柴油蒸发性的指标,也是保证柴油安全性的指标。柴油闪点低,则轻质馏分多,蒸发性好;但过低时,会因蒸发太快造成气缸压力突然上升,而产生工作粗暴现象。闪点还对柴油储运和使用的安全有影响,闪点低的柴油不仅会使蒸发损失加大,而且其产生的大量柴油蒸气会造成失火隐患。因此,为控制柴油蒸发性不过强,国标采用"不低于"指标加以控制。

4. 黏度及其对柴油机工作的影响

黏度是液体流动时内摩擦力的量度。柴油的黏度是表示油料稀稠度的一项指标。黏度的大小可以说明液体流动的难易程度。黏度是随温度的变化而改变的。温度高时油料变稀,黏度变小;反之,温度低时油料变稠,黏度变大。轻柴油的黏度是指20℃时的运动黏度,单位是厘斯(mm^2/s)。20℃时,一般车用柴油运动黏度大约为$2mm^2/s$为宜。

运动黏度不仅影响着柴油的流动性,更主要的是影响着柴油的雾化质量。现代高速柴油机中,柴油通过喷油器的高压喷射,使喷入燃烧室的柴油被粉碎成许多细小雾粒,雾粒平均直径小,说明柴油被雾化得好。实践证明,雾化雾粒的直径与柴油的黏度成正比,黏度高会降低雾化的细度,使雾化质量变差;但黏度不宜过小,否则喷入燃烧室内的喷柱射程短,喷柱锥角大,没有足够的贯穿深度,混合气的燃烧将在喷油器喷口处进行,而不能利用全部的空气,使燃烧不完全,柴油机功率下降,同时黏度过小会影响偶合件的可靠润滑,引起磨损加剧。在柴油的规格中,对每种牌号的柴油,其运动黏度都有一个规定的范围值。

5. 耐腐性及其评定指标

柴油中含有硫及硫化物、水分及酸性物质,既会对零件产生腐蚀作用,而且会促进柴油机沉积物的生成。所以要求柴油应无腐蚀性。

柴油的耐腐性是用硫含量、硫醇硫含量、酸度以及水溶性酸或碱等指标来评定的。其意义和测定方法与汽油基本相同，但柴油中的硫和硫醇硫含量对柴油机的影响更大。元素硫和硫醇硫经燃烧后所生成的硫的氧化物，不仅对机件有很强的腐蚀作用，而且会使积炭变得坚硬，容易擦伤气缸壁，加剧机件磨损。其一旦流入曲轴箱还会促使润滑油过早老化变质。因此对柴油中的硫和硫醇硫含量必须严格控制。国标规定柴油优级品、一级品的硫含量分别不大于 0.2%、0.5%，硫醇硫含量不大于 0.01%。

6. 安定性及其评定指标

安定性是指柴油的储存安定性和热安定性。

柴油的储存安定性是指柴油在储存、运输过程中保持其外观颜色、组成和性能不变的能力。储存安定性差的柴油，最明显的表现是颜色变深和生成胶质。使用颜色变深的柴油，易导致滤清器堵塞，喷油器喷孔被黏结堵死，活塞组零件表面上形成积炭和漆状沉积物，影响柴油机的正常工作。

柴油的热安定性指在高温及溶解氧的作用下，柴油发生变质的倾向。夏季燃油箱中的温度很高，柴油进入供油系统受柴油机温度影响，温度会进一步提高。另外，在汽车行驶时，燃油箱中的柴油不断地振荡，加剧了柴油与空气的混合，使柴油溶解的氧气达饱和程度。在这种条件下，柴油中的不安定组分会在金属的催化作用下急剧地氧化，生成氧化缩合物。这些生成物在喷油器上、燃烧室壁、气阀和活塞环处生成积炭，将使柴油机磨损加剧。同时，会在喷油器针阀上生成漆状沉积物，将造成针阀黏滞，并形成积炭，使喷雾恶化，甚至中断供油。

影响柴油安定性的主要因素是柴油中所含的不安定组分，主要是二烯烃、烯烃等不饱和烃。柴油的馏分过重，环烷芳烃和胶质含量增加，其安定性也差。此外，外部环境对柴油的安定性也有影响，例如存放柴油的金属容器，空气中的氧气、光线、温度等。其评定指标用实际胶质和 10% 蒸余物残炭等表示。

7. 清洁性及其评定指标

柴油中的灰分、水分和机械杂质等对柴油机的工作危害很大，并以此来作为评定柴油清洁性的指标。

柴油中含有机械杂质会使滤清器堵塞，既会影响甚至中断供油，又会造成精密零件的磨损。柴油机燃料系统的高压油泵和喷油器都是很精密的部件（例如高压油泵的套筒与柱塞的配合间隙被控制在 0.0025mm 以下，表面粗糙度为 $Ra0.05$，椭圆度和锥度均不超过 0.002mm），一旦被机械杂质磨出划痕，就会使柴油机的工作性能严重恶化。机械杂质还会使柱塞和喷油器中的喷油针阀卡死，使出油阀关闭不严，喷嘴上的喷孔堵塞等。为此，柴油中绝不允许存在机械杂质，在使用中应加强过滤和沉淀，以防止机械杂质进入燃料系统中。

水分的存在除降低柴油的热值外，在冬季还会形成冰粒，堵塞油路；同时还会带入可溶性盐类，增加灰分；更严重的是，当有水分存在时，会大大促进硫的燃烧产物对于气缸、活塞等的酸腐蚀作用。因此除保管油料时要加以足够的重视外，还应当养成"满油箱过夜"的习惯，以防因夜间气温下降而使燃油箱中产生凝结水，特别在夏季更应注意。

二、柴油的规格

我国目前车用柴油标准采用 GB 19147—2016《车用柴油》，柴油的牌号按凝点高低分为 5 号、0 号、-10 号、-20 号、-35 号、-50 号共 6 个品种，凝点分别不高于 5℃、0℃、-10℃、-20℃、-35℃、-50℃，其质量指标见表 6-6。

表 6-6 车用柴油质量指标（Ⅵ）（摘自 GB 19147—2016）

项目		质量指标						试验方法
		5 号	0 号	-10 号	-20 号	-35 号	-50 号	
氧化安定性（以总不溶物计）/(mg/100mL)	不大于	2.5						SH/T 0175
硫含量（mg/kg）	不大于	10						SH/T 0689
酸度（以 KOH 计）/(mg/100mL)	不大于	7						GB/T 258
10%蒸余物残炭（质量分数）(%)	不大于	0.3						GB/T 17144
灰分（质量分数）(%)		0.01						GB/T 508
铜片腐蚀（50℃，3h）/级	不大于	1						GB/T 5096
水含量（体积分数）(%)	不大于	痕迹						GB/T 260
总污染物含量/(mg/kg)	不大于	24						GB/T 33400
运动黏度（20℃）/(mm²/s)		3.0~8.0		2.5~8.0		1.8~7.0		GB/T 265
凝点/℃	不高于	5	0	-10	-20	-35	-50	GB/T 510
冷滤点/℃	不高于	8	4	-5	-14	-29	-44	SH/T 0248
闪点（闭口）/℃	不低于	60			50	45		GB/T 261
十六烷值	不小于	51			49	47		GB/T 386
十六烷指数	不小于	46			46	43		SH/T 0694
馏程： 　50%回收温度/℃ 　90%回收温度/℃ 　95%回收温度/℃	不高于 不高于 不高于	300 355 365						GB/T 6536
密度（20℃）/(kg/m³)		810~845			790~840			GB/T 1884 GB/T 1885

三、柴油的选用

1. 柴油的正确选用

选用车用柴油的主要依据是气温，应根据不同地区和季节，选用不同牌号的柴油。气温低的地区，选用凝点较低的柴油；反之，气温较高的地区，选用凝点较高的柴油。由于凝点低的柴油生产工艺复杂，产量较凝点高的柴油少，价格也较高，所以，在气温季节允许的情况下，应尽量延长高凝点柴油的使用时间，这样既能充分利用资源，又能降低生产成本。一般来说，选用柴油的凝点应比最低气温低 5~7℃，以保证最低气温时不凝固，不影响柴油机的正常使用。可按照下列情况分别选用：

1) 5号轻柴油——适用于风险率为10%、最低气温在8℃以上的地区。
2) 0号轻柴油——适用于风险率为10%、最低气温在4℃以上的地区。
3) -10号轻柴油——适用于风险率为10%、最低气温在-5℃以上的地区。
4) -20号轻柴油——适用于风险率为10%、最低气温在-14~-5℃的地区。
5) -35号轻柴油——适用于风险率为10%、最低气温在-29~-14℃的地区。
6) -50号轻柴油——适用于风险率为10%、最低气温在-44~-29℃的地区。

某月风险率为10%的最低气温,表示该月最低气温低于该值的概率为0.1,或者说该月中最低气温高于该值的概率为0.9。

推荐风险率为10%的最低气温用来估计使用地区的最低操作温度,这对柴油机在低温操作时的正常设备防寒,燃油系统的设计,柴油的生产、供销和使用提供了可靠的气温数据。各地区风险率为10%的最低气温见表6-7。

2. 柴油使用的注意事项

1) 不同牌号的轻柴油,可以掺兑使用,而无须专门换季换油。即根据当地气温情况酌情适当调整,以充分利用资源。例如:某地区最低气温为0℃,不宜使用0号柴油,但全用-10号柴油又浪费,这时可将0号油与-10号油按一定比例掺兑,使其凝点在-5~-10℃之间即可使用。

2) 柴油不能与汽油混合。因为汽油的自燃点高,柴油中掺汽油,着火性变差,导致起动困难,甚至无法起动。

3) 防止机械杂质混入柴油,做好净化工作。使用前的柴油要经沉淀和过滤,沉淀时间不小于48h。

4) 冬季使用桶装高凝点柴油时,不得用明火加热,以免爆炸。

表6-7 各地区风险率为10%的最低气温　　　　　　　　　　　　　　　(单位:℃)

	一月	二月	三月	四月	五月	六月	七月	八月	九月	十月	十一月	十二月
河北省	-14	-13	-5	1	8	14	19	17	9	1	-6	-12
山西省	-17	-16	-8	-1	5	11	15	13	6	-2	-9	-16
内蒙古自治区	-43	-42	-35	-21	-7	-1	1	1	-8	-19	-32	-41
黑龙江省	-44	-42	-35	-20	-6	1	7	4	-6	-20	-35	-43
吉林省	-29	-27	-17	-6	1	8	14	12	2	-6	-17	-26
辽宁省	-23	-21	-12	-1	6	12	18	15	6	-2	-12	-20
山东省	-12	-12	-5	2	8	14	19	18	11	4	-4	-10
江苏省	-10	-9	-3	3	11	15	20	20	12	5	-2	-8
安徽省	-7	-7	-1	5	12	18	20	20	14	7	0	-6
浙江省	-4	-3	1	6	13	17	22	21	15	8	2	-3
江西省	-2	-2	3	9	15	20	23	23	18	12	4	0
福建省	-4	-2	3	8	14	18	21	20	15	8	1	-3
台湾省	3	0	2	5	10	16	19	19	13	10	1	2
广东省	1	2	7	12	18	21	23	23	20	13	7	2
广西壮族自治区	3	3	8	12	18	21	23	23	19	15	9	4

(续)

	一月	二月	三月	四月	五月	六月	七月	八月	九月	十月	十一月	十二月
湖南省	-2	-2	3	9	14	18	22	21	16	10	4	-1
湖北省	-6	-4	0	6	12	17	21	20	14	8	1	-4
河南省	-10	-9	-2	4	10	15	20	18	11	4	-3	-8
四川省	-21	-17	-11	-7	-2	2	1	0	-7	-14	-19	
贵州省	-6	-6	-1	3	7	9	12	11	8	4	-1	-4
西藏自治区	-29	-25	-21	-15	-9	-3	-1	0	-6	-14	-22	-29
新疆维吾尔自治区	-40	-38	-28	-12	-5	-2	0	-2	-6	-14	-25	-34
青海省	-33	-30	-25	-18	-10	-6	-3	-4	-6	-16	-28	-33
甘肃省	-23	-23	-16	-9	-1	3	5	5	0	-8	-16	-22
陕西省	-17	-15	-6	-1	5	10	15	12	6	-1	-9	-15
宁夏回族自治区	-21	-20	-10	-4	2	6	9	8	3	-4	-12	-19

课题四　汽车新型清洁能源

石油燃料一直是汽车的主要能源，然而随着汽车保有量的增加以及石油储量的逐渐减少，能源危机日益加剧。由于常规能源的不断减少和污染环境，今后世界的能源发展战略是减少对石化资源的依赖，寻求新能源，建立一个再生的、干净的、持久的能源体系，使目前的能源结构向新的能源结构过渡，减少对石油资源的依赖，因此，如何降低油耗和开发新的能源已成为汽车技术发展的重要课题。此外，随着世界汽车保有量的持续增长，汽车对环境的污染也日趋严重。因此，为保护环境和节约能源，各国科学家们投入了大量的精力和时间来研究、开发各种汽车新型清洁能源，使用新型清洁能源是解决空气、水质、土壤污染以及石油供应中断和石油储藏最终枯竭问题的最有效的办法之一。目前，美国、俄罗斯、法国、加拿大、马来西亚等许多国家都已经在使用新型能源汽车，并收到了良好的效果。

现阶段常用的新型清洁能源主要是电能、天然气、液化石油气、醇类燃料、氢气、生物燃料等。

一、电能

电能是二次能源，它可以来源于风能、水能、核能、热能、太阳能等多种能源。以电能为动力的汽车就是电动汽车，它无须再用内燃机，因为电动汽车的电动机相当于原来的内燃机，蓄电池相当于原来的燃油箱。因此，电动汽车是非常有发展前景的新能源汽车。

由于电动汽车具有噪声低、无废气排放以及操作方便等优点，因此各发达国家都在投巨资致力于电动汽车的研制。蓄电池是制约电动汽车发展的最大因素。目前，电动汽车常用的蓄电池主要有铅酸蓄电池、镉镍蓄电池、氢镍蓄电池、锂离子蓄电池等。

汽车的电动机应该具有良好的调速性能，能实现直流电向交流电的转换以及蓄电池与电动机之间电压的变换等特性。因此，根据其选择范围的不同，有直流电动机、交流感应电动机、永磁无刷电动机（交流同步电动机）以及开关磁组电动机等。

二、天然气

天然气主要来源于油田，它是地表下岩石储集层中自然存在的以轻质碳氢化合物为主体的可燃气体，其储量非常丰富。就我国而言，天然气总资源约为 38 万亿 m^3，已探明的储量为 1.53 万亿 m^3，只占总储量的 4.02%，所以应用前景十分广阔。

天然气受到各国的普遍重视，目前，天然气在汽车上应用的主要形式是压缩天然气（CNG）。

天然气汽车具有排放低、燃料经济性好等优点；但也有缺点，例如动力性低，燃料容器耐压性、密封性等要求高，加气站建设投资大等。

天然气汽车分为常态天然气汽车、液化天然气汽车和压缩天然气汽车，但常态天然气汽车已经被淘汰。液化天然气汽车将天然气液化后装在特制的钢瓶内供发动机使用，优点是天然气液化后比气态密度高，在车上携带方便，但其液化工艺复杂。压缩天然气汽车将天然气以 25MPa 的压力充入钢瓶中供发动机使用。

天然气汽车大部分是在汽油机或柴油机的基础上改造的两用燃料汽车。目前广泛使用的压缩天然气汽车（CNGV）按燃料供给系统分类可分为 3 种：纯 CNG 汽车、两用燃料（CNG 和汽油）汽车以及双燃料（CNG 和柴油）汽车。

三、液化石油气

液化石油气是从石油的开采和加工中得到的可燃气体，主要由丙烷、丁烷以及其他气体混合而成。石油气通常经加压使其液化后储存在高压容器中使用。以液化石油气为主要燃料的汽车称为液化石油气汽车，也可简称为 LPG 汽车。

液化石油气作为汽车燃料，其热值和辛烷值均高于汽油，有较好的抗爆性，使用液化石油气的发动机，可采用较大的压缩比来提高其热效率。液化石油气混合均匀，燃烧性能好，不会破坏润滑油性能，而且它不含铅和硫化物，废气排放污染很小，使用较为广泛。液化石油气汽车主要包括纯液化石油气汽车、液化石油气-汽油两用燃料汽车以及液化石油气-柴油双燃料汽车。目前，对于加气站不足的地区，还不具备发展纯 LPG 汽车的条件。因 LPG 汽车结构复杂，改造工作量大，发展也缓慢，大多数国家仍以发展液化石油气-汽油两用燃料汽车和液化石油气-柴油双燃料汽车为主。液化石油气汽车在替代能源汽车中发展最快，同时以其低的排放性能受到各国的重视。

四、醇类燃料

醇类燃料主要是指甲醇（CH_2OH）和乙醇（C_2H_5OH），它们曾在 20 世纪 40 年代就被用作内燃机的燃料。由于它们是一种可再生的燃料，燃烧产物中基本没有炭烟，NO_x 的排放浓度也很低，且有害排放成分较少，所以，从保证能源的稳定供给及改善环境质量的角度出发，属于新能源和低公害燃料。醇类燃料汽车发展较早，到目前为止，在技术方面和成本方面，醇类汽车已达到实用阶段。

醇类燃料的资源非常丰富。甲醇可从天然气、煤、石脑油、重质燃料、木材和有机垃圾等物质中提炼。乙醇可利用发酵的方法，从甘蔗、玉米、薯类等农作物及木质纤维素中提取，这些原料不仅储量较大，而且大都可以再生。

醇类燃料与汽油理化性能的比较见表6-8。由表6-8可知，甲醇、乙醇性质类似之处很多，与汽油相比，它们的缺点和优点几乎相同，只是程度略有差别。

表6-8 醇类燃料与汽油理化性能的比较

项目	汽油	甲醇	乙醇
物理状态	液态	液态	液态
车上的存储状态	液态	液态	液态
液态的相对密度（4℃）	0.72~0.75	0.7914	0.7843
常压沸点/℃	30~220	64.8	78.3
饱和蒸气压/kPa	62.0~82.7	30.997	17.332
热值/MJ/kg	44.52	20.26	27.20
汽化潜热/kJ/kg	297	1101	862
辛烷值（RON）	89，92，95，98	112	111
十六烷值	27	3	8
闪点/℃	-43	11	21
自燃点/℃	260	470	420
最低点火能量/MJ	0.25~0.3		
相对分子量	100~115	32	46
在空气中的可燃范围体积比 ϕ（%）	1.3~7.6		
理论空燃比 ω（质量比）（%）	14.8	6.4	9.0

由表6-8可知，醇类燃料的热值低，甲醇的热值只有汽油的45.5%，乙醇的热值只有汽油的61.1%。因此，与燃用汽油相比，在同等的热效率下，醇类燃料经济性低；但醇类燃料的辛烷值比汽油高，普通汽油与15%~20%的甲醇混合，辛烷值可以达到优质汽油的水平。醇类燃料作为汽车燃料可以单独使用，也可与汽油混合使用。单独使用时，发动机须经过改造，而混合使用时，发动机无须做大的改进，所以在实际应用中，大多是混合使用。通常甲醇与汽油混合，甲醇占10%~20%，乙醇与汽油混合时，占10%~15%。

醇类燃料的不足之处主要是与汽油的互溶性差，遇水容易分层，需要添加助溶剂；低温时雾化性能差，使发动机不易起动；对金属有腐蚀性，使机件磨损较大；甲醇还具有毒性，进入人体会引起中毒。

总之，醇类燃料由于排放污染低，来源丰富，所以在我国煤矿丰富地区和南方产糖地区，发展醇类燃料有着广阔的前景。

五、氢气

氢气汽车指用氢气作为燃料的汽车。氢气的来源主要是从水中通过裂解制取，或者来源于各种副产品。虽然氢气本身的天然储量不大，但作为氢来源的水资源却十分丰富，而且氢燃烧后生成的物质还是水，能形成资源的快速循环。氢气作为汽车用燃料的主要优点是燃烧热效率高，燃油经济性好。但氢气的密度低，在气缸中占据的容积相对较大，因此它的标态体积热值低，影响了燃氢时的动力性。

氢气作为汽车燃料最大的问题是氢的制取和携带。氢气的制取方式很多，但成本都非常高，目前阶段还没有找到解决的办法。因此氢气汽车仍处于研究探索阶段，真正应用的很

项目六 汽车燃料

少。但随着石油资源的减少和人类科技的不断进步，氢气汽车的前景十分光明。各发达国家都不惜人力、财力研究氢气汽车，以备未来其他能源消耗殆尽时其能起主导作用。

六、生物燃料

汽车使用矿物燃料时，有害排放物质很多，其中二氧化碳及甲醇等能导致"温室效应"，对人类生活的环境产生的负面影响日益明显，自然灾害将会日益增多。生物燃料是可再生资源，可依靠用之不竭的太阳能产生，使用生物燃料后的一些有害排放物比矿物燃料少。生物在生长时从大气吸收二氧化碳，使用生物燃料不会增加大气中的二氧化碳，因此生物燃料的研究开发和应用日益受到重视。

由于多数生物燃料的性质与柴油较接近，它们的生产与农业有关，所以主要在柴油机上进行研究与应用，也可用于汽油机。在发动机中既有使用纯生物燃料的，也有将其和汽油、柴油及醇类燃料混合使用的。

新能源汽车类型的比较见表 6-9。

表 6-9 新能源汽车类型的比较

新能源汽车类型	优点	缺点	现状及前景
电动汽车	1. 电源来源方式多 2. 直接污染及噪声小 3. 结构简单，维修方便	1. 蓄电池能量密度小，汽车续驶里程短，动力性差 2. 蓄电池重量大，使用寿命短，价格高 3. 蓄电池充电时间长 4. 蓄电池制造和处理存在污染	已有较成熟的研究成果在很多车型上得到应用，推广使用还需一定时间，但有希望成为未来汽车主体
氢气汽车	1. 不产生有害气体 2. 氢的热值高	1. 氢气生产成本高 2. 气态氢能量密度小且储运不便，液态氢技术难度大、成本高 3. 需要开发专用的发动机	仍处于基础研究阶段，但有希望成为未来汽车的重要车型
甲醇（乙醇）汽车	1. 甲醇、乙醇可以利用生物、煤炭制取，来源长期有保障 2. 储运方便 3. 辛烷值较高	1. 甲醇毒性大，而且对金属和橡胶件有腐蚀 2. 污染较大，与汽油相当 3. 成本较高	目前世界有相当数量的汽车燃烧甲醇（乙醇）和汽油的混合燃料，发展缓慢，可以作为能源的补充，在某些国家和地区可保持较大的比例
天然气汽车	1. 天然气资源丰富，在今后相当长的时间内有充足保障 2. 污染很小 3. 天然气辛烷值高 4. 天然气价格高 5. 技术成熟	1. 天然气是非再生能源，不能作根本性的替代能源 2. 天然气储运不方便 3. 新建加气站网络投资大 4. 气态天然气能量密度大 5. 汽车采用天然气会降低动力性 6. 单烧天然气时须设计专门发动机	在许多国家已获得广泛使用并被大力推广
液化石油气汽车	1. 污染小 2. 储运比较方便 3. 技术成熟 4. 液化石油气辛烷值较高	1. 液化石油气是不可再生资源且资源没有天然气丰富 2. 汽车动力性有所下降 3. 单烧液化石油气时最好设计专门的发动机	目前世界上液化石油气汽车的保有量超过 1000 万辆

课题五　油料的技术管理

油料的技术管理包括计划、选购、运输、验收、保管、领发、使用和回收利用等各环节。其目的是保持车辆及工程机械技术状况良好，延长其使用寿命，达到高效、节能、预防事故发生，确保安全生产和减少环境污染的效果。

由于油料的品种、牌号、规格十分繁杂，现代车辆对油品的质量要求十分严格，加上大多数油品具有质量易变化及对安全要求严格的特点，如果在油料技术管理的任一环节上出了差错，都可能对车辆造成损坏，甚至危及人身安全。因此，油料的技术管理至关重要。

一、油品变质的原因及预防

油品从购入到使用往往要经历一个过程，在此过程中油品质量将发生程度不同的变化。油品质量变化的内在原因是氧化、蒸发、添加剂失效和析出等；外部因素是杂质混入，例如水分、异种油品、机械杂质等的混入所造成的污染。前者称为老化；后者称为污损，统称为油品变质。

1. 蒸发与氧化

一些油品（特别是汽油、溶剂油等）蒸发性较强，由于蒸发，除大量的轻组分损失外，也会引起油品理化性质的变化。例如在 7~48℃ 范围内，在有透气阀的露天油罐中储存 70 号汽油，10 个月后 10% 馏出温度升高约 10℃，饱和蒸气压也随之下降；皂化溶剂油中的酒精蒸发后会使乳化性能变差等。

油品在储存及使用过程中难免会与空气中的氧接触，特别是在温度较高且有金属催化作用时容易氧化，引起油品老化。油品氧化首先是生成酮、醇、醚等含氧有机物，继而生成有机酸（包括溶于水的低分子有机酸和溶于油的高分子有机酸）。腐蚀产物可进一步加速油品的老化，油品深度氧化的结果是生成缩合物，其中包括胶质、沥青质、油泥及其他沉淀物。影响油品氧化速度的因素见表 6-10。

表 6-10　影响油品氧化速度的因素

序　号	主要因素	序　号	主要因素
1	油品化学组成	5	金属及其他物质的催化作用
2	氧气浓度	6	氧化时间
3	与空气接触面积	7	电场作用
4	温度	8	放射线作用

减少油品轻馏分蒸发和延缓氧化变质的主要措施如下：

1）降低温度，减少温差。选择阴凉地点存放油品，尽量减少或防止阳光暴晒。在油罐外表喷涂银灰色或浅色的涂层，以反射阳光，防低油温。为减少油品与空气接触面积，减少蒸发，应多用罐装，少用桶装。在炎热季节，应喷水降温。有条件时，应尽量使用地下、半地下或山洞库储存油品，以降低储存的温度，延缓油品氧化，减少油品胶质增长的倾向。储存条件对汽油实际胶质增长的影响见表 6-11。

项目六 汽车燃料

表 6-11 储存条件对汽油实际胶质增长的影响

储存时间/月	实际胶质/(mg/100mL)		
	半地下库 50m³ 油罐	地面库 200L 桶装	露天存放 200L 桶装
0	1.7	1.7	1.7
5	1.8	4.5	5.5
10	2.8	6.1	7.2
15	3.9	6.9	8.4
20	4.9	7.6	9.1
25	5.9	8.0	9.7

2)饱和储存,减少气体空间。油罐上部气体空间容积越大,油品越易蒸发损失和氧化。汽油蒸发损失与油罐装油量的关系见表 6-12。为此,装油容器除根据油温变化,留出必要的膨胀空间(即安全容量)外,应尽可能装满。对储存期较长且装油量不满的容器中的油品,要适时倒装合并。

表 6-12 汽油蒸发损失与油罐装油量的关系

油罐装油量(%)	年 损 耗(%)	
	中 部 地 区	南 部 地 区
90	0.3	0.4
70	1.0	1.5
40	3.6	5.2
20	9.6	13.6

3)减少不必要的倒装。每倒装一次油品,就会增加一次蒸发损耗。倒装还会增加油品与空气的接触,加速氧化。

4)减少与铜和其他金属接触。多种金属(特别是铜)能诱发油品氧化变质。试验证明,铜能使汽油氧化生胶的速度增大 6 倍。因此,油罐内部不要用铜制零部件。油罐内壁涂刷防锈层,能较好地避免金属对油品氧化所起的催化作用(涂层还能防止金属氧化锈蚀),减缓油品变质的进程。储存条件对汽油质量变化的影响见表 6-13。

表 6-13 储存条件对汽油质量变化的影响

储存条件	酸度变化(KOH)/(mg/100mL)(油罐,不密封,涂料为生漆)			胶质变化/(mg/100mL)(汽油油箱,密封,涂料为环氧树脂)	
	开始	6 个月	9 个月	开始	13 个月
涂防锈涂料	0.05	0.34	0.45	1.6	3.6~4.6
不涂防锈涂料	0.05	0.42	0.72	1.6	165~222

5)减少与空气接触,尽可能密封储存。密封储存油品具有降低蒸发损失,保证油品清洁,延缓氧化变质,减轻容器锈蚀等优点。密封储存对于润滑油较为适宜,特别是高级润滑油和特种油品应当采用密封储存,以减少与空气接触和防止污染物侵入。

2. 水分杂质污染

油品中的水分绝大部分是在运输、装卸、储存过程中混入的。混入油品中的水分能腐蚀零件(水分在低温条件下冻结后也会堵塞油路)。水分的存在会使一些添加剂(如清净分散剂、抗氧抗腐剂、抗爆剂）分解或沉淀，使其失效。有水分存在时，油品的氧化速度加快，其胶质生成量也加大。水分对汽油生成胶质的影响见表6-14。加有清净分散剂的润滑油和各种钠基润滑脂遇水都会乳化，各种电器专用油品在混入水分后绝缘性能急剧变坏。

表 6-14　水分对于汽油生成胶质的影响

储 存 条 件		开始	1 个月	3 个月	6 个月
实际胶质/(mg/100mL)	有水分	4	6	11	22
	无水分	4	4	6	8

在油品保管工作中必须注意以下几点：

1）保持储油容器清洁干净。各种储油罐内壁应涂刷防腐涂层，减少铁锈落入油中。一般储油罐内壁可使用生漆、呋喃树脂或环氧树脂等涂料进行涂刷，效果较好。

2）加强听装、桶装油品的管理。听装油品以及溶剂油、各种高档润滑油、润滑脂等严禁露天存放。桶装油品要配齐胶圈，拧紧桶盖，尽量入库存放；露天存放的油桶要卧放或斜放，防止桶面积水。应避免在风沙、雨雪天或空气中尘埃较多的条件下露天灌装作业，以防水分、杂质侵入。雨雪后应及时清扫桶上的水和雪，定期擦去桶面尘土，并经常抽检桶底油样，若有水分、杂质，应及时抽掉。

3）定期检查储油罐底部状况并清洗储油容器。油品储存的时间越长，氧化产生的沉积物越多，对油品质量的影响越严重。因此，必须每年检查罐底1次，以判断是否需要清洗。要求各种油罐的清洗周期是：轻质油和润滑油储罐每3年清洗1次；重柴油储罐每2年半清洗1次。

4）定期抽检库存油品，确保油品质量。为确保油品质量，防止在保管过程中质量发生变化，要定期对库存油品抽样化验。桶装油品每6个月复验1次，罐存油品可根据其周转情况每3个月至1年复验1次。对于易变质、稳定性差、存放周期长的油品，应缩短复验周期。

3. 混油污染

不同性质的油品不能相混，否则会使油品质量下降，严重时会使油品变质。特别是各种中高档润滑油，含有多种特殊作用的添加剂，当加有不同体系添加剂的油品相混时，就会影响它的使用性能，甚至会使添加剂沉淀变质。例如润滑油中混入轻质油，会降低闪点和黏度；柴油中混入汽油，会使柴油的闪点降低和燃烧性能变差；溶剂油中混入车用汽油会使馏程不合格并增加毒性。因此，为防止各种油品相混污染，应采取如下措施：

1）应根据油品的不同性质将各管线、油泵分组专用，不同性质的油品，不要混用，防止散装油品在卸收、输转、灌装、发运等过程中发生污染。如果必须混用，要清扫管线余油，在管线最低位置用真空泵抽取余油或用过滤后的压缩空气清扫，有条件的也可用蒸气清扫，再用拟输送的油品冲洗几分钟，放出油头，并经检查确认清洁后才可使用。

2）油桶、油罐汽车、油罐、油船等容器改装别种油品时，应进行刷洗、干燥。要求达到无杂质、水分、油垢和纤维，并无明显铁锈。

二、保证油品质量的管理措施

保证油品质量主要应把好验收关、储运关和领发关。应严格执行 SH/T 0164—1992《石油产品包装、储运及交货验收规则》的具体规定。

1）严格油品入库验收制度。应做到油品实物与单据不符时不收，无油品检验合格证的不收，交货验收质量不合格的不收。验收时，应认真核对单据与实物，做到账、单据与实物（品种、牌号及数量）完全相符。同时，应注意检查容器及其标志是否完整且符合规定的要求，签封应完整（签封如果有损坏，应由运输部门查清原因）。交接双方发生关于油品质量方面的意见分歧时，应按 SH/T 0164—1992 的规定留样，双方可共同化验或委托双方同意的单位或商请仲裁单位决定。

2）储运。有关储运的具体要求可参见 SH/T 0164—1992 中的具体规定。

3）严格领发制度。领发时，应注意核对，避免差错，做到先进货的油料先发。注意对油品进行定期检验，不合格的油品不发。柴油要经过过滤，至少沉淀 48h 才能领发使用。

三、油品安全知识简介

油品的安全性质见表 6-15。由于油品有一定的危险性，因此，在储运和使用中，要严格遵守有关部门颁发的安全管理制度和有关操作规程，以杜绝事故的发生。以下仅就一般性安全知识予以简单介绍。

表 6-15 油品的安全性质

油品名称	与空气混合时的爆炸极限含量 φ（%）		温度/℃			卫生许可最高浓度/（$mg \cdot m^{-3}$）
	下限	上限	一般馏程	闪点	自燃点	
汽油	1.0	8.0	50~205	50~28	415~530	300
煤油	0.8	6.5	200~300	40~55	380~425	300
轻柴油	0.6	6.5	180~360	55~90	300~380	—
重柴油	—	—	300~370	65~120	300~330	—
润滑油	—	—	350~530	120~250	300~350	—

1. 防火与防爆

防火与防爆主要从控制可燃物、断绝火源、防止电火花引起燃烧和爆炸、防止金属摩擦产生火花引起燃烧和爆炸、防止油蒸气积聚引起燃烧和爆炸等方面着手管理。

2. 防止静电

油品在收发、输转、灌装过程中，油分子间和油品与其他物质之间的摩擦，会产生静电，其电压随着摩擦的加剧而增大，如果不及时导除，当电压增高到一定程度时，就会在两带电体之间跳火（即静电放电）而引起油品爆炸起火。因此，要从防止静电放电、接地装置的设置等方面考虑。

3. 防毒

油品具有一定的毒性，因其化学结构、蒸发速度和所含添加剂性质、加入量的不同而不同。一般认为基础油中的芳香烃、环烷烃毒性较大，油品中加入的各种添加剂，例如抗爆剂（四乙基铅）、防锈剂、抗腐剂等都有较大的毒性。这些有毒物质主要是通过呼吸道、消化道和皮肤侵入人体，造成人身中毒。因此，要严格遵守操作规程，避免中毒事故发生。实践证明，只要掌握各种油品的性质、采取必要的预防措施，例如尽量减少油品蒸气的吸入量、避免口腔和皮肤与油品接触等，完全可以避免中毒事故的发生。

四、常用消防器材

在储存、收发和使用油品的作业场所，要按安全规定配备适用、有效和足够的消防器材，以便能在起火之初迅速扑灭。常用的消防器材有如下几种：灭火沙箱、石棉被、泡沫灭火机、四氯化碳灭火机、二氧化碳灭火机、干粉灭火机和1211灭火机等。

项目小结

1. 石油中的烃类按其结构不同，可分为烷烃、环烷烃、芳香烃和不饱和烃等几类。不同烃类对各种石油产品性质的影响各不相同。

2. 石油是一种混合物，没有固定的沸点，各种油品是石油在蒸馏过程中不同沸点的产物。蒸馏分离出来的各种成分称为馏分。其规律如下：
1) 蒸发温度在 35~200℃ 的馏分为汽油。
2) 蒸发温度在 200~350℃ 的馏分为煤、柴油。
3) 蒸发温度在 350~500℃ 的馏分为润滑油。

3. 评定车用汽油的主要性能指标有抗爆性、蒸发性、化学安定性、防腐性和清洁性等。

4. 目前我国车用汽油标准执行的是 GB 17930—2016《车用汽油》，车用汽油（Ⅳ）按研究法辛烷值分为 90 号、93 号、97 号 3 个牌号，车用汽油（Ⅴ）、车用汽油（ⅥA）、车用汽油（ⅥB）按研究法辛烷值分为 89 号、92 号、95 号和 98 号 4 个牌号。

5. 选择汽油牌号时应注意以下几点：
1) 根据汽车使用说明书的要求选择。
2) 根据汽车发动机压缩比选择。
3) 根据使用条件选择。
4) 根据使用时间调整汽油牌号的选择。
5) 汽油、柴油不能混用。
6) 溶剂汽油不能与车用汽油混合使用。

6. 为保证柴油机的正常工作，车用轻柴油应具备：良好的燃烧性、低温流动性、蒸发性、黏度、防腐性、安全性和清洁性等。轻柴油应具备相应的性能评定指标。

7. 选用车用柴油的主要依据是气温，应根据不同地区和季节选用不同牌号的柴油。气温低的地区，选用凝点较低的柴油；反之，气温较高的地区，选用凝点较高的柴油。

8. 现阶段常用的新型清洁能源主要有电能、天然气、液化石油气、醇类燃料、氢气、生物燃料等。

一、选择题

1. 汽油的牌号是依据（　　）来确定的。

A. 实际胶质　　　　B. 馏程　　　　C. 压缩比　　　　D. 辛烷值

2. 评定汽油抗爆性能的指标是（　　）。

　　A. 十六烷值　　　B. 辛烷值　　　C. 压缩比　　　　D. 饱和蒸气压

3. 汽油选用的原则是以发动机工作时不发生（　　）为前提。

　　A. 飞车　　　　　B. 爆燃　　　　C. 表面燃烧　　　D. 共振

4. 对柴油的十六烷值要求是（　　）。

　　A. 越高越好　　　B. 越低越好　　C. 适宜 40~60　　D. 适宜 45~55

5. 柴油的低温流动性用（　　）来评定。

　　A. 黏度　　　　　B. 凝点　　　　C. 闪点　　　　　D. 水分

6. 选用轻柴油依据（　　）确定。

　　A. 地区和季节的气温高低　　B. 十六烷值　　C. 凝点

二、判断题（正确的画"√"，错误的画"×"）

1. 汽油中的乙基液越多，其辛烷值越高。　　　　　　　　　　　　　　　　（　　）
2. 原用高牌号汽油的发动机，改用低牌号汽油时，应把点火提前角适当提前。（　　）
3. 汽油的 50% 馏出温度表示汽油的平均蒸发性，它和发动机气阻及燃烧的完全程度有很大的关系。　　　　　　　　　　　　　　　　　　　　　　　　　　　　　　（　　）
4. 汽油的蒸发性过强，容易使燃油系统产生气阻。　　　　　　　　　　　　（　　）
5. 汽油的辛烷值越高，抗爆性越差。　　　　　　　　　　　　　　　　　　（　　）
6. 和汽油相比，柴油的馏分轻、自燃点高，黏度和相对密度小。　　　　　　（　　）
7. 柴油的十六烷值越高，其燃烧性越好。　　　　　　　　　　　　　　　　（　　）
8. 通常选用柴油时，要求其凝点比环境气温低 3~5℃。　　　　　　　　　　（　　）
9. 不同牌号的柴油可混合使用，且能改变其凝点，如 -10 号和 -20 号柴油各 50% 混合使用，其凝点为 -15℃。　　　　　　　　　　　　　　　　　　　　　　　　（　　）
10. 电动汽车的最大特点是比能量低，汽车持续行驶里程短，动力性差，成本高。
　　　　　　　　　　　　　　　　　　　　　　　　　　　　　　　　　　（　　）

三、填空题

1. 石油常压蒸馏所得到的不同成分的馏分温度范围是：汽油为_____℃；煤油为_____℃；柴油为_____℃；重油为_____℃ 以上。
2. 评定汽油蒸发性能的指标有_____和_____两个。
3. 提高汽油辛烷值的方法有_____和_____，测定汽油辛烷值的方法有_____和_____。
4. 国产汽油牌号有_____、_____和_____。
5. 评定柴油燃烧性能的指标是_____，评定其蒸发性能的指标是_____和_____。
6. 柴油的黏度和柴油的_____、_____、_____、_____有很大的关系。
7. 国产轻柴油的牌号有_____、_____、_____、_____、_____和_____共 6 种。
8. 气体燃料作为汽车的代用燃料，目前有_____、_____、_____和_____，其中以_____和_____开发研制最为突出。

四、简答题

1. 车用汽油要求具有哪些使用性能？
2. 什么是辛烷值、马达法辛烷值、研究法辛烷值、抗爆指数？
3. 我国车用汽油的牌号是如何划分的？现有哪几种牌号？
4. 如何选用车用汽油？使用时应注意哪些事项？
5. 车用轻柴油要求具有哪些使用性能？
6. 什么是轻柴油的凝点、冷滤点、十六烷值、闪点？
7. 我国现行的轻柴油规格是怎样划分的？如何选择？
8. 油品变质的主要原因有哪些？应采取哪些措施保证油品的质量？

项目七 汽车润滑材料与工作液

项目导入

汽车在正常行驶过程中，许多零部件将产生相对运动，加之受载荷和温度的作用，会引起零部件的磨损。磨损是车辆发生故障和损坏的主要原因之一。为减缓零部件的磨损，减少故障，延长车辆的使用寿命，最大限度地发挥车辆的应有功率，必须正确使用润滑油料。

由于汽车可运行的地域辽阔，各地的条件相差很大，因此对汽车润滑材料的要求很高。汽车润滑材料主要包括机油、汽车齿轮油和汽车润滑脂等。机油的主要功用是对汽车摩擦机件间（曲轴、连杆、活塞、气缸壁、凸轮轴、气门）进行润滑，除此以外，性能优良的机油还应具有冷却、洗涤、密封、防锈和消除冲击负荷的作用。车辆齿轮油是用于变速器、后桥齿轮传动机构及传动器等传动装置机件摩擦处的润滑油，它可以降低齿轮及其他部件的磨损，分散热量，防止腐蚀和生锈，对保证齿轮装置正常运转和齿轮使用寿命十分重要。润滑脂是指稠化了的润滑油，与润滑油相比，润滑脂蒸发损失小，高温高速下的润滑性好，附着能力强，还可起到密封作用。

汽车用制动液、冷却液、减振器液及制冷剂等，统称为汽车用工作液。制动液是汽车液压制动系统中传递压力的工作介质，俗称刹车油，是液压油中的一个特殊品种。发动机冷却液是发动机冷却系统的冷却介质，其中防冻冷却液不仅具有防止散热器冻裂的功能，而且具有防腐蚀、防锈、防垢和高沸点（防开锅）的特点，可以有效地保护散热器，改善散热效果，提高发动机效率，保障汽车安全行驶。减振器液是汽车减振器的工作介质，它利用液体流动通过节流阀时产生的阻力起到减振作用。制冷剂是汽车空调的工作介质，它在空调系统中循环，不断地被压缩和膨胀，在膨胀蒸发时吸热，达到制冷的目的。

本项目主要介绍汽车常用润滑材料和各种工作液。

学习目标

1. 知识目标

1）了解发动机润滑油的性能指标、分类和规格。
2）了解齿轮油的使用性能、分类和规格。

3）了解汽车润滑脂的性能指标、分类及常用品种。

2. 能力目标

1）能够根据汽车具体使用条件正确选择汽车用润滑油，进行正确更换。
2）能够根据汽车具体使用条件正确选择汽车用齿轮油，进行正确更换。
3）能根据汽车具体使用条件正确选择、合理使用汽车润滑脂。

课题一　机　　油

发动机是汽车的心脏，因此，车用机油是汽车润滑剂中最重要的油品。汽车机油是车用润滑油中用量最大、性能要求较高、品种规格繁多、工作条件异常苛刻的一种油品。随着汽车工业的发展，汽车的使用范围扩大和档次的提高，要求汽车机油不仅质量要高，而且要有多种功能。在汽车的使用中，要根据发动机的性能、结构，并结合使用条件来正确使用机油。这样不仅能减少磨损，延长发动机的使用寿命，而且能节约燃料。

一、机油的作用

机油的主要作用是润滑曲轴、连杆、活塞、气缸壁、凸轮轴、气门等摩擦部位，除此之外，性能优良的机油还应具有冷却、密封、清洗和防锈作用。

1. 润滑作用

发动机工作时，许多部件处于高速运转中，例如活塞、活塞环和气缸壁之间，连杆大头和曲轴颈之间，连杆小头和活塞销之间等发生着高速的摩擦。如果这些摩擦副间得不到适当的润滑，在高温、高速和高压下，金属和金属之间就会产生干摩擦。金属间的干摩擦不但会增加能量消耗，而且摩擦产生的大量热会在短时间内使摩擦表面的金属发生磨损、熔化，甚至烧结，最终导致运动部件卡死。机油进入摩擦副后，在摩擦面之间形成一层油膜，当摩擦副产生相对运动时，黏在它们表面的油膜随之移动，从而防止金属表面直接接触引起干摩擦，这也是机油的主要作用。

2. 冷却作用

燃料在发动机内燃烧产生的热量大约30%转化为机械功，其余的热量，一部分消耗在摩擦副的摩擦上，另一部分随废气排出和使发动机发热。发动机发热量的60%由发动机的冷却系统带走，剩余部分热量就要靠润滑油来传导。发动机工作时，机油不断地流动，从气缸、活塞、曲轴等摩擦表面上吸取热量并传递到温度较低的零件上，由冷却液带走，从而保护发动机不会因过热而烧坏。

3. 密封作用

发动机各机件之间都有一定的间隙，有些间隙对发动机正常工作影响很大，例如气缸、活塞和活塞环之间的间隙。这些间隙的存在会造成漏气，降低发动机功率，并使废气和燃料下窜至曲轴箱污染机油。因此，机油必须在这些间隙中形成油膜，以阻断漏气起密封作用。

4. 清洗作用

发动机工作时，燃料燃烧产生的积炭、机油高温氧化形成的胶质、相互配合的运动部件摩擦产生的金属屑、空气中的灰尘等将在发动机零部件上形成沉积物和漆膜，这些沉积物如果不及时清除，将加剧零部件的磨损，严重时会卡死活塞环，影响发动机正常运转。机油不断地循环流动，及时将油泥和杂质运走，经过机油滤清器过滤掉，使干净的机油不断洗涤摩擦表面，保证发动机的正常工作。

此外，机油还具有防锈作用，它能吸附在金属表面，防止水和酸性气体对金属的腐蚀；同时，能在冲击载荷传递中起缓冲和消振作用。

二、机油的主要性能指标

机油的工作条件十分恶劣，它经常与发动机的高温、高压机件接触，经受的环境温差较大，最高可达300℃（气缸内），低时只有80~90℃（曲轴箱内）。另外，它还要遭受水蒸气、酸性物质、灰尘微粒和金属杂质的侵扰。因此，为保证发动机在工作中得到正常润滑，对机油的使用性能提出了以下的要求。

1. 适当的黏度

液体在外力作用下移动时，液体分子间产生的内摩擦力，称为黏度。

黏度是润滑油的主要性能指标，它是润滑油分类和使用的主要依据。对于发动机来说，机油的黏度直接关系到发动机的起动性能、机件的磨损、燃料和油料的消耗以及功率损失等。黏度过大或过小对发动机工作都会产生不利影响。黏度过大，油的内摩擦力增大，消耗在机油之间的摩擦功率较多，造成发动机低温时起动困难并会降低发动机有效功率，增加燃料消耗；此外，油的泵送性差，机油循环速度减缓，单位时间内流过摩擦表面的油量减少，从而会降低冷却和洗涤的效果。反之，机油黏度过小，不易在摩擦表面形成足够厚度的油膜，使机件得不到正常的润滑，会增大机件的磨损；同时，黏度过小会导致密封性能差，气缸容易漏气，会降低发动机功率，并稀释、污染机油；此外，高温时容易蒸发而进入燃烧室烧掉，加大机油的消耗。

因此，为保证发动机正常工作，在使用时要求机油的黏度适宜。

黏度的表示方法主要有动力黏度、运动黏度和条件黏度。我国润滑油规格中采用动力黏度和运动黏度。

（1）动力黏度　动力黏度是表示液体在一定的剪切应力下流动时内摩擦力的量度，其单位为 Pa·s。动力黏度在润滑油规格中主要用于评定油的低温黏度，常用 mPa·s 表示。

（2）运动黏度　运动黏度是表示液体在重力作用下流动时内摩擦力的量度，其值为相同温度下液体动力黏度与其密度的比值，单位为 m^2/s。划分润滑油黏度等级通常是采用100℃时的运动黏度。

2. 良好的黏温性

机油的黏度是随温度变化的，温度升高，黏度变小；温度降低，黏度增大，机油黏度随温度变化的特性称为黏温性。它是机油的一项重要指标。

机油在发动机润滑部位的工作温度差别相当大，例如，活塞环处温度为205~300℃，活塞裙部温度为110~115℃，主轴承处温度为85~95℃。在寒冷的冬季，如果将车停在室外，曲轴箱里的机油温度会降至与大气温度一样低。由此可知，发动机要求机油在高温部件上工作时能保持一定的黏度，形成一定厚度的油膜，以起到良好的润滑作用；在低温时，黏度不要变得太大，以免造成发动机冬季起动困难。因此，为保证机油在高温和低温时都有适宜的黏度，要求机油必须具有良好的黏温性。

机油的黏温性用黏度指数（VI）表示，黏度指数越大，表明黏度受温度的影响越小，黏温性越好。

为提高机油的黏温性,通常是在低黏度的油中添加黏度指数改进剂(增稠剂),使之能适应在较宽温度范围的使用要求,该油称为多级油。

3. 良好的氧化安定性

机油在使用和储存过程中,一旦与空气接触,在适当条件下便会发生化学反应,引起机油变质,尤其是在高温时,氧化速度明显加快。氧化物集聚在机油中会使其颜色变暗、黏度增加、酸性增大,引起机件磨损,破坏发动机正常工作,还会加速机油老化、变质。因此,要求机油具有良好的抗氧化能力,特别是在高温下的抗氧化能力。为减缓机油氧化变质,延长其使用寿命,通常在机油中要加各种性能良好的抗氧化添加剂。

4. 防腐性

无论机油的品质多么高级,在发动机高温、高压和有水分的工作条件下,也会逐渐老化。机油中的抗氧化剂只能起到抑制、延缓油料氧化过程的作用,减少氧化产物,但不能从根本上消除机油的老化。造成机油老化的原因主要是机油氧化后产生无机酸,但在高温、高压和有水的环境下也同样会腐蚀金属。特别是高速柴油机使用的铜铅、镉银和镉镍轴承,防腐性差,机油中含有微量的酸性物质就会引起严重腐蚀,使其表面出现斑点、麻坑,甚至整块金属剥落。

机油的防腐性常用轴瓦腐蚀试验来评定,在机油规格中,要求各级机油的轴瓦重量不得大于其规定值。为提高机油防腐性,通常采用的方法:一是加深机油的精炼程度,以减少酸值;二是添加防腐剂,常用的防腐剂多为硫、磷有机盐,它能在轴承表面形成防腐保护膜,同时减少油中的氧化物,使轴承不受腐蚀。

5. 清净分散性

机油在使用过程中,因受到废气、燃气、高温和金属催化作用,会生成各种氧化物,它们与金属磨屑等机械杂质混在一起,在机油中形成胶状沉积物,这些沉积物黏附在活塞、活塞环槽上,形成积炭和漆膜,或沉积下来形成油泥,堵塞油孔,从而使发动机散热不良、活塞环黏着、供油不畅,导致润滑不良,加剧机件磨损,使油耗增大、功率下降等。清净分散性能良好的机油能使这些氧化物悬浮在机油中,通过机油滤清器将其过滤掉,从而减少发动机气缸壁、活塞及活塞环等部件上的沉积物,防止由于机件过热烧坏活塞环而引起气缸密封不严,发动机功率下降,油耗增加的故障。

机油的清净分散性通常是通过在机油中添加清净分散剂来提高的。目前常用的清净分散剂有金属型清净分散剂和无灰型清净分散剂,它们不仅具有良好的清净分散效果,同时还有良好的抗氧化性能。

除此之外,机油还应具有良好的抗磨性、缓蚀性以及良好的抗泡性等。

三、机油的分类

机油按发动机的类型分为汽油机润滑油(简称汽油机油)和柴油机润滑油(简称柴油机油)两类,每一类机油按其使用性能和黏度分成若干等级。国际上广泛采用美国汽车工程师协会(SAE)的黏度分类法和美国石油协会(API)的使用性能分类法。

1. 按照使用性能（使用等级）分类（API 质量分类法）

对机油的质量分类，现在最常用的是 API 质量分类法，这种分类也称为性能分类法或使用分类法。该分类法用"S"代表汽油机油，"C"代表柴油机油。这两种系列按使用条件或油品质量水平分成许多级别，这成为国内、外最常用的机油等级分类的依据。

1）汽油机油系列。它按发动机热负荷、机械负荷的大小、操作条件的缓和程度来分类。汽油机油分为 SE、SF、SG、SH、GF-1、SJ、GF-2、SL、GF-3、SM、GF-4、SN、GF-5 共 13 个质量等级，后一级比前一级好。

2）柴油机油系列。它按发动机工作负荷、工作条件的苛刻程度、燃料的含硫量及操作条件的缓和程度来分类。柴油机油按用途和特性分为 CC、CD、CF、CF-2、CF-4、CG-4、CH-4、CI-4、CJ-4 共 9 个质量等级，后一级比前一级好。

机油的级别、特性和使用场合见表 7-1。

表 7-1 机油的级别、特性和使用场合（摘自 GB/T 28772—2012《内燃机油分类》）

应用范围	品种代号	特性和使用场合
汽油机油	SE	用于轿车和某些货车的汽油机以及要求使用 API SE、SD①级油的汽油机。此种油品的抗氧化性能及控制汽油机高温沉积物、锈蚀和腐蚀的性能优于 SD①或 SC①
	SF	用于轿车和某些货车的汽油机以及要求使用 API SF、SE 级油的汽油机。此种油品的抗氧化和抗磨损性能优于 SE，同时还具有控制汽油机沉积、锈蚀和腐蚀的性能，并可代替 SE
	SG	用于轿车、货车和轻型货车的汽油机以及要求使用 API SG 级油的汽油机。SG 质量还包括 CC 或 CD 的使用性能。此种油品改进了 SF 级油控制发动机沉积物、磨损和油的氧化性能，同时还具有抗锈蚀和腐蚀的性能，并可代替 SF、SF/CD、SE 或 SE/CC
	SH、GF-1	用于轿车、货车和轻型货车的汽油机以及要求使用 API SH 级油的汽油机。此种油品在控制发动机沉积物、油的氧化、磨损、锈蚀和腐蚀等方面的性能优于 SG，并可代替 SG GF-1 与 SH 相比，增加了对燃料经济性的要求
	SJ、GF-2	用于轿车、运动型多用途汽车、货车和轻型货车的汽油机以及要求使用 API SJ 级油的汽油机。此种油品在挥发性、过滤性、高温泡沫性和高温沉积物控制等方面的性能优于 SH。可代替 SH，并可以 SH 以前的"S"系列等级中使用 GF-2 与 SJ 相比，增加了对燃料经济性的要求，GF-2 可代替 GF-1
	SL、GF-3	用于轿车、运动型多用途汽车、货车和轻型货车的汽油机以及要求使用 API SL 级油的汽油机。此种油品在挥发性、过滤性、高温泡沫性和高温沉积物控制等方面的性能优于 SJ。可代替 SJ，并可在 SJ 以前的"S"系列等级中使用 GF-3 与 SL 相比，增加了对燃料经济性的要求，GF-3 可代替 GF-2
	SM、GF-4	用于轿车、运动型多用途汽车、货车和轻型货车的汽油机以及要求使用 API SM 级油的汽油机。此种油品在高温氧化和清净性能、高温磨损性能以及高温沉积物控制等方面的性能优于 SL。可代替 SL，并可在 SL 以前的"S"系列等级中使用 GF-4 与 SM 相比，增加了对燃料经济性的要求，GF-4 可代替 GF-3
	SN、GF-5	用于轿车、运动型多用途汽车、货车和轻型货车的汽油机以及要求使用 API SN 级油的汽油机。此种油品在高温氧化和清净性能、低温油泥以及高温沉积物控制等方面的性能优于 SM。可代替 SM，并可在 SM 以前的"S"系列等级中使用 对于资源节约型 SN 油品，除具有上述性能外，强调燃料经济性、对排放系统和涡轮增压器的保护以及与含乙醇最高达 85% 的燃料的兼容性能 GF-5 与资源节约型 SN 相比，性能基本一致，GF-5 可代替 GF-4

（续）

应用范围	品种代号	特性和使用场合
柴油机油	CC	用于中负荷及重负荷下运行的自然吸气、涡轮增压和机械增压式柴油机以及一些重负荷汽油机。对于柴油机具有控制高温沉积物和轴瓦腐蚀的性能，对于汽油机具有控制锈蚀、腐蚀和高温沉积物的性能
	CD	用于需要高效控制磨损及沉积物或使用包括高硫燃料自然吸气、涡轮增压和机械增压式柴油机以及要求使用 API CD 级油的柴油机。具有控制轴瓦腐蚀和高温沉积物的性能，并可代替 CC
	CF	用于非道路间接喷射式柴油发动机和其他柴油发动机，也可用于需有效控制活塞沉积物、磨损和含铜轴瓦腐蚀的自然吸气、涡轮增压和机械增压式柴油机。能够使用硫的质量分数大于 0.5% 的高硫柴油燃料，并可代替 CD
	CF-2	用于需高效控制气缸、环表面胶合和沉积物的二冲程柴油发动机，并可代替 CD-Ⅱ[①]
	CF-4	用于高速、四冲程柴油发动机以及要求使用 API CF-4 级油的柴油机，特别适用于高速公路行驶的重负荷货车。此种油品在机油消耗和活塞沉积物控制等方面的性能优于 CE[①]，并可代替 CE[①]、CD 和 CC
	CG-4	用于可在高速公路和非道路使用的高速、四冲程柴油发动机。能够使用硫的质量分数小于 0.05%~0.5% 的柴油燃料。此种油品可有效控制高温活塞沉积物、磨损、腐蚀、泡沫、氧化和烟炱的累积，并可代替 CF-4、CE[①]、CD 和 CC
	CH-4	用于高速、四冲程柴油发动机。能够使用硫的质量分数不大于 0.5% 的柴油燃料。即使在不利的应用场合，此种油品可凭借其在磨损控制、高温稳定性和烟炱控制方面的特性有效地保持发动机的耐久性；对于非铁金属的腐蚀、氧化和不溶物的增稠、泡沫性以及由于剪切所造成的黏度损失可提供最佳的保护。其性能优于 CG-4，并可代替 CG-4、CF-4、CE[①]、CD 和 CC
	CI-4	用于高速、四冲程柴油发动机。能够使用硫的质量分数不大于 0.5% 的柴油燃料。此种油品在装有废气再循环装置的系统里使用可保持发动机的耐久性。对于腐蚀性和与烟炱有关的磨损倾向、活塞沉积物，以及由于烟炱累积所引起的黏温性变差、氧化增稠、机油消耗、泡沫性、密封材料的适应性降低和由于剪切所造成的黏度损失可提供最佳的保护。其性能优于 CH-4，并可代替 CH-4、CG-4、CF-4、CE[①]、CD 和 CC
	CJ-4	用于高速、四冲程柴油发动机。能够使用硫的质量分数不大于 0.05% 的柴油燃料。对于使用废气后处理系统的发动机，如使用硫的质量分数大于 0.0015% 的燃料，可能会影响废气后处理系统的耐久性和/或机油的换油期。此种油品在装有微粒过滤器和其他后处理系统里使用可特别有效地保持排放控制系统的耐久性。对于催化剂中毒的控制、微粒过滤器的堵塞、发动机磨损、活塞沉积物、高低温稳定性、烟炱处理特性、氧化增稠、泡沫性和由于剪切所造成的黏度损失可提供最佳的保护。其性能优于 CI-4，并可代替 CI-4、CH-4、CG-4、CF-4、CE[①]、CD 和 CC

① SD、SC、CD-Ⅱ 和 CE 已经废止。

2. 按照黏度分类

SAE 黏度分类法是目前应用最广泛的分类方法。机油牌号中的数字表示其黏度等级。根据适用范围不同，分为单级油和多级油。

1）单级油黏度分类。机油的低温性能各项指标和 100℃ 运动黏度仅满足冬用机油或夏用机油黏度分级之一的，称为单级油。SAE 单级油黏度分类见表 7-2。根据适用温度的不同，单级油分为单级冬季机油和单级夏季机油。

表 7-2 SAE 单级油黏度分类

黏度等级号	黏度范围			
	动力黏度（-18℃）/mPa·s		运动黏度（100℃）/(mm²/s)	
	最小	最大	最小	最大
5W	—	1250	3.8	—
10W	1250	2500	4.1	—
15W	2500	5000	5.6	—
20W	5000	10000	5.6	—
25W	10000	—	9.3	—
20	—	—	5.6	9.3
30	—	—	9.3	12.5
40	—	—	12.5	16.3
50	—	—	16.3	21.9

冬季用机油的分类，规定用在-18℃所测定的黏度来分，有0W、5W、10W、15W、20W、25W共6个等级（W表示冬用）；在单级冬季用油中，符号W前的数字越小，说明其低温黏度越小，低温流动性越好，适用的最低气温越低。

例如：0W适用于-35℃地区使用；5W适用于-30℃地区使用；10W适用于-25℃地区使用；15W适用于-20℃地区使用；20W适用于-15℃地区使用；25W适用于-10℃地区使用。

由此可知，0W的机油可以在地球上任何寒冷地区使用，10W的机油可以在北方的冬季使用，15W的机油可以在南方的冬季使用。

春秋和夏季用机油按100℃时的运动黏度分为20、30、40、50共4个等级。其中，数字越大，其黏度越大，适用的最高气温越高。

2）多级油的分类。机油的低温性能各项指标和100℃运动黏度能同时满足冬夏两种黏度分级要求的，称为多级油。SAE多级油黏度分类及黏度指数见表7-3。

对于多级油来讲，其代表冬季用部分的数字越小，代表夏季部分的数字越大，说明其黏温特性越好，适用的气温范围越大。SAE多级油黏度与气温的关系见表7-4。常用的多级机油有：0W-40、5W-20、5W-30、5W-40、5W-50、10W-20、10W-30、10W-40、15W-20、15W-30、15W-40、15W-50、20W-20、20W-30、20W-40、25W-40共16种。

表 7-3 SAE 多级油黏度分类及黏度指数

黏度级别	最高动力黏度/Pa·s	最高动力黏时的温度/℃	最大边界泵送温时的温度/℃	运动黏度（100℃）/(mm²/s)	
				最小	最大
5W-20	3.5	-25	-30	5.6	9.3
5W-30	3.5	-25	-30	9.3	12.5
5W-40	3.5	-25	-30	12.5	16.3
10W-20	3.5	-20	-25	7	9.3
10W-30	3.5	-20	-25	9.3	12.5

(续)

黏度级别	最高动力黏度 /Pa·s	最高动力黏度时的温度/℃	最大边界泵送温时的温度/℃	运动黏度（100℃）/(mm²/s)	
				最小	最大
10W-40	3.5	-20	-25	12.5	16.3
15W-20	3.5	-15	-20	5.6	9.3
15W-30	3.5	-15	-20	9.3	12.5
15W-40	3.5	-15	-20	12.5	16.3
20W-20	4.5	-10	-15	7	9.3
20W-30	4.5	-10	-15	9.3	12.5
20W-40	4.5	-10	-15	12.5	16.3
25W-40	6	-5	-10	7	9.3

表 7-4 SAE 多级油黏度与气温的关系

SAE 多级油黏度级号	0W-40	5W-30	10W-40	15W-20	20W-30	25W-40
适用温度/℃	-35~40	-30~30	-25~40	-20~20	-15~30	-10~40

另外，为增大机油对季节和气温的适应范围，还规定了多级油的黏度级号，例如 5W-20、5W-30、10W-30、20W-40 等。多级油在油中添加了黏度指数改进剂，能同时满足某 W 级和非 W 级油的黏度要求，有较宽的温度使用范围。例如，10W-30 既符合 10W 级油黏度要求，又符合 30 级油黏度要求，在一定地区可冬夏季通用。

四、机油的规格

（1）机油的规格　近年来随着汽车技术的快速发展，汽车的内部配合越来越精密，发动机的工作条件越来越苛刻，对使用机油的质量要求也越来越高。汽油机油和柴油机油的使用性能级别及其黏度等级分别见表 7-5、表 7-6。

表 7-5　汽油机油的使用性能级别及其黏度等级

汽油机的性能级别	SE、SF	SG、SH、GF-1、SJ、GF-2、SL、GF-3
黏度等级 （按照 GB 11121—2006）	0W-20, 0W-30, 5W-20 5W-30, 5W-40, 5W-50 10W-30, 10W-40, 10W-50 15W-30, 15W-40, 15W-50 20W-40, 20W-50 30, 40, 50	0W-20, 0W-30, 5W-20, 5W-30, 5W-40, 5W-50 10W-30, 10W-40, 10W-50, 15W-30, 15W-40 15W-50, 20W-40, 20W-50 30, 40, 50

表 7-6　柴油机油的使用性能级别及其黏度等级

柴油机的性能级别	CC、CD	CF、CF-4、CH-4、CI-4
黏度等级 （按照 GB 11122—2006）	0W-20, 0W-30, 0W-40 5W-20, 5W-30, 5W-40, 5W-50 10W-30, 10W-40, 10W-50 15W-30, 15W-40, 15W-50 20W-40, 20W-50, 20W-60 30, 40, 50, 60	0W-20, 0W-30, 0W-40 5W-20, 5W-30, 5W-40, 5W-50 10W-30, 10W-40, 10W-50 15W-30, 15W-40, 15W-50 20W-40, 20W-50, 20W-60 30, 40, 50, 60

（2）机油的牌号　每种机油的包装桶上均标有一个代号，例如：SF10W/30 或 CD15W/40。这个代号是机油的牌号，表示该机油的使用场合、黏度级别和质量等级。例如，牌号为 SF10W/30、CD40、SF-CD 15W/40 的机油表示的含义如下。

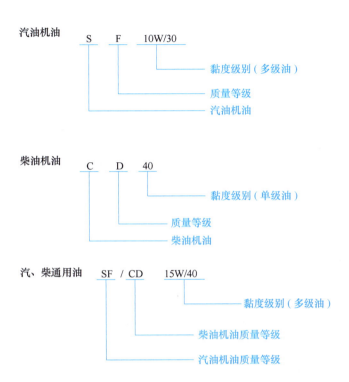

五、机油的选用和使用注意事项

由于汽油发动机与柴油发动机工作条件的差异，因此使用的机油也不相同。即使同属汽油机或柴油机，其工作负荷、转速也会相差很大，在使用机油的级别上也会有差异。机油使用得当，发动机的动力性、经济性以及使用寿命会得到保障。否则，既不能满足发动机使用要求，还会造成发动机早期损坏。因此，正确选用机油是十分必要的。

1. 汽油机油的合理选用

（1）根据发动机的压缩比及附加装置，选用汽油机油的质量等级　发动机的热负荷和机械负荷越大，对机油的要求越高，因此要求使用质量等级高的机油。汽油机压缩比越高，其发动机的热负荷和机械负荷越大，要求汽油机油的质量等级越高。

（2）根据发动机工作的环境温度选择汽油机油的黏度等级　黏度是汽油机油的重要指标，确定汽油机油的质量等级后，选择合适的黏度就显得更为重要。黏度过大或过小都会引起能源浪费、磨损增加。汽油机油黏度等级的选用原则是根据发动机工作的环境温度来决定的，冬季寒冷地区应选用黏度小的汽油机油，夏季或全年气温较高的地区应选用黏度适当高一些的汽油机油。黏度等级与使用环境温度范围的参考值见表7-7。

表7-7 黏度等级与使用环境温度范围的参考值

黏度等级	适用环境气温/℃	黏度等级	适用环境气温/℃
5W	−30~−10	5W-20	−30~25
10W	−25~−5	10W-30	−25~30
20	−10~30	10W-40	−25~40
30	0~30	15W-40	−20~40
40	10~50	20W-40	−15~40

2. 柴油机油的合理选用

（1）根据发动机的强化系数确定柴油机油的质量等级　柴油机的热负荷和机械负荷是影响机油质量变化的主要因素，柴油机负荷越大，工作温度越高，工作强度越剧烈，要求使用柴油机油的质量越高。柴油机的热负荷和机械负荷由强化系数 K 表示。

$$K = P_e C_m Z$$

式中　K——柴油发动机的强化系数；

　　　P_e——气缸平均有效压力；

　　　C_m——活塞平均速度；

　　　Z——冲程系数（四冲程为0.5，二冲程为1.0）。

选择柴油机油的质量等级时，可按发动机的强化系数来决定。

（2）根据发动机工作的环境温度选择柴油机油的黏度等级　柴油机油的黏度等级的选择与汽油机油一样，要根据使用的环境温度来选择。一般在严寒地区为保证冬季顺利起动，应选用多级油，具体的选用方法参见表7-7的黏度等级选择。

3. 使用机油的注意事项

1）正确选择机油的使用等级对发动机正常运行至关重要。遇下列情况之一者，使用等级应酌情提高一级：汽车长期处于停停开开的使用状态；长期低温、低速行驶；长时间高温高速下工作；灰尘多的场所；满载并拖挂车长时间行驶。

2）一般使用等级较高的机油可代替使用等级较低的机油，但绝不能用使用等级低的机油代替使用等级高的机油，否则会导致发动机早期磨损和损坏。

3）应注意用油的地区或季节的变化，及时换用适宜的黏度级别的机油。使用中，应尽量选用多级油。不同黏度等级的机油不能混用。

4）应结合使用条件按质换油。换油时，应在较高温度下进行并将废油放净，同时严防水分、杂质的混入。

课题二　车辆齿轮油

通常把用于汽车手动变速器、后桥齿轮传动机构及转向机构的润滑油称为车辆齿轮油；把用于自动变速器的润滑油称为汽车自动传动液、自动变速器油或液力传动油。和其他润滑油一样，车辆齿轮油在齿轮传动中的主要作用是减少摩擦、降低磨损、冷却零部件，同时还可缓和振动、减少冲击、防止锈蚀以及清洗摩擦面脏物。

一、车辆齿轮油的工作条件

车辆齿轮油与机油相比,其工作条件有以下两大特点。

1)承受压力大。齿轮在啮合过程中,啮合部位的接触压力很高,一般汽车齿轮的接触压力达 2000~3000MPa,因此,齿轮啮合部位的油膜极易破裂,导致摩擦和磨损,甚至引起擦伤和胶合。

2)工作温度不高。齿轮油基本不受发动机热源影响,一般齿轮的工作油温,国产汽车(如 EQ1090)油温为 120℃,进口汽车因速度高,可达 160~180℃。

二、车辆齿轮油的性能要求

根据上述工作特点,为保证齿轮传动的良好润滑和正常运转,对车辆齿轮油的性能要求是具有适宜的黏度,良好的抗磨性、黏温性、热氧化安定性、低温流动性、防腐性、防锈性能和抗泡沫性等。

1. 极压抗磨性

为满足现代汽车在设计制造上不断提高功率和车速的要求,一些高级轿车和越野汽车多采用准双曲面齿轮,目的是降低车身的高度以适应高速行驶。准双曲面齿轮在传动时,齿面压力可达 3000~4000MPa,滑动速度可达 450m/min。在这样高压和高速下,准双曲面齿轮处于边界润滑状态。另外,当汽车在重载荷起动、爬坡或遇到冲击载荷时,齿面接触区中有很大部分处于边界润滑状态。因此,车辆齿轮油要求在较高的负荷下仍能保持足够厚的油膜。车辆齿轮油的黏度增加有利于承载能力的提高,但黏度过大会增加摩擦损失,所以在车辆齿轮油中一般都加有极压抗磨添加剂。

2. 热氧化安定性

轿车后桥和变速器的工作温度并不很高,但随着发动机工作条件变苛刻,齿轮箱体积的缩小,车辆齿轮油的氧化越来越严重。重型汽车中齿轮装置的工作温度相当高。车辆齿轮油的氧化是个突出的问题,它使油的黏度增大,生成油泥,影响车辆齿轮油的流动。同时,氧化产生的腐蚀性物质会加速车辆齿轮油对金属的腐蚀和锈蚀,氧化生成的极性沉淀物会吸附极性添加剂,使添加剂随沉淀物一起从油中析出。沉淀物会使橡胶老化变硬,沉淀物覆盖于金属零件表面时,又会影响其散热,因此,车辆齿轮油还应加入抗氧剂,使其具有良好的热氧化安定性。

3. 防腐性能

车辆齿轮油中所含的极性添加剂会与零件表面金属反应生成有机膜,以防止在重负荷时油膜破裂引起擦伤,增加极压性能,但极性添加剂会造成铜或铜合金的腐蚀。因此,车辆齿轮油还需加入防腐剂,保证车辆齿轮油兼有极压性和防腐性。

三、车辆齿轮油的分类

1. 按照黏度分类

我国车辆齿轮油的黏度采用美国 SAE 黏度分类法,按齿轮油黏度为 150000mPa·s 时的最高温度和 100℃的运动黏度,将齿轮油分为 70W、75W、80W、85W、90、140 和 250 共 7 个黏度牌号。车辆齿轮油的黏度分类见表 7-8。表 7-8 中带 W 级号的为冬季用油。另外,还规定了3个多级油的牌号：80W/90、85W/90、85W/140。

表 7-8 车辆齿轮油的黏度分类

SAE 黏度牌号	黏度为 150000mPa·s 的最高温度/℃	100℃运动黏度/(mm²/s) 最小值	100℃运动黏度/(mm²/s) 最大值
70W	−55	4.1	—
75W	−40	4.1	—
80W	−26	7.0	—
85W	−12	11.0	—
90	—	13.5	<18.5
140	—	24.0	<32.5
250	—	41.0	

2. 按照使用性能分类

目前国际上广泛采用 API 使用分类法，它按齿轮承载能力和使用条件不同，分为 GL-1、GL-2、GL-3、GL-4、GL-5 和 GL-6 共 6 个级别。API 车辆齿轮油使用性能分级见表 7-9。

表 7-9 API 车辆齿轮油使用性能分级

级别	适用范围
GL-1	低齿面压力、低滑动速度下运行的汽车弧齿锥齿轮、蜗轮后轴和各种手动变速器。直馏矿物油能满足变级油的要求
GL-2	汽车蜗轮后轴，其负荷、温度及滑动速度的状况用 GL-1 齿轮油不能满足要求
GL-3	中等速度及负荷运转的汽车手动变速器和后桥弧齿锥齿轮规定用 GL-3 级齿轮油。其承载能力比 GL-2 高，比 GL-4 低
GL-4	在高速低转矩下运转的轿车和其他车辆的各种齿轮，特别是准双曲面齿轮
GL-5	在高速冲击负荷、高速低转矩、低速高转矩条件下运转的轿车和其他车辆的各种齿轮，特别是准双曲面齿轮
GL-6	高速冲击负荷下运转的轿车和其他车辆的各种齿轮，特别是高偏置准双曲面齿轮，偏置大于大齿圈 5cm 或接近直径的 25%

我国参照采用 API 使用分类法，将车辆齿轮油分为普通车辆齿轮油、中负荷车辆齿轮油和重负荷车辆齿轮油 3 个品种，各品种的特点和常用部位见表 7-10。

表 7-10 各品种的特点和常用部位

名称及代号	特点	使用部位
普通车辆齿轮油（CLC）	精制矿物油加抗氧剂、防锈剂、抗泡剂和少量极压剂等	手动变速器、弧齿锥齿轮的驱动桥
中负荷车辆齿轮油（CLD）	精制矿物油抗氧剂、防锈剂、抗泡剂和极压剂等。适用于在低速高转矩、高速低转矩下操作的各种齿轮，特别是客车和其他各种车辆用的准双曲面齿轮	手动变速器、负荷高的弧齿锥齿轮和使用条件不苛刻的准双曲面齿轮的驱动桥
重负荷车辆齿轮油（CLE）	精制矿物油抗氧剂、防锈剂、抗泡剂和极压剂等。适用于高速冲击负荷，低速高转矩、高速转矩下操作的各种齿轮，特别是客车和其他各种车辆用的准双曲面齿轮	操作条件苛刻的准双曲面齿轮及其他各种齿轮的驱动桥。也可用于手动变速器

四、常用车辆齿轮油的规格

目前常用的车辆齿轮油有以下 3 种。

（1）普通车辆齿轮油（CLC）　CLC 主要有 80W-90、85W-90、90 号 3 个牌号。它主要适用于中等速度和负荷比较苛刻的手动变速器和弧齿锥齿轮驱动桥。它以石油润滑油、合成润滑油及它们的混合组分为原料，并加入抗氧剂、防锈剂、抗泡剂和少量极压剂等制成。

（2）中负荷车辆齿轮油（CLD）　CLD 没有自己独立的牌号，一般采用 18 号准双曲面齿轮油和合成 18 号准双曲面齿轮油来代替。

（3）重负荷车辆齿轮油（CLE）　CLE 主要有 75W、80W-90、85W-90、85W-140 及 90 号 5 个牌号。它适用于高速冲击负荷、高速低转矩和低速低转矩下操作的各种齿轮，特别是轿车和其他各种车辆的准双曲面齿轮。它是在精制的矿物油中加入抗氧剂、防锈剂、抗泡剂和少量极压剂等制成的。

五、车辆齿轮油的选用及注意事项

1. 车辆齿轮油的选用

（1）根据齿轮的工作环境选用使用等级　通常进口轿车、中外合资生产的轿车及大负荷货车的驱动桥准双曲面齿轮，其接触压力在 3000MPa 以上，滑动速度超过 10m/s，油温达 120~130℃，工作条件十分苛刻，必须使用重负荷车辆齿轮油（GL-5）；接触压力在 3000MPa 以下，滑动速度在 1.5~8m/s 之间的驱动桥准双曲面齿轮，因工作条件不太苛刻，应选用中负荷车辆齿轮油（GL-4）；弧齿锥齿轮因齿轮接触压力和滑动速度较低，可选用普通车辆齿轮油，负荷较大的车辆可选用中负荷车辆齿轮油。

手动变速器、分动器和转向器等，其工作负荷较小，若无特殊要求，为简化用油品种，可与驱动桥使用同一种车辆齿轮油。对含铜机件的变速机构，因车辆齿轮油中的硫对其有腐蚀作用，可采用柴油机油。

（2）根据季节、气温选用黏度等级　车辆齿轮油的低温黏度决定了传动机构在低温下的操作性能。因此，可以将车辆齿轮油黏度达 150000mPa·s 的最高温度作为使用的最低温度对照当地气温来选用。通常长江流域及其他冬季气温不低于-10℃的地区，全年可使用 90 车辆齿轮油；长城以北冬季气温不低于-26℃的寒区，全年可用 80W、90 车辆齿轮油；黑龙江、新疆等冬季最低气温在-26℃以下的严寒区，冬季应使用 75W 车辆齿轮油，夏季应换用 90 车辆齿轮油；其他地区全年可用 85W、90 车辆齿轮油。

2. 使用注意事项

1）使用等级高的车辆齿轮油可以用于要求较低的车辆上，但绝不能将使用等级低的车辆齿轮油用于要求高的车辆上，否则会使齿轮产生严重的磨损和损坏。

2）在保证润滑的前提下，应选用黏度等级较低的车辆齿轮油；尽可能选用多级油，以避免季节换油造成的浪费。

3）严防水分混入，以免极压抗磨添加剂失效。

4）齿轮油的换油期一般为 $(4~5) \times 10^4$km 一次，换油时应将废油放尽。

课题三 润 滑 脂

润滑脂是石油产品中的一大类，它是一种稠化了的润滑油，即在润滑油中加入了稠化剂，是外形呈黏稠状的半固体油膏，俗称黄油。由于润滑脂具有许多优良性能，所以是汽车中不可缺少的润滑材料。

一、润滑脂的特点及组成

1. 润滑脂的特点

润滑脂适用于汽车上不宜使用液体润滑剂的部位；低速、大负荷和冲击力较大的部位；工作环境差，难以密封的部位等。与润滑油相比，润滑脂有如下优点：

1) 具有良好的黏附性，能附着在摩擦表面上，不易流失或飞溅。
2) 承压抗磨性强，在大负荷和冲击载荷下，仍能保持良好的润滑性能。
3) 使用周期长，无须经常补充，可减少维护工作量。
4) 具有更好的密封和防护作用。
5) 使用温度范围较宽。

润滑脂的缺点是散热能力差，不能像润滑油那样对摩擦表面进行冷却；流动性差，内摩擦阻力大，运转时功率损失也大。此外，当固体杂质混入其中时不易清除，这些都使得润滑脂在使用范围上受到一定的限制。

2. 润滑脂的组成

润滑脂由基础油、稠化剂和添加剂3部分组成，一般基础油含量占75%～90%，稠化剂含量占10%～20%，其余为添加剂。

（1）基础油　基础油为液体，在润滑脂中被保持在稠化剂所形成的结构骨架内，在常温呈半固体或固体状态。在常温和静止状态下，润滑脂是一种塑性物质，能够附着在摩擦表面，在垂直表面上不流失，并可保持在敞开的以及密封不良的摩擦部件和机械上工作。在温度升高和运动状态下，受到热的作用和机械作用，润滑脂会变稀，能像液体一样变形流动，润滑摩擦表面。当热的作用和机械作用逐渐变小乃至消失时，润滑脂会逐渐变稠，成为一种塑性状物质。它是润滑脂中起润滑作用的主要成分，对润滑脂的性能有较大影响。

常用的基础油有矿物油（开采的天然石油炼制所得）和合成油（如航空机油或硅油等）两类。目前使用较多的是矿物油。

（2）稠化剂　稠化剂是润滑脂的固体组分，它能在基础油中分散和形成骨架结构，并且使基础油被吸附和固定在骨架结构之中。它的性质和含量决定了润滑脂的黏稠程度以及抗水性和耐热性。稠化剂有皂基稠化剂、烃基稠化剂、有机稠化剂、无机稠化剂。稠化剂的种类不同，润滑脂的基本性能也不同，使用较广泛的是皂基稠化剂。

（3）添加剂　润滑脂添加剂是添加到润滑脂中以改进其使用性能的物质，可以改进基础油本身固有的性质或增加其原来不具有的性质，质量占润滑脂质量的5%以下。

润滑脂添加剂的主要种类有稳定剂、抗氧剂、金属纯化剂、防锈剂、抗腐剂和极压抗磨剂等。

二、润滑脂的主要性能指标

润滑脂的主要性能指标由润滑脂的组成和结构特性决定，润滑脂具有许多其他润滑剂不具有的特殊使用性能。

1. 稠度

稠度是指润滑脂的浓稠程度。适当的稠度可使润滑脂容易加注并保持在摩擦面上，以保持持久的润滑作用。稠度可用锥入度表示。锥入度指在规定温度下，将标准锥沉入润滑脂内保留5s，然后测量锥的沉入深度，并以1/10mm为单位，即得到润滑脂的锥入度。锥入度值越大，润滑脂越软；反之，就越硬。

锥入度是选用润滑脂的重要依据。负荷较大、速度较低的摩擦机件，应选用锥入度较小润滑脂；反之，则应选用锥入度较大的润滑脂。

2. 滴点

润滑脂在规定的试验条件下，由半固态变为液态时的温度，称为滴点。通过滴点可以粗略地估计润滑脂的最高使用温度。为了使润滑脂能在润滑部位长期工作而不流失，滴点应高于润滑部位的工作温度15~30℃或更高。滴点越高，其耐热性越好。

3. 胶体安定性

胶体安定性指润滑脂在一定温度和压力下保持胶体结构稳定，防止基础油从脂中析出的性能。胶体安定性差的润滑脂在受热、压力等作用下，易发生油皂分离，使润滑脂稠度改变和流失。安定性差的润滑脂不易长期保存。

4. 抗水性

抗水性指在水中不溶解，不从周围介质中吸收水分，不被水洗掉等的能力。烃基润滑脂不吸水、不乳化，抗水性特别好，其他润滑脂的金属皂除钠皂和钠钙皂外，抗水性都较好。

5. 防腐性

润滑脂的防护作用是吸附在金属表面，隔绝外界各种腐蚀介质与金属的接触，以达到防腐的目的。因此，润滑脂本身对金属不应有腐蚀作用，这就要求润滑脂不能含有过量的游离酸或碱，并且不应含游离水。

三、润滑脂的品种、规格和使用范围

1. 汽车用润滑脂分类

（1）按基础油分为矿物润滑脂和合成润滑脂。

（2）按用途分为减摩润滑脂、防护润滑脂、密封润滑脂。

（3）按特性分为高温润滑脂、耐寒润滑脂、极压润滑脂。

（4）按稠化剂的类别分为皂基润滑脂和非皂基润滑脂。皂基润滑脂分为单皂基润滑脂（如钙基润滑脂、钠基润滑脂、锂基润滑脂等）、混合皂基润滑脂（如钙钠基润滑脂）和复合基润滑脂（如复合钙、复合锂、复合铝基润滑脂等）。非皂基润滑脂分为烃基润滑脂、无机润滑脂和有机润滑脂等。

汽车润滑脂的分类和性能见表7-11。

表 7-11　汽车润滑脂的分类和性能

标号	性能	使用温度范围/℃	稠度（针入度）	可能行驶距离/km
LA	轻、中负荷，抗氧化、防锈、抗磨、机械安定	—	主要2号	<3200（轿车）
LB	苛刻负荷，振动、水接触、长期运转	-40~120	主要2号	>3200（轿车）
GA	较轻负荷	-20~70	—	—
GB	较轻到中负荷，抗氧、抗腐、抗磨、安定	-40~120（有时到160）	主要2号（1、3号也用）	高速公路
GC	中到重负荷，抗氧、抗腐、抗磨	-40~160（有时到200）	主要2号（1、3号也用）	开、停频繁用

2. 常用汽车润滑脂品种

汽车上常用的润滑脂有下列几类。

1. 钙基润滑脂

钙基润滑脂是由动植物油与石灰制成的钙皂稠化矿物润滑油，并以水作为胶溶剂而制成的。按锥入度大小分为 1、2、3、4 共 4 个牌号，号数越大，脂越硬，滴点越高。钙基润滑脂的特点是不溶于水，抗水性较强，且润滑、防护性能较好，但其耐热性较差，在高温、高速部位润滑时易造成油皂分离。所以，钙基润滑脂最高使用温度一般不高于 60℃，且使用寿命较短。

钙基润滑脂在汽车上主要用于底盘的摩擦部位、水泵轴承、分电器凸轮、变速器前球轴承等部位。换油周期一般为汽车行驶 5000km 左右更换一次。

2. 钠基润滑脂

钠基润滑脂是以动植物油加烧碱制成的钠皂稠化矿物润滑油制成的，外观为深黄色至暗褐色的纤维状均匀油膏，按锥入度的大小，分为 2、3 两个牌号。

钠基润滑脂的特点是：滴点较高（160℃），耐热好，适用于 -10~110℃ 温度范围内一般中等负荷部件的润滑，并有较好的承压抗磨性能。但它的耐水性很差，因此不能用于潮湿和易于与水接触的摩擦部位（如用于离发动机很近、温度较高的风扇离合器等部位）。

3. 汽车通用锂基润滑脂

汽车通用锂基润滑脂是由天然脂肪酸锂皂稠化低凝点润滑油，并加入抗氧、防锈剂制成的。

汽车通用锂基润滑脂的特点是滴点高（180℃），使用温度范围广，可以在 -30~120℃ 范围内长期使用，而且具有良好的胶体安定性、抗水性和防锈性。

汽车通用锂基润滑脂适用的地区较广，可广泛用于汽车轴承及各摩擦部位。其换油周期为 15000km。目前，进口汽车和国产新车普遍推荐使用这种润滑脂。

此外，汽车常用的润滑脂还有石墨钙基润滑脂，它具有良好的抗水性和抗碾压性能，主要用于汽车钢板弹簧、半拖挂货车转盘等承压部位的润滑。

常用润滑脂的牌号、性能及应用见表 7-12。

项目七　汽车润滑材料与工作液

表7-12　常用润滑脂的牌号、性能及应用

序号	名称	牌号（或代号）	滴点（不低于）/℃	工作锥入度/(1/10mm)	应用
1	钙基润滑脂 （GB/T 491—2008）	1号	80	310~340	适用于汽车、拖拉机、冶金、纺织等机械设备的润滑。使用温度范围为-10~60℃
		2号	85	265~295	
		3号	90	220~250	
		4号	95	175~205	
2	钠基润滑脂 （GB 492—1989）	2号	140	265~295	2号、3号均适用于工作温度不超过120℃的机械摩擦部位的润滑。4号适用于工作温度不超过130℃的重负荷机械设备的润滑。不能用于与潮湿空气或水接触的润滑部位
		3号	140	220~250	
		4号	150	175~205	
3	通用锂基润滑脂 （GB/T 7324—2010）	1号	170	310~340	适用于工作温度在-20~120℃范围内各种机械设备的滚动轴承和滑动轴承及其他摩擦部位的润滑
		2号	175	265~295	
		3号	180	220~250	

四、润滑脂使用注意事项

1) 不同种类的润滑脂不得混用，否则易使润滑脂变软和使胶体安定性下降。换用新鲜润滑脂时，须将原润滑脂擦净，不然将加速新鲜润滑脂氧化变质。

2) 润滑脂一次加入量不要过多，否则会使运转阻力增加，工作温度升高。

3) 一般情况下，润滑脂与润滑油不能混用。

4) 润滑脂应储存在阴凉干燥的地方，不要露天存放，并须防止日晒、雨淋和灰、砂的侵入。

课题四　汽车制动液

汽车制动液俗称刹车油，是用于汽车液压制动系统中传递压力，使车轮制动器实现制动作用的液体。当驾驶人踩制动踏板时，从脚踏板传力至制动总泵的活塞，通过制动液传递能量到车轮各制动泵，使摩擦片张开，达到停车的目的。

一、汽车制动液的工作条件和使用要求

由于汽车制动性能的可靠性直接影响到行车的安全性，因此，汽车制动液必须保证车辆

在严寒和酷暑的气温条件下，在高速、重负荷、大功率及频繁制动的操作条件下，有效、可靠地保证汽车制动灵活，确保行驶安全。汽车制动液工作特点如下。

1) 工作压力较高，液压制动系统的最大允许油压一般为 5~8MPa。
2) 工作温度高，一般在 65~75℃，现代汽车多采用盘式制动，温度将更高。
3) 接触材料多，有铸铁、铝合金、铜、钢、橡胶皮碗等。

二、汽车制动液的使用性能与指标要求

1. 高温抗气阻性

在平坦道路上行驶的汽车，制动液的温度一般为 100~130℃，最高可达 150℃，行驶于多坡道山间公路的汽车，制动频繁，制动液温度会更高。尤其是现代高速汽车制动强度大，温度高，如果使用沸点低、易蒸发的制动液，在受热时，容易在管道内蒸发，产生气阻，引起制动失灵。因此，为保证制动安全可靠，要求制动液具有优良的高温抗气阻性，这也是对制动液使用性能的主要要求之一。

评定汽车制动液高温抗气阻性的指标是平衡回流沸点和蒸发性。

(1) 平衡回流沸点　它是指在冷凝回流系统内与大气平衡条件下试样沸腾的温度。平衡回流沸点高，则制动液的高温抗气阻性良好。

(2) 蒸发性　它是将规定量的制动液在 100℃下经 168h 试验后，观察试验前、后的质量变化，计算蒸发损失百分率。然后检查残液中有无砂粒和磨蚀物，并测定在 -5℃下的流动性。

2. 吸湿性

制动液吸收周围的水分会使沸点下降，例如原来平衡回流沸点为 193℃的制动液，当吸湿后含水量达 0.2%时，其沸点会下降至 150℃。评定制动液吸湿性的指标是湿平衡回流沸点。它是对一定容积的制动液，按一定方法增湿后所测得的平衡回流沸点，以评定制动液吸水后平衡回流沸点的下降趋势。湿平衡回流沸点低的制动液同样会产生气阻，因此，要求制动液不仅沸点要高，而且吸湿性要小。

3. 低温流动性

制动液的工作温度范围很宽，冬季制动液的最低温度接近最低气温，而在制动过程中，由于摩擦发热可使制动系统工作温度达 70~90℃，有时高达 150℃。为保证制动液在低温下制动油缸活塞能随踏板的动作灵活移动，在高温时有适宜的黏度，不影响油缸的润滑和密封，要求制动液有良好的低温流动性和黏温性。为此，在制动液的使用技术条件中规定了各级制动液在 -40℃和 100℃时的运动黏度。

4. 与橡胶的配伍性

制动系统中的皮碗等橡胶制品是用于密封的。若制动液对这些橡胶制品有溶胀作用，则其体积和质量会发生变化，出现渗漏，制动压力下降，严重时导致制动失灵。因此要求制动液能通过皮碗试验，即在 120℃下经 70h 和在 70℃下经 120h 浸泡后，皮碗外观无发黏、无鼓泡、不析出炭黑，其根径增值在规定范围内。

5. 抗腐蚀性

在液压制动系中，传动装置多数是由铸铁、铜、铝等金属制成，长期与制动液接触，极

易产生腐蚀，使制动失灵。为减少对金属的腐蚀，在制动液使用技术条件中，要求制动液能通过金属腐蚀试验。其方法是将镀锡铁片、钢、铝、铸铁、黄铜、铜等金属片置于温度为100℃的制动液中浸泡120h，然后观察其质量变化，要求不超过各自的规定值。

此外，制动液还应具有良好的氧化安定性、溶水性、稳定性等。

三、制动液的种类

制动液按其组成和特性不同，通常分为醇型、矿油型、合成型3类。

1. 醇型制动液

醇型制动液由醇类和蓖麻油配制而成，为浅绿色或浅黄色，它具有良好的润滑性和与天然橡胶的适应性，价格低廉。但其沸点低，易挥发，消耗量大，高温下容易产生气阻。醇型制动液的耐低温性较差，温度低于-5℃便开始析出甘油酯等白色固定物，低于-25℃时制动液中的蓖麻油很快冻结，所以其最低使用温度为-20~25℃。醇型制动液化学稳定性不高，容易腐蚀铜及黄铜配件，需要添加抗氧化剂及抗腐蚀剂。因此，我国规定自1990年5月起出厂的液压制动汽车不得装用醇型汽车制动液，应配用达到标准的合成型制动液。

2. 矿油型制动液

矿油型制动液以精制柴油馏分经深度脱蜡，并加入多种添加剂调合而成，为红色透明液体。这类制动液虽然温度适应范围宽、低温性能好、对金属无腐蚀作用，但其与水混合后易产生气阻，对天然橡胶有溶胀作用，必须使用耐油橡胶密封件。一些发达国家已不再生产和使用，我国不再推广应用。

3. 合成型制动液

合成型制动液是目前国内、外广泛应用的主要品种。它由基础液、润滑剂和添加剂组成。按其基础液不同，常用的有醇醚型制动液和酯型制动液两种。

（1）醇醚型制动液 其基础液主要有乙二醇醚类、甘醇醚类化合物或聚醚等。常用的润滑剂有聚乙二醇、聚丙二醇、环氧乙烷和环氧丙烷无规共聚物等，润滑剂约占总量的20%。添加剂主要有抗氧化剂、抗腐蚀剂、抗橡胶溶胀剂和pH调整剂等。醇醚型制动液平衡回流沸点较高、性能稳定、成本低，是目前用量最大的一种制动液。但其缺点是吸湿性强、湿平衡回流沸点较低。

（2）酯型制动液 它是为克服醇醚型制动液吸湿性强的缺点而生产的一种制动液。其基础液通常采用乙二醇醚酯、乙二醇酯或硼酸酯等。这类制动液能保持醇醚的高沸点，同时吸湿性小或基本不吸湿，适合在湿热环境下使用。

四、汽车制动液的规格

我国GB 12981—2012《机动车辆制动液》标准规定了机动车辆合成制动液的技术要求和试验方法。该标准涉及产品系列的代号由汉语拼音字母HZY和阿拉伯数字两部分组成，其中H、Z和Y分别为合成、制动和液体的汉语拼音的首字母（大写），阿拉伯数字作为区别本系列各标准的标记。本标准按产品使用工况和黏度要求的不同分为HZY3、HZY4、HZY5、HZY6共4个级别，机动车辆制动液的技术要求见表7-13。

表 7-13　机动车辆制动液的技术要求（摘自 GB 12981—2012）

项目		质量指标				试验方法
		HZY3	HZY4	HZY5	HZY6	
外观		清亮透明，无悬浮物、杂质及沉淀				目测
运动黏度 /(mm²/s)	-40℃ 不大于	1500	1500	900	750	GB/T 265
	100℃ 不小于	1.5	1.5	1.5	1.5	
平衡回流沸点（ERBP）/℃ 不低于		205	230	260	250	SH/T 0430
湿平衡回流沸点（WERBP）/℃ 不低于		140	155	180	165	附录 C[a]
pH 值		7.0~11.5				附录 D

注：附录 C[a]、附录 D 可查找 GB 12981—2012 附录。

五、制动液的选用和使用注意事项

1. 制动液的选用

汽车制动液的选择应坚持两条原则：一是使用合成型制动液；二是质量等级以相关标准为准。选择制动液要求其性能与工作条件相适应。

（1）环境条件　主要指气温、湿度和道路条件，例如在炎热的夏季，在山区多坡或高速公路上行驶，车辆制动强度大，制动液工作温度高，特别在湿热条件下，要选用沸点较高的制动液（如 HZY5），非湿热条件则可选 HZY3 制动液。

（2）车辆速度性能　高速车辆，特别是高级轿车与一般货车比，制动液的工作温度要高，应使用级别较高的制动液。选用时，应严格遵守车辆说明书。

（3）优先选用高等级产品　制动液外观应清亮透明，无悬浮物、无尘埃和沉淀物、无刺鼻的酒精味。合格品标识上应有生产许可证编号、企业名称、规格型号、详细地址、商标和联系电话。标明平衡回流沸点低于 205°的产品，均为不合格品。中文标识"进口"产品应慎用。

汽车防抱死制动系统（ABS）制动液的选用：ABS 中有长、复杂的管路，其零件多而精密，这些运动零件对润滑的要求更高，同时制动液反复经历压力时大时小的循环，所以对制动液必须有适合的黏度、较高的沸点、更强的抗氧化性、较好的耐蚀性。根据以上特点，ABS 一般选用 DOT4 的制动液。由于 DOT5 是硅油基制动液，会对橡胶产生较强的损伤，因此一般不选用。DOT3、DOT4 是醇基制动液，吸湿性强，容易使精密零件产生锈蚀，还会使制动液的黏度变大，使制动变得迟缓，容易发生气阻。

2. 使用注意事项

1）各种制动液不能混合使用，以防止混合后分层而失去作用。若换用其他制动液，应彻底清洗制动系统。

2）应保持制动液清洁，防止水分、矿物油和机械杂质混入。

3）汽车制动液多以有机溶剂制成，易挥发、易燃，应密封保存并注意防火。

4）汽车制动液的更换周期，一般是 2 万~4 万 km 或 1 年。

课题五　液力传动油

液力传动油又称为汽车自动变速器油（Automatic Transmission Fluid，ATF），是用于汽车自动变速器中液力变矩器、液力偶合器的工作介质。

随着汽车工业的飞速发展，汽车的结构也不断改善，传动系统操纵的自动化是改善汽车结构的主要方向之一，操作自动化会大大减轻驾驶人的劳动强度。带有自动变速器的汽车，驾驶人驾驶时只要踩加速踏板，自动变速器根据加速踏板的位置和行驶速度的快慢便可自动换档。自动变速器能使汽车自动适应行驶阻力的变化，提高汽车的动力性能，起步无冲击，变速时振动小，乘坐舒适，驾驶方便，并可使发动机处于最佳工况，过载时还能起保护作用，充分利用发动机的功率，并有利于减少排气污染。

一、液力传动油的使用性能

液力传动油在工作时不仅起传递动力的作用，同时还起对齿轮、轴承等摩擦副的润滑作用以及在其伺服机构中起液压自动控制的作用，因此要求液力传动油有良好的使用性能。

1. 适当的黏度和良好的低温性、黏温性

液力传动油的使用温度范围很宽，一般为-40~170℃，自动变速器的功能对液力传动油的黏度十分敏感。一方面，作为能量传递介质，从提高液力变矩器的传动效率、控制系统动作的灵敏性角度看，液力传动油的黏度低有利；另一方面，作为润滑介质，为保证齿轮和轴承的润滑要求，减少液压控制系统和油泵泄漏，液力传动油的黏度不能过低。因此，液力传动油必须兼顾上述两方面对黏度的不同要求，具有适当的黏度和良好的低温性、黏温性。对于轿车和轻型载货汽车，要求100℃运动黏度在7.0~8.5mm^2/s；对重负荷功率转换器用油，100℃运动黏度应在3.8~16.3mm^2/s。

2. 良好的热氧化安定性

液力传动油的热氧化安定性是使用中一个极为重要的性能。汽车在行驶中液力传动油的温度随汽车行驶条件而变化，高速行驶的轿车液力传动油的温度为80~90℃，在苛刻条件下运行时，最高油温可达150~170℃。这种温度对油品氧化的影响虽然比机油低，但如果氧化产生油泥、漆膜或酸性物质，导致黏度的变化，会对离合器产生不良影响，引起摩擦特性的改变，甚至腐蚀离合器片、衬套和止动垫片。油泥会堵塞液压系统和排液管路；漆状物会导致控制阀、调节杆失灵；氧化产物会引起泡沫，造成气穴等。加上汽车制造商对变速装置不断改进，趋向小型化及要求与传动系统同使用寿命等，因此，液力传动油对热氧化安定性要求越来越高。

3. 良好的抗泡沫性

液力传动油在高速流动中产生泡沫，泡沫对液力传动系统危害极大，会影响自动控制系统的准确性，还会影响液力变矩器的性能和破坏工作的润滑件。泡沫的形成主要是气体的掺入和油品中少量的水分在一定温度下蒸发造成的。为防泡沫的产生，油中要加入抗泡沫添加剂，以降低油品表面张力，使气泡迅速从油中溢出。

4. 良好的抗磨性

为确保自动变速器的行星齿轮机构、轴承、垫圈和油泵等长期正常工作，要求液力传动

油必须润滑良好。一般来说，为提高液力传动油的抗磨性，油中通常都加有抗磨添加剂。

此外，还要求液力传动油具有良好的与橡胶的配伍性和防腐性、防锈性能等。

二、液力传动油的规格

目前，我国液力传动油的分类按照中国石油总公司的标准，将其分为6号、8号和8D号3种，都是采用精制的基础油加入油性剂、抗磨剂、抗氧化剂、黏度指数改进剂和抗泡剂等。8号液力传动油黏温性、抗磨性好，主要用作轿车的液力传动油。6号液力传动油抗磨性好，但黏温性稍差，主要用于内燃机车、载货汽车以及工程机械的液力传动系统。8D号液力传动油凝点较低，专用于严寒地区液力传动系统的润滑。

三、液力传动油的选用和注意事项

应严格按车辆使用说明书的规定，选用适合品种的液力传动油。轿车和轻型货车应选用8号油，进口轿车要求用DEXRON Ⅱ型自动变速器油的均可用8号油代替。重型货车、工程机械的液力传动系统应选用6号油。全液压的拖拉机、工程机械应选用拖拉机传动、液压两用油。

使用液力传动油时，应注意以下事项。

1）要经常检查油平面。油平面应在自动变速器量油尺上、下两刻线之间，不足时应及时补充。如果发现油面下降过快，则可能是出现漏油，应及时予以检查排除。

2）应按车辆使用说明书的规定期限，及时更换液力传动油和滤清器或清洗滤网，同时拆洗自动变速器油底壳，并更换密封垫。若无说明书，通常车辆每行驶3000km应更换一次液力传动油。

3）应注意保持正常的工作油温，因为油温过高会加速油的氧化变质，引起故障。

课题六　汽车其他工作液

汽车其他工作液包括发动机防冻冷却液（防冻液）、减振器油、空调制冷剂等。

一、汽车防冻液

汽车防冻液是汽车发动机冷却系统用的循环介质。在可燃混合气的燃烧过程中，气缸内的气体温度可达到1700~2500℃，为保证汽车发动机正常工作，必须对在高温条件下工作的零件进行冷却。

水用作汽车发动机的冷却液时不能防冻，在0℃时会结冰，体积会增加8.3%，容易胀裂散热器和气缸体，为此，汽车在冬季室外停放时，必须将散热器中的水放净，给使用带来不便。另外，水的沸点低，夏季高温时，当发动机处于苛刻的行驶条件下，会使水升温沸腾，影响汽车正常行驶；同时，水在受热后，易生成水垢，从而使散热能力显著降低，还会使金属散热器生锈等。所以，用水来做冷却液已不能适应汽车使用方便性和现代汽车发动机性能的要求。为此，水冷发动机使用了防冻液作为冷却液，它在冷却系统中可以起着冷却和防冻作用。

1. 防冻液的使用性能

为保证汽车发动机正常工作和延长发动机的使用寿命，要求防冻液具备下列品质。

1）黏度小，流动性好。汽车发动机冷却液的黏度越小越有利于流动，散热效果好。

2）凝固点低，沸点高。凝固点低指冷却液的结冰温度；沸点指在发动机冷却系统与外界大气压相平衡的条件下，冷却液开始沸腾的温度。冷却液的最低凝固点应能达到-50℃左右，这样可防止散热器及冷却系统管路不被冻裂，同时保证汽车在低温下随时起动。同时，要求冷却液在较高温度下不沸腾，以保证汽车在满载、高负荷、高速条件下或在山区、热带夏季正常行车。

3）防腐性好，不损坏汽车有机涂料。发动机冷却液在工作中要接触多种金属材料，如果它对金属有腐蚀性，就会影响发动机的正常工作。为使发动机冷却液有良好的防腐性，要保持冷却液呈碱性状态，要求发动机冷却液的pH值在7.5~11.0之间，超出范围将对防腐性产生不利的影响。另外，发动机冷却液是一种化学物质的调合物，在加注中很容易接触到汽车的有机涂料层，这就要求发动机冷却液对汽车有机涂料不能有不良影响，例如剥落、鼓泡和褪色等。

4）不易产生水垢，抗泡性好。水垢对发动机冷却系统的散热强度影响很大。据有关资料介绍，在发动机维修工作中，约有6%是发动机冷却系统出现的故障，而故障的常见原因是水垢或腐蚀所造成的。发动机冷却液如果产生过多的泡沫，不仅会降低传热系数、加剧气蚀，而且会造成冷却液溢流。

2. 防冻液的种类与性能

防冻液主要由冷冻剂与水按一定比例混合而成，按防冻剂的不同，汽车常用的防冻液有酒精型、甘油型、乙二醇型等。

（1）酒精型防冻液　它是用酒精作为防冻剂，与水配制而成的。酒精与水可按各种比例混合而组成不同凝固点的防冻液。酒精含量越高，防冻液的凝固点越低。这类防冻液的特点是：流动性好、散热快，但易燃、易挥发，而且挥发后凝固点容易回升。

（2）甘油型防冻液　它是以甘油（丙三醇）为防冻剂与水配制而成的。由于甘油的沸点、闪点高，因此这类防冻液的沸点高，不易蒸发和着火，但降低凝固点的效率低，甘油用量大，成本高。

（3）乙二醇型防冻液　它是用乙二醇作为防冻剂，与水配制而成的。乙二醇的沸点高，与水混合后，可使混合液的凝固点显著降低，最低可达-68℃。用不同比例的乙二醇和水可配制成不同凝固点的防冻液。这类防冻液沸点高、凝固点低、冷却效率高、黏度较小。但乙二醇有毒性，对金属有腐蚀作用。因此，常用的乙二醇型防冻液，多加有防腐剂和染色剂。

3. 乙二醇型防冻液的分类和选用

乙二醇型防冻液是目前国内、外使用最广的一种防冻液，约有95%的汽车使用这类防冻液。我国乙二醇型防冻液的产品已商品化，石化行业专门制定了该类产品的生产和使用标准。

（1）乙二醇型防冻液的分类　按照我国乙二醇型防冻液按石化行业标准（SH/T 0521—2010），分为冷却液和浓缩液两大类。冷却液可直接加车使用，按其凝固点分为-25、-30、-35、-40、-45、-50共6种牌号。浓缩液便于储运，使用时需加水稀释，它与蒸馏水各以

50%（体积）混合，凝固点不高于-37℃。冷却液和浓缩液按质量分为一级品和合格品，两者的差别在于一级品的防腐性能优于合格品。

（2）乙二醇型防冻液的选用　乙二醇型防冻液的牌号是按凝固点划分的，在使用时应根据车辆使用地区冬季的最低气温来选择适当的牌号，选用的防冻液凝固点应比最低温度低5~10℃，以确保在特殊情况下冷冻液不冻结。凝固点除受外界环境温度影响之外，在一定浓度条件下，与冷却液中所加添加剂的类型和用量有很大关系。所以不同厂家生产的冷却液，虽然乙二醇浓度一样，但凝固点可能有所不同。上海桑塔纳、奥迪、红旗、捷达、皇冠3.0、雷克萨斯LS400、奔驰560和凯迪拉克等轿车的发动机冷却液均推荐选用G11防冻剂与水的混合液，G11防冻液浓度与冷却液凝固点之间的关系见表7-14。

表7-14　G11防冻液浓度与冷却液凝固点之间的关系

凝固点/℃	调配浓度 φ(%)		凝固点/℃	调配浓度 φ(%)	
	G11	蒸馏水		G11	蒸馏水
-25	40	60	-30	50	50

汽车发动机冷却液产品质量的选择应以汽车制造厂家推荐为准。轿车与载货汽车、汽油车与柴油车以及不同型号的同类汽车，发动机的技术特性、热负荷情况、冷却系统的材料均有不同。正因如此，目前国内、外的汽车发动机冷却液配方很多，产品的性能指标和试验方法水平不一。所以，汽车发动机冷却液的选择要区别发动机的类型、性能的强化程度和冷却系统材料的种类，除了保证发动机冷却液能降温、防冻外，还要考虑防沸、防腐蚀和防水垢等性能。另外，还要注意区别是一级品还是合格品，是浓缩液还是已调配好的发动机冷却液。若采用浓缩液，应根据产品说明书规定的比例，用蒸馏水或去离子水掺兑，不能使用河水、井水及自来水。

二、减振器油

汽车在行驶中常受到冲击力，车架和车身产生振动，而且这种振动会持续一段时间，直到冲击能量完全被耗尽为止。为了加速振动的减退，现代汽车的悬架系统广泛采用筒式和摆臂式液力减振器，利用油液的阻尼作用来减缓车辆的振动。

减振器油就是车辆减振器的工作介质，主要用于各种载货汽车前轮及轿车前、后轮的减振器内。

1. 减振器油的性能要求

减振器油要在各种车辆的减振装置中长期使用，要适合南北不同气候条件。既要受行驶中汽车振动的影响，还要经受各种剪切作用。因此减振器油应具有以下性能。

1）具有优良的黏温性，可保证在工作温度变化时，能维持适当的黏度，起良好的吸振作用。

2）良好的低温流动性，凝固点低，以适应在寒区的环境下使用。

3）一定的抗磨性能。

4）较好的抗氧、抗泡和防锈性能。

2. 减振器油的选用

随着汽车工业的发展，对减振器油的要求越来越高，利用变压器油、汽轮机油、柴油等代用品已不能满足当代汽车工业的需要。因此，应选用专用的减振器油。

三、汽车空调用润滑油和空调制冷剂

汽车空调包括冷气、暖气、去湿和通风等装置。其作用不仅使汽车内温度宜人、空气清新，提高驾驶人的注意力和保障安全性，也改善了乘员的乘坐环境，因此，汽车空调已成为现代汽车重要组成部分。

汽车空调上，一般会用到汽车空调用润滑油和制冷剂。

1. 汽车空调用润滑油

（1）汽车空调压缩机油的性能要求 汽车空调压缩机油通常称为冷冻机油，其使用要求如下。

1）具有适宜的黏度和良好的黏温性能。为了防止制冷剂的泄漏，一般都选用较高黏度的冷冻机油。黏度过低会影响润滑油膜的形成，而且容易造成泄漏，但黏度过大会造成压缩损失。由于冷冻机油在制冷系统中使用温度很宽，要求油品具有优良的黏温性能，保证冷冻机油在不同温度下都具有良好的润滑性和流动性。

2）具有良好的热化学稳定性。在高温和金属的催化作用下，冷冻机油可与制冷剂发生化学反应，生成腐蚀性酸、油泥和不溶物，导致制冷系统堵塞，腐蚀金属，影响制冷效率和破坏绝缘材料等，因此，冷冻机油与制冷剂共存时的热化学稳定性决定了它的使用寿命。汽车空调压缩机的工作温度高，对冷冻机油的热化学稳定性要求更高。

3）与制冷剂的溶解性、分离性好。在汽车空调中，要求冷冻机油与制冷剂互溶。如果随压缩机排气带走的冷冻机油不能随制冷剂返回压缩机，油就会黏附在蒸发器和冷凝器上，影响传热效率，严重时会堵塞膨胀阀，使冷冻系统失效。

4）具有优良的润滑性。汽车空调压缩机的转速随汽车的运行速度变化，汽车开开停停时，压缩机处于苛刻的润滑状态，加上热负荷比较高，因此要求冷冻机油具有较好的油膜强度。除采用较高黏度的油品外，一般要加入极压添加剂，以保证其良好的极压抗磨性能。

5）水分应尽量低。冷冻机油对水分要求十分严格。少量的水会造成"冰堵"，使冷冻机油过早地产生絮状物，并堵塞膨胀阀。在高温时，水还会降低油的稳定性，在金属的催化作用下，加速油与制冷剂的热化学反应，生成腐蚀性的酸和沉淀物。

6）优良的消泡性。汽车开开停停及制冷剂的蒸发和冷却都会导致冷冻机油产生泡沫，泡沫过多会造成压缩机异常振动和磨损。新的冷冻机油对消泡性提出了更高的要求。

7）对材料的相容性好。汽车空调的很多部件都装在汽车底盘上，为减轻振动造成的不良影响，制冷剂管路大多采用柔性橡胶软管，相容性差的冷冻机油会使这些材料老化、硬化、撕裂、过度收缩或膨胀。

此外，冷冻机油还应有较高的闪点，良好的低温流动性和低的残炭值。

（2）国产冷冻机油的规格种类 空调系统有相对运动的零件，因此空调系统中必须保持一定量的润滑油。制冷剂在制冷工作循环时，蒸发温度可能低至$-30℃$，一般润滑油无法保持良好的润滑作用，故必须选用经过精炼、无硫、无气泡、无水分、无其他有害杂质的高

级润滑油。

国产冷冻机油按 GB/T 16630—2012 规定，分为一等品（L-DRA/A，L-DRA/B）和优等品（L-DRB/A，L-DRB/B），适合汽车空调使用的是 L-DRA/B，其牌号按 ISO 黏度分类（40℃的运动黏度）有 15 号、22 号、32 号、46 号、68 号、100 号、150 号、220 号和 320 号 9 个，其主要差别除运动黏度外，其凝固点也有差异。

（3）冷冻机油的选用　使用冷冻机油时，应根据制冷压缩机的种类、工况和制冷剂的类型进行正确选用，一般有下列几种方法。

1）根据压缩机的种类选择冷冻机油。压缩机有活塞式、螺杆式、离心式 3 种。活塞式和螺杆式压缩机的冷冻机油与制冷剂直接接触，所以在选用时候要考虑它们之间的相互影响，而离心式压缩机的冷冻机油只用来润滑转子轴承，所以可以根据负荷及转速的大小选用 N32 或 N46 冷冻机油。

2）根据压缩机的工况选择冷冻机油。大、中型的多缸、高速（活塞平均线速度 3m/s 以上）、负荷转大的压缩机应选用黏度较大的 VG46、VG68 或 VG100 冷冻机油。排气温度在 145℃左右的高负荷压缩机应选用 VG68 或 VG100 冷冻机油。小型、微型或低速（活塞平均线速度不高于 2m/s）的压缩机可用 VG22 或 VG32 冷冻机油。

3）根据制冷剂的类型选择冷冻机油时，必须考虑冷冻机油与制冷剂之间的相互影响。例如氟利昂一类的制冷剂能溶于矿物油，所以选择的冷冻机油的黏度应比使用不溶于矿物油的制冷剂要高一级，确保冷冻机油被稀释后还能有润滑作用。此外，还要注意混入制冷剂的少量冷冻机油不会影响到制冷系统的运作，检查混入制冷剂中的冷冻机油是否会析出蜡结晶而使制冷系统堵塞（这是冷冻机油絮凝点的质量指标）。

4）除了根据制冷剂的类型外，还可根据制冷剂的蒸发温度选择冷冻机油。一般，根据制冷剂蒸发温度的高低可选择相应凝固点的冷冻机油，而用氨作为制冷剂的压缩机，所以冷冻机油的凝固点应低于制冷剂的蒸发温度。用氟利昂作为制冷剂的压缩机，冷冻机油的凝固点可稍高于制冷剂的蒸发温度。

2. 汽车空调制冷剂

（1）汽车空调制冷剂的性能要求　汽车空调制冷剂应满足以下的性能要求。

1）无毒，无异味。

2）不易燃，不爆炸。

3）易于改变吸热和散热的状态，有很强的重复变态能力。

4）化学性质稳定，无腐蚀性。

5）与润滑油无亲和作用，可与冷冻机油以任意比例相溶。

6）有利于环境保护。

（2）制冷剂的种类及特点　最早使用的空调制冷剂是 R-12，它具有制冷能力强、化学性质稳定、与冷冻机油相溶性好和安全性好等优点。但是，研究表明 R-12 的组成元素内含有氯，会导致大气中的臭氧（O_3）与其结合成为 CLO 和 O_2。大气的臭氧层被破坏之后，便不能有效隔开太阳紫外线的辐射，对人类和生物带来很大危害。取代 R-12 制冷剂的是 R-134a。R-134a 不含氯元素，所以不会造成臭氧层破坏。R-134a 与 R-12 的基本性质相同，但其制冷能力较小。R-134a 制冷剂的理化性能见表 7-15。

表 7-15　R-134a 制冷剂的理化性能

项　　目	R-134a
学名	1，1，1，2 四氟乙烷
分子式	CH_2FCF_3
相对分子质量	102.03
沸点/℃	−26.19
临界温度/℃	101.14
临界压力/MPa	4.065
临界密度/(g·cm^{-3})	0.511
0℃蒸发潜热/(kJ·kg^{-1})	197.5
燃烧性	不燃
臭氧破坏系数	0

课题七　在用机油的质量监测

机油的劣化是指在使用过程中，由于外来杂质污染及机油自身所发生的物理、化学变化，从而使机油原有性质发生变化的过程。机油的劣化速度比汽车齿轮油和其他润滑油要快，这是因为一方面，在内燃机工作时，摩擦零件磨损产生磨屑、燃烧室未完全燃烧的重质燃料、炭粒、外界环境中的尘埃渗入，水蒸气凝结，造成杂质污染；另一方面，活塞、气缸壁等润滑部位的薄层机油工作于高温重负荷条件下，机油中的烃类及添加剂，都将发生深度的物理、化学变化，在低温条件下又会产生大量的低温油泥，结果使油劣化。

一、在用机油劣化后质量指标的变化

通过对在用机油进行成分分析，机油中形成的劣化物主要有：不能溶于正戊烷和石油醚类溶剂，但能溶于苯或甲苯的树脂状物质；不能溶于上述两种溶剂的燃料碳和高度裂化物质，磨损及腐蚀产物，来自外界的污染杂质，未燃的燃料和水分。随着机油使用时间的增长，上述劣化物不断增多，而添加剂逐渐消耗，直至耗尽。在用机油的成分如图 7-1 所示。

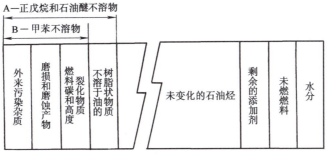

图 7-1　在用机油的成分

在用机油劣化后,其质量指标发生变化,主要表现在以下几方面。

(1) 黏度　在用油因热氧化生成的高分子树脂状物质的增多和轻馏分蒸发,使机油的黏度变大;另一方面,由于水蒸气的凝结及渗入燃料的稀释使机油的黏度变小。

(2) 闪点　轻馏分蒸发损失将使机油的闪点升高,燃料稀释会使闪点降低。

(3) 中和值　一般而言,因机油氧化使机油中有机酸增加,燃料燃烧产物的渗入将使机油中的无机酸增加,这将导致机油中酸值升高。当然,有时机油中的添加剂不同,其变化规律也不尽相同。例如有的金属盐添加剂能与氢氧化钾起化学反应,新机油的酸值就超过0.5,而使用高碱性金属盐添加剂的机油则有一定的储备碱值。所以,在用机油的酸值宜根据机油中添加剂及酸值的变化来规定最高限值,或规定在用机油的最低碱值而不控制酸值。无论汽油机油或柴油机油,都不允许出现强腐蚀性的水溶性酸,即油的pH值不能小于5。

(4) 水分　水蒸气凝结使机油中水分增加,冷却系统渗漏及外界水分的渗入也将使机油中水分增加。

(5) 不溶物　随着机油中氧化生成的树脂状物质和外来污染杂质等劣化物的增加,机油中不溶于正戊烷和甲苯的物质将逐渐增加。机油污染与不溶物的关系见表7-16。

表7-16　机油污染与不溶物的关系

正戊烷不溶物 A	甲苯不溶物 B	甲苯可溶物(A-B)	机油污染性质
少	少	少	污染轻微
多	少	多	机油氧化严重
多	多	少	外来杂质污染严重
很多	多	多	机油本身变质及外来杂质污染均严重

(6) 铁含量　随着机油使用时间的增长,铁含量将逐渐增加,内燃机的异常磨损将使铁含量增加很快。

根据上述指标的变化情况,可以评定在用机油的劣化程度,从而决定是否换油。在用机油的上述指标超过一定限度时,即不能继续使用。汽油机油换油指标见表7-17;柴油机油换油指标见表7-18。上述换油指标中,只要有一项指标超限,机油即应更换。

为了正确确定机油的报废标准,国内外都进行了大量研究,各国的报废指标不尽相同,但归纳起来,主要是外观、黏度、酸值、水分、闪点、不溶物及斑点试验等。

表7-17　汽油机油换油指标(摘自GB/T 8028—2010)

项目		换油指标	
		SE、SF	SG、SH、SJ(SJ/GF-2)、SL(SL/GF-3)
运动黏度变化率(100℃)(%)	>	±25	±20
闪点(闭口)/℃	<	100	
(碱值-酸值)(以KOH计)/(mg/g)	<	—	0.5
燃油稀释(质量分数)(%)	>	—	5.0
酸值(以KOH计)/(mg/g)增加值	>	2.0	

（续）

项　目		换油指标	
		SE、SF	SG、SH、SJ（SJ/GF-2）、SL（SL/GF-3）
正戊烷不溶物（质量分数）（%）	>	1.5	
水分（质量分数）（%）	>	0.2	
铁含量/(μg/g)	>	150	70
铜含量/(μg/g) 增加值	>	—	40
铝含量/(μg/g)	>	—	30
硅含量/(μg/g) 增加值	>	—	30

注：执行本标准的汽油发动机技术状况和使用情况正常。

表 7-18　柴油机油换油指标（摘自 GB/T 7607—2010）

项　目		换油指标			
		CC	CD、SF/CD	CF-4	CH-4
运动黏度变化率（100℃）（%）	超过	±25		±20	
闪点（闭口）/℃	低于	130			
碱值下降率（%）	大于	50[①]			
酸值增值（以 KOH 计）/(mg/g)	大于	2.5			
正戊烷不溶物质量分数（%）	大于	2.0			
水分（质量分数）（%）	大于	0.20			
铁含量/(μg/g)	大于	200 100[②]	150 100[②]	150	
铜含量/(μg/g)	大于	—	—		50
铝含量/(μg/g)	大于	—	—		30
硅含量（增加值）/(μg/g)	大于	—	—		30

注：执行本标准的汽油发动机技术状况和使用情况正常。
① 采用同一检测方法。
② 适合于固定式柴油机。

二、在用润滑油劣化变质的主要因素

造成在用润滑油劣化变质的基本因素是其使用时间（运行里程），这是长期以来实施定期换油的基本依据。然而，通过对换下的旧油进行分析研判发现，同样的换油周期及同样的车型，由于车辆技术状况和运行条件不同，换下的油质量指标差异很大。概括来说，影响机油劣化变质速度的主要因素有以下几方面。

1. 发动机的技术状况

发动机技术状况欠佳，将使润滑油劣化速度加快。例如，活塞、活塞环和气缸壁磨损严

重,将造成窜气严重;油电路调整不当,会使燃料燃烧不完全;曲轴箱通风不畅和"三滤"过脏,会导致外来污染增加;异常磨损会使铁含量增加。因此,发动机的技术状况将直接影响润滑油的劣化速度。

2. 发动机工作条件

发动机工作条件苛刻,将使润滑油劣化速度加快。此外,车辆在不同的道路和气候环境条件下工作,对润滑油的劣化过程也有显著的影响。润滑油污染的原因及影响见表7-19。

表7-19 润滑油污染的原因及影响

润滑油污染	污 染 原 因	对机油及发动机运行的影响
水分或冷却液	低温运行的冷凝作用;冷却液温度太低;曲轴箱通风不畅;发动机怠速时间太长;开停频繁;活塞环密封不好,窜气严重;活塞环黏结或损伤;排气系统受阻碍;冷却系统渗漏;气缸盖、气缸套密封渗漏;气缸体或气缸盖产生裂缝	增加:低温沉积物(油泥),机油乳化、锈蚀及腐蚀 降低:机油安定性、机油清净分散性
未燃燃料稀释	汽油机:混合气过浓;节气门工作不正常;活塞环黏结或损坏;火花塞积炭,点火失效;窜气量大 柴油机:油路受阻碍;喷油器喷孔磨损;喷油器滴油;雾化质量不好;排气系统受阻碍;活塞环黏结或损坏	增加:发动机磨损、漆状沉积物 降低:黏度、闪点、机油安定性
外来杂质污染	吸入尘土:空气滤清器效率低;进气系统漏气;曲轴箱呼吸口无滤清器或过脏;机油或燃料不清洁;燃料、机油储放、转移、加注时污染;燃料、机油滤清器效率低	增加:磨料磨损、沉积物、机油产生泡沫、阻塞空气滤清器及机油滤清器
磨损及腐蚀产物	过度磨损和腐蚀;空气滤清器太脏;机油品种、牌号不适合;机油滤清器效率低;燃料、机油有腐蚀性或不清洁;机油换油期过长	增加:铁含量、机油催化氧化作用、甲苯不溶物、磨料磨损
燃料炭及高度裂化物质	气缸漏气;温度过高;混合气过浓;点火时间失准;机油窜入燃烧室;燃料品种、牌号不合适	增加:机油颜色变黑、黏度、甲苯不溶物、机油滤清器堵塞、磨损
不溶于油的树脂状物质	机油氧化;曲轴箱油温过高;发动机有高温点;冷却系统效率低;活塞及气缸套温度过高;稀混合气工作;点火时间不适当;窜气量大;曲轴箱通风不畅;发动机负荷过重;机油换油周期太长	增加:正戊烷不溶物、轴承腐蚀、黏度、酸值 降低:机油安定性、机油清净性
清净分散剂消失	机油水分过多;窜气严重;机油深度氧化	增加:发动机沉积物、磨损

三、在用机油试验方法

在用机油试验包括黏度、水分、闪点、中和值（酸值或碱值）、不溶物和铁含量等质量指标的测定。

（1）黏度的测定　黏度测定的试验方法主要有 GB/T 11137—1989《深色石油产品粘度测定法（逆流法）和动力粘度计算法》等。

（2）水分的测定　水分的测定主要依据 GB/T 260—2016《石油产品水含量的测定蒸馏法》的规定进行。

（3）闪点的测定　闪点的测定主要依据 GB/T 267—1988《石油产品闪点与燃点测定法（开口杯法）》或 GB/T 3536—2008 的规定进行。

（4）中和值的测定　测定在用机油中的酸性和碱性组分的中和值有多种测定方法，主要有 GB 264—1983《石油产品酸值测定法》，GB/T 7304—2014《石油产品酸值的测定 电位滴定法》等。

（5）不溶物的测定　不溶物主要依据 SH/T 0473—1992 的规定测定。

（6）铁含量的测定　铁含量主要依据 SH/T 0197—1992《润滑油中铁含量测定法》或 SH/T 0077—1991 的规定进行测定。

四、在用机油的快速检测

要实施不定期换油，就需对在用机油进行定期检验，以把握合适的换油时机。采用专门的技术，虽然先进而准确，但技术要求高且耗费较大，这对于交通运输部门及施工企业而言，难度较大。为了便于现场快速检测，以下介绍几种应用较广的方法。

1. 外观及气味检查

用一个洁净的试管接取在用油样品，用肉眼观察及借助放大镜或通过闻气味的方式进行观察，判断机油性状及劣化程度，机油性状及劣化程度描述见表 7-20。

表 7-20　机油性状及劣化程度描述

性　状　描　述	劣化程度描述
比较清澈透明，仍保持或接近新机油的颜色	污染较轻
不透明，呈雾状	润滑油中水蒸气凝结较多或有水渗入
变灰	可能被含铅汽油污染
变黑	燃料不完全燃料产物，特别是柴油机燃烧尾气中烟尘渗入，使得机油很快变黑
出现刺激性气味	机油高温氧化较重
出现燃料味	燃料渗入，稀释燃油

此外，若将油样静置一段时间，机油中的沙尘、金属磨屑、腐蚀产物等将沉淀析出。仔细观察沉淀物情况并借助放大镜观察，将有助于判断在用机油的污染情况，也有助于了解空气滤清器及机油滤清器的工作情况以及掌握发动机的异常磨损情况。

2. 滤纸斑点试验

滤纸斑点试验按 GB/T 7607—2010《柴油机油换油指标》的规定进行。它是分析判断在用内燃机油污染程度、质量衰变情况的一种现场快速测试方法。在无全套油品化验测试手段时,可用来进行质量监测和确定换油时机。

在规定条件下将使用中的内燃机油在滤纸上滴一滴,油内各种杂质会随着油的浸润向四周扩散,杂质的粒度不同,扩散的远近也不同,因此会在滤纸上形成颜色深浅不同的环形斑点,斑点形态如图7-2所示。可出现3种环。

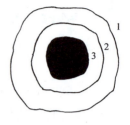

图 7-2 斑点形态
1—油环 2—扩散环
3—沉积环

1)沉积环。在斑点的中心是油内粗颗粒杂质沉积物集中的地方,由沉积环颜色的深浅可粗略判断油被污染的程度。

2)扩散环。在沉积环外围的环带称为扩散环,它是悬浮在油内的细颗粒杂质向外扩散留下的痕迹。颗粒越细,扩散得越远。扩散环的宽窄和颜色的均匀程度是重要因素,它表示油内添加剂对污染杂质的分散能力。

3)油环。在扩散环的外围油环,颜色由浅黄到棕红色,表示油的氧化程度。

将测试的斑点与标准斑点图谱进行对比分析,就可做出判断。标准斑点图谱中一至四级为合格斑点,五级以上为不合格斑点,应更换新油。斑点形态的鉴别与判断见表7-21。

表 7-21 斑点形态的鉴别与判断

序号	斑 点 形 态	鉴 别	判 断	
1	核心环与扩散环光亮无色或颜色很浅,无沉积环	新油或使用时间很短	新油	合格,可继续使用
2	核心环与扩散环界限分明。扩散环很宽,氧化环明亮	表示油品使用时间不长,污染程度较重,但分散性尚好	良好	
3	核心环暗黑,扩散环较宽,氧化环明亮	表示油品使用较久,污染较重,但分散性尚好	一般	
4	核心环深黑,扩散环开始缩小,氧化环浅黄	表示油品使用时间长,污染严重,沉积物增多,分散性能下降	较差	
5	核心环深黑,甚至呈油泥状,不易干,扩散环狭窄,氧化环扩大呈黄色	表示油品污染严重,分散性很差,添加剂消耗将尽	接近报废	不合格,应更换新油
6	扩散环完全消失,只剩黑色沉积环与棕黄色的氧化环	表示油品严重污染,沉积物凝聚,添加剂耗尽,分散性能消失	完全报废	
备注	斑点特殊形态:①一般报废斑点的特征是扩散环消失,沉积环黑而小,如果继续使用,则黑色的沉积环将变成一个环痕清楚的空心圆圈,表示油使用时间过长,分散性已消失,油内沉积物已不能保持悬浮状态而沉降,此时不溶物的含量开始减少,应立即更换;②如果沉积环出现一个不规则的黑色花环,则表示油已被水污染			

3. 爆裂试验

将一薄金属片或金属箔加热至110℃以上,滴上一滴机油,如果油爆裂则表明油中有水。此方法简便、灵敏,油中有0.1%以上的含水量都能检验出来。

上述3种快速检测方法,结合机油报废标准及汽车制造厂推荐的换油周期,在汽车(或工程机械)行驶里程(或工作小时)接近推荐的换油周期时,可取油样进行快速检测分析(外观、气味检查,斑点试验和爆裂试验)。如果检测结果良好,则可适当延长换油周期;如果快速检测分析结果不好，特别是斑点试验不合格，外观及气味变化较大时，则应提前换油。

此外，研究单位针对车辆使用单位的使用要求，开发研制了一些简便实用的在用机油快速检测成套仪器，各车辆使用单位可根据具体情况选用。

五、在用机油质量监测的目的

从以上分析可以看出，经常对在用机油进行取样化验，监测其质量指标的变化的目的是：①可以合理确定换油时机，实行按质换油，避免在定期换油下存在的因换油过晚和过早造成机械早期损坏和机油浪费的现象；②通过对机油质量变化异常现象的分析，可以及早发现和消除车辆设备技术状况变化的症状和隐患，提高车辆设备运行的可靠性并能尽可能延长其使用寿命。所以，在用机油的质量监测是一项重要的技术服务。

项目小结

1. 机油的主要作用是润滑各部件的摩擦部位，除此之外，还应具有冷却、密封、清洗和防锈作用，以及在冲击载荷传递中起缓冲和消振作用。

2. 机油的主要性能指标包括：适当的黏度、良好的黏温性、良好的氧化安定性、防腐性、清净分散性，除此之外，还应具有良好的抗磨性、缓蚀性以及良好的抗泡性等。

3. 机油按照使用性能分类（API 质量分类法）。

1）汽油机油 S 系列：SA、SB、SC、SD、SE、SF、SG、SH、GF-1、SJ、GF-2、SL 和 GF-3 共 13 个质量等级，后一级比前一级好。

2）柴油机油 C 系列：CA、CB、CC、CD、CF、CF-4、CH-4 和 CI-4 共 8 个质量等级，后一级比前一级好。

4. 汽车齿轮油的性能要求是：具有良好的抗磨性；适宜的黏度和良好的黏温性；良好的热氧化安定性；低温流动性好；良好的防腐、防锈性能和抗泡沫性等。

5. 汽车齿轮油的分类。

1）按照黏度分类：70W、75W、80W、85W、90、140 和 250 共 7 个黏度牌号。

2）按照使用性能分类：GL-1、GL-2、GL-3、GL-4、GL-5 和 GL-6 共 6 个级别。

6. 润滑脂的主要性能指标有稠度、滴点、胶体安定性、抗水性、防腐性。与润滑油相比其主要优点是黏附性好、承压抗磨性强、使用周期长、具有更好的密封和防护作用、使用温度范围较宽。

7. 汽车制动液的使用性能有高温抗气阻性、吸湿性、低温流动性、与橡胶的配伍性、抗腐蚀性，还应具有良好的氧化安定性、容水性、稳定性等。

8. 制动液按其组成和特性不同，通常分为醇型、矿油型、合成型 3 类。

9. 液力传动油又称为汽车自动变速器油，其使用性能要求有适当的黏度和良好的低温性、黏温性，良好的热氧化安定性，良好的抗泡沫性，良好的抗磨性，还要求具有良好的与橡胶的配伍性和防腐性、防锈性能等。

10. 汽车其他工作液包括发动机防冻冷却液（防冻液）、减振器油、空调制冷剂等。

强化训练

一、选择题

1. 机油的工作条件是（　　）。
    A. 温度低、流速慢、无污染　　　B. 高温、高速、严重污染
    C. 密封条件差、压力极大，污染严重
2. 发动机油的黏度是随温度变化的，当温度升高时，黏度（　　）。
    A. 变大　　　　　　　　B. 变小　　　　　　　C. 可变大或变小
3. 齿轮油必须要有好的抗氧化能力，延缓氧化速度。一般采用加入（　　）的方法改善油的品质。
    A. 抗氧化添加剂　　　　　　　B. 极压抗磨添加剂
    C. 抗腐剂和防锈剂
4. CA1091 和 EQ1090 汽车变速器选用的齿轮油为（　　）。
    A. GL-3　　　　　　　　B. GL-4　　　　　　　C. GL-5
5. 钙基润滑脂是由动植物脂肪酸与（　　）皂化而成的矿物润滑油。
    A. 氢氧化钠　　　　　　B. 氢氧化锂　　　　　C. 石灰
    D. 石墨
6. 汽车钢板弹簧采用（　　）进行润滑。
    A. 钙基润滑脂　　　　　　B. 钠基润滑脂　　　　C. 石墨钙基润滑脂
7. 汽车自动变速器的工作介质是（　　）。
    A. 车辆齿轮油　　　　　　B. 发动机油　　　　　C. 液力传动油
    D. 液压传动油
8. 目前国内外广泛应用的主要汽车制动液的品种是（　　）。
    A. 矿油型制动液　　　　　　B. 醇型制动液
    C. 合成型制动液　　　　　　D. 汽车通用锂基润滑脂
9. 为了保证制动可靠，要求汽车制动液在低温时具有较好的（　　）。
    A. 低温流动性　　　　　　B. 抗腐蚀性　　　　　C. 防锈性
    D. 抗氧化性
10. 下列液压油适用于环境温度变化较大和工作条件恶劣的低压液压系统的是（　　）。
    A. L-HL　　　　　　　　B. L-HM　　　　　　　C. L-HV
    D. L-HR

二、判断题（正确的画"√"，错误的画"×"）

1. 机油的黏度随着温度升高而降低，其变化幅度大，则黏温性能好。　　　　　　（　　）
2. 齿轮油的油性好坏和其成分有关，当油精制越深时，油性越好。　　　　　　（　　）
3. 在冬季可以往齿轮油中掺兑煤油或柴油，以降低凝点，从而保证正常润滑。　（　　）
4. 滴点是用来评定润滑脂耐热性的指标。　　　　　　　　　　　　　　　　　（　　）
5. 针入度表示润滑脂的软硬程度，其数值越大，润滑脂越硬。　　　　　　　　（　　）

6. 制动液中吸入水分会造成其沸点下降。（　　）
7. 防冻液中的乙二醇浓度越大，冷却效果越好。（　　）
8. 为了保证制动可靠性，要求汽车制动液在低温时具有较好的防锈性。（　　）
9. 防冻液的选择要区别发动机的类型、性能强化程度和冷却系统材料及种类。（　　）
10. 汽车空调制冷剂目前广泛使用的是R12。（　　）

三、填空题

1. 汽车润滑材料根据其组成及润滑部位的不同可分为_____、_____和_____3大类。
2. 机油具有_____、_____、_____、_____4个作用。
3. 发动机常采用_____、_____、_____3种润滑方式。
4. 表示机油黏温性能的常用指标有_____和_____。
5. 根据车辆负荷不同，齿轮油分为_____、_____和_____。
6. 汽车上常用的润滑脂有_____、_____、_____、_____、_____等类型。
7. 目前我国汽车制动液，按原料、工艺不同分为_____、_____、_____3种。
8. 合成型制动液由_____、_____和_____组成。
9. 液力传动油应具备_____、_____、_____、_____等多种功能。
10. 汽车上使用的减振器油，可采用_____和_____各50%混合配制而成。
11. 目前汽车空调制冷系统使用的制冷剂主要是_____。
12. 目前，国内、外广泛采用的防冻液是_____。

四、简答题

1. 机油的作用是什么？其使用性能有哪些？
2. 如何选择机油？使用时应注意哪些事项？
3. 齿轮油的主要使用性能有哪些？
4. 如何选择车辆齿轮油？使用齿轮油的注意事项有哪些？
5. 如何选用合成型制动液？使用时应注意哪些事项？
6. 汽车防冻液的作用是什么？对防冻液的基本要求有哪些？
7. 减振器油的作用是什么？对减振器油的基本要求有哪些？
8. 冷冻机油和空调制冷剂要求具有哪些使用性能？

项目八　汽车轮胎

项目导入

轮胎是汽车行驶系统的主要组成部分之一，对汽车的使用性能有很大影响。轮胎的合理使用关系到汽车的安全行驶、能源的节约和汽车运输成本的降低。轮胎费用约占汽车成本的 10%，轮胎的技术状况可使油耗在 10%~15% 范围内变化。

现代汽车使用的充气轮胎从发明到现在已有百余年历史。如今汽车轮胎的品种、数量、性能、质量等各方面都已获得了巨大的发展。轮胎的使用寿命已从早期的 500~3000km 提高到现在的 8000~150000km 甚至更长；轮胎的许用行驶速度已从最初的 30km/h 提高到现在的 100km/h 以上，有些特种轿车轮胎甚至可达 210km/h 以上。

我国早在 1931 年就在上海建立了轮胎制造厂，但直到 20 世纪 40 年代末，还只能生产有限的几种规格的普通轮胎，轮胎生产工艺装备落后，技术上完全依赖外国。新中国诞生后，我国的轮胎工业获得了迅速的发展，逐步缩小了与先进发达国家间存在的差距。进入 20 世纪 80 年代后，我国已经能够生产世界上几乎所有种类的汽车轮胎，轮胎质量、性能已能和世界同类先进轮胎相媲美。如今，我国轮胎工业的发展水平已经达到了世界轮胎技术的先进水平。

本项目将在了解轮胎基础知识的基础上，重点介绍轮胎的结构、材料及应用。

学习目标

1. 知识目标

1）了解轮胎的作用及类型。
2）认识轮胎的结构及规格。
3）了解轮胎材料及使用方法。

2. 能力目标

掌握轮胎的使用维护方法。

课题一 轮胎的作用、分类及组成

一、轮胎的作用

轮胎的作用有以下几个：
1）支承全车重量。
2）将汽车的牵引力传递给路面。
3）与汽车悬架共同衰减、缓和汽车行驶的振动和冲击，并支持汽车的侧向稳定性。
4）保证车轮与路面有良好的附着性能。

二、轮胎的分类

轮胎的分类方法有很多，可概述如下。
1）按其用途可分为轿车轮胎、载货汽车轮胎、工程机械轮胎、摩托车轮胎、自行车轮胎、航空轮胎6类。
2）按组成结构可分为有内胎轮胎和无内胎轮胎两种。
3）按胎体中帘线排列的方向可分为普通斜交轮胎、带束斜交轮胎、子午线轮胎和无帘线轮胎等。
4）按帘布层材料可分为棉帘线轮胎、黏胶丝帘线轮胎、尼龙帘线轮胎、聚酯帘线轮胎、钢丝轮胎等。
5）按充气压力可分为高压轮胎、低压轮胎、超低压轮胎。
6）按轮胎花纹可分为普通花纹轮胎、混合花纹轮胎和越野花纹轮胎。

三、典型轮胎的组成

下面分析几种典型轮胎的组成。

1. 有内胎轮胎

有内胎轮胎主要由外胎、内胎和垫带组成。轮胎与轮辋的组成如图8-1所示，轮胎与轮辋装配断面如图8-2所示。

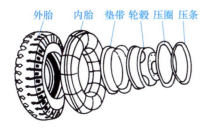

图8-1 轮胎与轮辋的组成

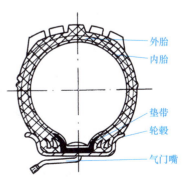

图8-2 轮胎与轮辋装配断面

(1) 外胎 它主要由胎体、胎面、胎侧、缓冲层、胎圈组成,它是保护内胎不受外来损害,强度高而且有一定弹性的外壳,与地面直接接触。

(2) 内胎 它是装入外胎内的环状薄壁胶筒,附有气门嘴。内胎必须具有良好的气密性,其耐热性、抗拉裂性、耐老化性等必须优良。

(3) 垫带 它是具U形断面的环状胶带,装在轮胎与轮辋之间,能防止内胎被轮辋及外胎的胎圈擦伤。

2. 子午线轮胎

与普通有内胎轮胎相比,子午线轮胎的主要结构特点是帘布层的帘线与胎面中心成90°角,很像地球上的子午线,故称为子午线轮胎。由于帘线如此排列,受力状况最好,故子午线轮胎的帘布层数比一般普通轮胎可减少40%～50%。为了承担行驶时产生的较大切向力,子午线轮胎采用了与胎面中心线夹角较小的多层缓冲层。缓冲层用强度较高、伸张很小的织物帘布或钢丝帘布制造,它像一条刚性环带一样,紧紧箍在胎体上,极大地提高了胎面的刚性,从而使驱动性能和耐磨性能得以提高。

子午线轮胎有以下优点。

(1) 滚动阻力小,节约燃料 子午线轮胎胎冠内的钢丝带夹层,像一个环形带紧箍在胎体上,使其刚性大大提高。轮胎着地后,胎冠切向变形及相对滑移比普通轮胎要小得多。而且子午线轮胎胎侧薄,径向变形恢复快。这两个特点均有利于减小轮胎内摩擦损耗,降低滚动阻力。试验证明,子午线轮胎的滚动阻力比普通轮胎小25%～30%,可节约燃料5%～10%。

(2) 胎面耐磨,使用寿命长 车轮滚动时,轮胎着地弧面既变形又滑移,变形促使滑移,滑移则加剧胎面磨损。由于子午线轮胎胎冠刚度大,变形小,几乎没有滑移;而且胎冠接地面积大,单位压力小并且均匀,因此使胎面磨损减小。试验证明,子午线轮胎的使用寿命比斜交轮胎提高30%～40%。

(3) 弹性大,缓冲性好 由于子午线轮胎帘线呈径向辐射排列,车轮转动中,轮胎法向(垂直于地面)变形比斜交轮胎大,胎体柔软,弹性好,因此提高了汽车行驶的平顺性。实践证明,装有子午线轮胎的车辆乘坐舒适,货物破损率减少,车辆维修费用降低。

(4) 抗刺能力强,行驶安全 子午线轮胎有坚硬的刚性带束层和柔软的胎体帘布层,帘线排列方向与轮胎变形方向一致,帘线强度能得到充分利用,带束层像坦克履带一样保护胎体,从而增强了胎冠的抗刺能力。因此,装用子午线轮胎可大大减少轮胎爆破的危险。

(5) 附着力大,整车行驶性好 子午线轮胎在运转中法向变形大,接地面积也较大,同时由于带束层的作用,接地压强分布较均匀,从而提高了附着力,侧滑现象减少,加之胎体薄,整体柔软,引起路面变形小,在恶劣路面上的行驶性能得以改善。

子午线轮胎的主要缺点是胎侧较薄,变形大,胎侧与胎圈受力比普通轮胎大得多。因此,其胎面与胎侧的过渡区以及轮辋附近易产生裂口;胎侧变形大,侧向稳定性较差;轮胎制作成本较高。

由于子午线轮胎的优越性明显,特别是有较好的节油效果,因此被广泛运用。使用中,为延长子午线轮胎的使用寿命,应根据其使用特点,注意以下事项:

1) 严格控制内压,必须按标准充气。使用中,要做到经常检查和补气。

2) 必须选用标准轮辋。

3) 同一轴上，不得与普通轮胎混装。

4) 装子午线轮胎的汽车前束量应小于普通轮胎，一般在 0~3mm 范围内。

5) 子午线轮胎胎侧要注意保护，避免刺挂。

6) 转弯时应减速，避免车身横向倾斜过大。

3. 无内胎轮胎

无内胎轮胎的外形与有内胎轮胎的外形相似，所不同的地方是没有内胎和垫带，空气直接压入外胎中，这就要求轮胎与轮辋之间有很好的密封。无内胎轮胎可分为有自黏层的和无自黏层的两种。

无内胎轮胎的突出优点是轮胎只有在爆破时才会失效。因为轮胎被刺后，漏气较慢，压力不会急剧下降，仍能安全地继续行驶一定距离。在某些情况下，当穿刺物仍堵在孔内时轮胎几乎不漏气，汽车可继续行驶。其次，由于没有内胎和垫带，热量可从辋中直接散出，故无内胎轮胎的行驶温度较普通轮胎低 20%~25%，有利于高速行驶。

无内胎轮胎的主要缺点是：对制造材料及生产工艺要求较高；轮胎与轮辋的密封较困难；充气困难；途中修理尤为困难；天气炎热时，自黏层可能软化而流动，从而破坏车轮的平衡。

四、轮胎的规格及表示方法

根据 GB/T 2978—2014《轿车轮胎规格、尺寸、气压与负荷》以及 GB/T 2977—2016《载重汽车轮胎规格、尺寸、气压与负荷》的规定，每条外胎两侧上必须模压上规格、制造厂商和厂名（或地名）、轮辋标准、生产编号、骨架材料及结构代号；轿车轮胎还需标有速度级别代号和胎面磨耗标志位置的符号；载货汽车轮胎还需标有层级；胎面花纹有行驶方向要求的，还需有行驶方向标志。

1. 轮胎的规格

（1）斜交轮胎的规格　和大多数国家一样，我国斜交轮胎的规格用 $B—d$ 表示，B 为轮胎名义断面宽度，d 为轮辋名义直径。载货汽车斜交轮胎、轿车轮胎的尺寸 B 和 d 均使用英寸（in）为单位（1in=0.0254m）。例如 9.00—20，是指轮胎名义断面宽度为 9.00in，轮辋名义直径为 20in。

（2）子午线轮胎的规格　国产子午线轮胎规格用 BRd 表示，其中 R 代表子午线轮胎（即"radial"的第一个字母）。国产轿车子午线轮胎断面宽 B 全部改用公制单位 mm，载货汽车轮胎断面宽 B 有英制单位（in）和公制单位两种。两轮辋直径 d 的单位是英寸（in）。

目前，轮胎越来越呈现扁平化的趋势，即轮胎断面高相对越来越矮，一般以扁平率表示其高宽比。在这种情况下，仅用断面宽 B 和轮辋直径 d 已不能完全表示轮胎的规格。因为在断面宽 B 相同的情况下，断面高 H 将随不同扁平率而变化。因此，轮胎规格中增加一项表示其所属的扁平率系列。目前国产轿车轮胎有 80、75、70、65、60、55、50、45、40、35、30、25 共 12 个系列，数字分别表示断面高 H 占断面宽 B 的百分数。显然，数字越小，胎越矮，即轮胎越扁平。

2. 轮胎规格的表示方法

（1）轿车轮胎规格代号　GB/T 2978—2014《轿车轮胎规格、尺寸、气压与负荷》规定的轿车轮胎规格代号表示方法示例如下：

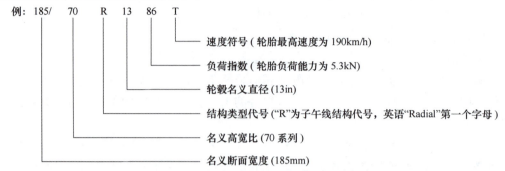

（2）载货汽车轮胎规格代号　GB/T 2977—2016《载重汽车轮胎规格、尺寸、气压与负荷》按照载货汽车类型规定了载货汽车轮胎规格代号新的表示方法。

1）微型、轻型载重汽车轮胎。

示例1：

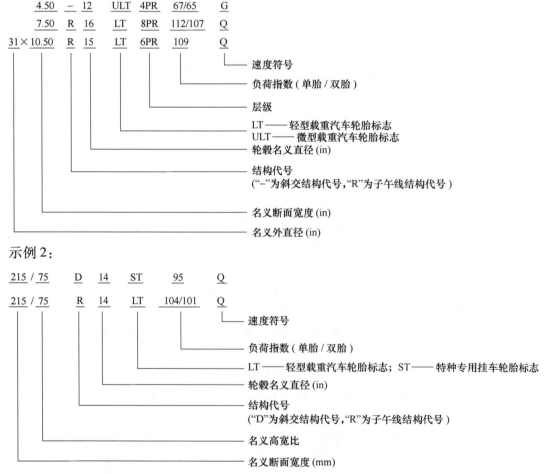

示例2：

2）载重汽车轮胎。

项目八　汽车轮胎

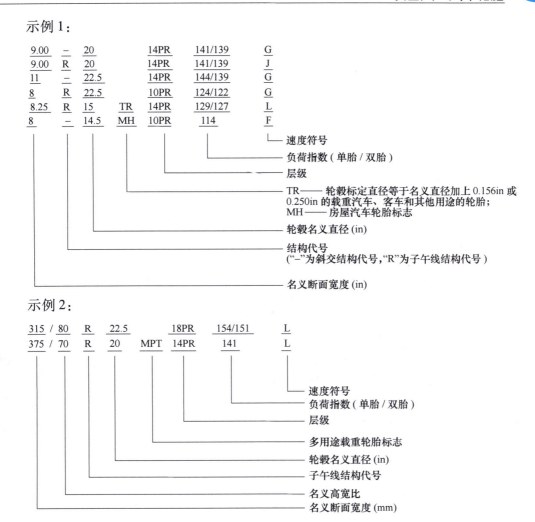

课题二　轮胎的合理使用

轮胎的使用与汽车能源的消耗具有密切的关系，对延长轮胎使用寿命起到了不可忽视的作用。轮胎的气压与能耗密切相关，对滚动阻力有很大的影响。轮胎气压过低，则轮胎变形增大，滚动阻力增加。对驾驶人来讲，经常检查轮胎气压，确保轮胎气压符合标准，是汽车维护中很重要的一项工作。

一、轮胎的合理使用

轮胎合理使用的目的是降低轮胎的磨损速度，防止不正常的磨损和损坏，从而延长轮胎的使用寿命。对它的基本要求有以下几点。

1. 保持气压正常

轮胎充气压力是决定轮胎使用寿命和工作好坏的主要因素。轮胎气压正常时，胎冠与路面的接触情况如图 8-3b 所示，接触面积较大，承受载荷均匀，磨损正常；气压过低时如图 8-3c 所示，轮胎刚度下降，加载荷后变形严重，胎肩局部着地，磨损严重，此外，轮胎变形还会引起胎体生热,造成帘线疲劳破坏、胎体分层等早期损坏;气压过高时如图8-3a所示,会使轮胎发硬,弹性降低,并使帘线受到过度的伸张而折断。同时,由于胎冠中部接触地面面积小,会加速胎冠局部磨损和增加轮胎单位面积负荷,容易使轮胎发生早期损坏或爆破。轮胎气压过低或过高,都会缩短其使用寿命。

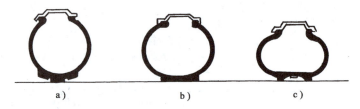

图8-3 不同气压的轮胎与地面的接触变形情况
a) 气压过高 b) 气压正常 c) 气压过低

各种汽车轮胎都有规定的气压,部分汽车使用的轮胎规格和轮胎气压见表8-1。在使用中应严格按照规定的轮胎气压充气。在使用中,一周内轮胎气压会下降10~30kPa,如果气门嘴有故障,轮胎气压降低更多。因此,必须经常检查。

因此,<u>保持轮胎气压符合标准是减少磨损、消除隐患、延长使用寿命的重要措施</u>。在具体应用上,还可根据安装位置和实际负荷予以调整。例如长头汽车前轴负荷较轻,如果汽车前轴负荷低于两个前胎的最大负荷,轮胎气压可减少20~30kPa。汽车在拱形路面行驶时,双胎并装的轮胎,可将外侧轮胎气压略微提高20~30kPa,以适应路面形状,使内、外侧轮胎均衡承受负荷。但提高外侧轮胎的气压还要参照双胎的搭配情况而定,如果外侧轮胎比内侧轮胎的成色新、直径大,就不宜提高了。

2. 防止轮胎超载

汽车应按原厂规定的吨(座)位装载货物或乘客,随意增加汽车装载质量会引起轮胎超载。汽车超载时轮胎的损坏与在低压下行驶的损坏相似,轮胎变形增大,接地面积增加,磨损加剧。轮胎超载还会使胎体发热,胎温升高,造成橡胶老化加速,缩短使用寿命。试验表明,轮胎超载20%,使用寿命缩短30%;超载40%,使用寿命缩短49%。轮胎载荷与使用寿命的关系如图8-4所示。因此,在装载货物时,既要防止超载,导致全部轮胎超负荷;又要防止装载不均衡,导致个别轮胎超载。

表8-1 部分汽车使用的轮胎规格和轮胎气压

汽车型号	轮胎规格	轮胎气压/kPa	
解放 CA1092	9.00-20, 12层次	前轮	392
		后轮和备胎	480
东风 EQ1092	9.00-20, 12层级或 9.00R20, 12层级	普通轮胎	
		前轮	390
		后轮和备胎	490
		子午线轮胎	
		前轮	490
		后轮和备胎	620

（续）

汽 车 型 号	轮 胎 规 格	轮胎气压/kPa	
切诺基 BJ213	P205/75R15	冷态满载时	207
上海桑塔纳 LX	185/70R13 86T	满载 前轮 后轮 备胎	190 230 250
夏利 TJ7100	165/70SR13		186
富康	165/70R14 81T	前后轮 备胎	220 240
奥迪 100	185/70SR14	满载 前后轮 备胎	200 260
捷达 CL	175/70R13T	满载 前轮 后轮 备胎	200 260 240
红旗 CA7180、7200、7200E、7220E	18SR14	满载 前轮 后轮 备胎	220 200 260

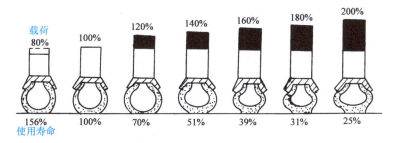

图 8-4 轮胎载荷与使用寿命的关系

3. 定期换位

汽车在运行中，前、后、左、右轮胎的工作条件及承载、受力情况不同，磨损程度也各有差异。一般来说，前轮是从动轮，负荷较小，磨损比后轮轻；后轮外侧胎比内侧胎磨损大。为使全车轮胎磨损均匀，一般应按照规定的周期对轮胎进行换位。

轮胎换位的基本方法有循环换位法和交叉换位法两种，如图 8-5 所示。一次更换轮胎的位置，不能使所有轮胎从轮胎的一侧换到另一侧的换位方法，称为循环换位法。仅一次更换轮胎的位置，便可实现所有轮胎从汽车的一侧完全换到另一侧的换位方法，称为交叉换位法。

进行轮胎换位应注意以下事项。

1）轮胎换位方法选定后，不再变动。
2）对有方向性花纹的轮胎，换位后不能改变旋转方向。
3）轮胎换位后，应按规定重新调整轮胎气压。

4. 合理搭配

轮胎使用还应合理搭配。厂牌、规格不同，新旧成色差别较大的轮胎，不宜混装在同一辆汽车上，尤其不可装在同一车轴或双轮并装，以免个别轮胎磨损加剧，造成早期损坏。同一轮胎的内外胎，也要成色、尺寸相符。内胎过大，易发生皱褶损坏；内胎过小，易爆破。

换用新轮胎时，一般应优先同时更换前轴一对轮胎，后轴可装用旧胎。因为新胎表面有过硫现象，磨损较快，一般前轮负荷较后轮轻，磨损比后轮轻20%～30%；而且前轮是转向轮，使用新胎利于安全。装用旧胎时，要使用同样规格、花纹和新旧成色接近的轮胎。在不得不新旧搭配、须双胎并装的情况下，新旧胎的磨损程度相差不得超过3mm。同时，应将新胎装在外侧，旧胎装于内侧，以便与车桥承载后的弯曲变形和一般拱形路面相适应，使内、外侧轮胎尽可能承载均匀。

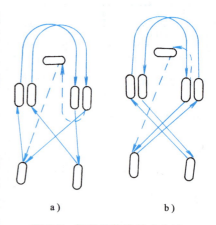

图 8-5　轮胎换位的基本方法
a) 循环换位法　b) 交叉换位法

要尽量避开夏季更换新胎。因为夏季气温高，轮胎工作时温度高，新胎胎冠厚，不易散热，橡胶容易磨损。

在同一辆汽车上的轮胎花纹要尽量一致。不同的轮胎花纹对汽车性能有不同的影响，尤其是在高速公路上行驶的汽车，一定要注意轮胎花纹的选择。轿车前、后轴应当选用相同形式的胎面花纹。载货汽车通常前轴选用纵向花纹；驱动轴或后轴选用混合型或者横向花纹，或者前、后轴都选用相同的混合型或纵向型胎面花纹，这样有利于汽车的操纵稳定性。

5. 掌握车速，控制胎温

坚持中速行驶，胎体温度不得超过100℃。夏季行驶应增加停歇次数，如果轮胎发热或内压增高，应停车休息散热。严禁放气降低轮胎气压，也不要泼冷水降温。

二、轮胎的保管

轮胎是橡胶制品，空气中的氧对橡胶的危害很大，能使橡胶变松发黏，或变硬发脆，造成老化。橡胶制品还会因冷（低温）、热（高温）、光（主要是紫外线）、机械作用和油脂等许多因素的影响而加速老化。因此，为了延长轮胎的使用寿命，在轮胎的储存中应注意以下事项。

1）避免日光照射和过分通风。库房门窗玻璃应用绿、蓝颜色油漆粉刷，库房内温度以-15～30℃为宜，相对湿度为50%～80%，库房内气温超过30℃时，应勤转轮胎支承点。

2）库房内不得混存汽油、柴油、煤油和润滑油等石油制品。

3）外胎不可叠层堆放。外胎或成套的轮胎应竖直放置在木制的框架上，每胎间留有3～4mm间隙，并且至少每隔2个月要翻动1次，改变支承点。

4）新内胎可原装储存，使用过的内胎应稍加充气后挂在专用的半圆架上，每月也要转动1次，改变支承点。

5）装运轮胎时，不可与易燃物、化学原料混装。装运的轮胎必须竖直放置，并用篷布遮盖，以免日光照射及雨淋。装运的内胎如果未另行包装，须放在外胎中，并充气到适当气压。

项目小结

1. 轮胎的作用有以下几个：
1）支承全车重量。
2）将汽车的牵引力传递给路面。
3）与汽车悬架共同衰减、缓和汽车行驶的振动和冲击，并支持汽车的侧向稳定性。
4）保证车轮与路面有良好的附着性能。
2. 轮胎的主要分类：
1）按其用途可分为轿车轮胎、载货汽车轮胎、工程机械轮胎、摩托车轮胎、自行车轮胎、航空轮胎共 6 类。
2）按组成结构可分为有内胎轮胎和无内胎轮胎两种。
3）按胎体中帘线排列的方向可分为普通斜交轮胎、带束斜交轮胎、子午线轮胎和无帘线轮胎等。
4）按帘布层材料可分为棉帘线轮胎、黏胶丝帘线轮胎、尼龙帘线轮胎、聚酯帘线轮胎、钢丝轮胎等。
5）按充气压力可分为高压轮胎、低压轮胎、超低压轮胎。
6）按轮胎花纹可分为普通花纹轮胎、混合花纹轮胎和越野花纹轮胎。
3. 轮胎的合理使用：
1）保持气压正常。
2）防止轮胎超载。
3）定期换位。
4）合理搭配。
5）掌握车速，控制胎温。

强化训练

一、选择题
1. 165/70R13 的轮胎型号中 165 的长度单位是（　　）。
　A. 厘米　　　　B. 毫米　　　　C. 英寸
2. 195/60R14 的轮胎型号中 14 是指轮胎的（　　）。
　A. 胎面宽度　　B. 胎侧的断面宽　C. 轮毂名义直径
3. 轮胎上的尺寸标识"275/40　R　19　101Y"中的 40 是表示（　　）。
　A. 扁平比　　　B. 轮胎宽度　　C. 名义高宽比
4. MICHEIN 是表示（　　）品牌轮胎。
　A. 倍耐力　　　B. 固特异　　　C. 米其林

二、判断题（正确的画"√"，错误的画"×"）

1. 子午线轮胎 165/70R13，165 表示轮胎的公称断面宽为 165cm。（   ）
2. 225R16 中的 R 是表示子午线轮胎。（   ）
3. 轮胎可与油类化学腐蚀品一同存放。（   ）
4. 国产轿车轮胎 80 系列，数字表示断面高 H 是断面宽 B 的 80%。（   ）
5. 轮胎合理使用的目的是降低轮胎的磨损速度、防止不正常的磨损和损坏，从而延长轮胎的使用寿命。（   ）

三、填空题

1. 轮胎按组成结构可分为_____轮胎和_____轮胎两种。
2. 有内胎轮胎一般由_____、_____和_____组成。
3. 子午线轮胎的结构由_____、_____、_____组成。
4. 轮胎的原料有：_____、_____、_____、_____。
5. 请写出你知道的轮胎品牌：_____、_____、_____、_____、_____、_____、_____、_____、_____、_____。

四、简答题

1. 子午线轮胎的使用与维护应注意什么？
2. 子午线轮胎与普通斜交轮胎相比有哪些优点？
3. 写出下列汽车轮胎代号的含义。
1）6.50-15LT。
2）215/7014LT。
3）9.00R20。
4）8R22.5。

项目九 汽车美容材料

项目导入

随着我国汽车工业的蓬勃发展和汽车社会保有量的不断增加,一个新的行业——汽车美容业悄然兴起,并且已成为热门行业之一。

"汽车美容"源于西方发达国家,英文名称为"Car Beauty"或"Car Care"。它是一种全新的汽车养护概念,与一般的洗车打蜡有着本质区别。现代汽车美容指利用专业美容系列产品和高科技技术设备,采用特殊的工艺和方法,对车内外进行清洗、漆面增光、打蜡、抛光、镀膜及深浅划痕处理,全车漆面美容,发动机表面翻新等一系列养车护理技术,以达到"旧车变新,新车保值,延寿增益"的功效。

本项目重点介绍常用的汽车美容材料的种类和用途。

学习目标

1. 知识目标

1)了解现代汽车主要美容项目及一般工艺工序。
2)认识常用的汽车美容材料的种类和用途。

2. 能力目标

能够选择合适的美容材料,对汽车进行正确维护。

课题一 汽车美容概述

一、汽车美容

专业汽车美容是一种全新的汽车养护概念,是指除一般洗车、打蜡以外,针对汽车各部位不同材质所需的维护条件,采用不同性质的汽车美容护理产品及施工工艺,对汽车进行全新维护。汽车美容是一项庞杂的系统工程。在汽车美容数十年的发展完善过程中,其作业设备和美容用品已逐渐成熟,呈多样化、系列化。汽车美容材料常称为汽车美容用品,分为车身美容护理用品、车身漆面处理材料、汽车内饰清洁护理用品、汽车发动机清洁护理用品等几大系列。现代汽车美容项目与常用设备及用品见表 9-1。

表 9-1 现代汽车美容项目与常用设备及用品

序号	美容项目	具体作业项目	设备及用品	选用要点
1	车身美容	汽车清洗	龙门滚刷清洗机、小型高压清洗机、鹿皮、毛巾、板刷、清洗护理二合一清洗剂、水系清洗剂、玻璃清洗剂、柏油沥青清洗剂、轮胎清洗保护剂、黑镀清洗保护剂、银镀清洁保护剂、清洁上光剂等	①小型美容企业宜选用小型高压清洗机 ②北方冬季宜选用调温式清洗机 ③不宜选用碱性清洗剂洗车
		汽车打蜡	打蜡机、打蜡海绵、无纺布毛巾及各种保护蜡、上光蜡、防静电蜡、镜面釉等	①根据汽车漆面性质、特点及汽车运行环境选用车蜡 ②镜面釉是非蜡质保护剂
2	漆面处理	浅划痕及漆面失光处理	抛光机、不同粒度的抛光剂、还原剂、漆面增艳剂、漆面保护剂	抛光后须进行还原处理
		深划痕处理	设备与用品与喷漆施工相同	
		喷漆	喷漆间、烤漆房、空压机、喷枪、砂纸、刮板、底漆、腻子、中涂漆、面漆	①宜选用喷漆烤漆两用房 ②修补施工宜选用快干型涂料
3	内饰美容	车室美容	吸尘器、高温蒸气杀菌器、喷壶、毛巾、真皮、塑料、纤维织物清洁保护剂、真皮上光保护剂、真皮与塑料上光翻新保护剂、地毯清洁剂等	①不宜用碱性清洁剂进行车室清洁 ②纤维织物清洁剂一般可用于地毯清洁
4	发动机美容	发动机清洁、翻新	喷壶、毛巾、发动机表面活性清洗剂、机头光亮保护剂、清洁油等	不宜用酸、碱类清洁剂

二、汽车美容的一般工艺工序

专业汽车美容的主要操作工序如下：

1）全车外部冲洗大块泥沙。
2）全车外部清洗去油污、静电。
3）新车开蜡，深度清洗。
4）漆面胶油、沥青、鸟粪等杂物处理。
5）玻璃抛光增亮翻新。
6）玻璃清洁、防雾处理、加装防冻清洁剂。
7）发动机表面清洁、翻新、内路护理。
8）全车的除锈、防锈、防腐蚀处理。
9）底盘清洁护理。
10）漆面桔皮等特殊现象的处理。

11）漆面一度抛光翻新、去除深度氧化层、轻划痕。
12）漆面二度抛光翻新、去除太阳纹、斑点。
13）漆面增艳养护处理。
14）漆面超级上釉、镀膜护理。
15）保险杠装饰清洁翻新。
16）车裙、挡泥板去杂质清洁护理。
17）全车灯光及左、右后视镜清洁、抛光翻新。
18）轮毂飞漆、焦油、氧化层的去除，增光翻新。
19）轮胎清洁增黑，上光护理。
20）漆面深度划痕、局部创伤快速修复。
21）车内室的全面除尘处理。
22）车内室顶篷除污翻新。
23）转向盘、仪表板清洁上光护理。
24）置物区、烟缸、音响区清洁。
25）冷气出风口清洁处理。
26）全车电路系统清洁、防潮、防老化护理。
27）车门内侧的清洁翻新上光护理。
28）真皮清洁、上光养护。
29）车内丝绒表面的清洁、柔顺护理。
30）行李舱除污清洁护理。
31）车内室去异味、杀菌处理。
32）全车电光、镀铬表面去除氧化层抛光翻新。
33）全车检查。

课题二　常用汽车美容材料的品种与分类

常用的汽车美容护理用品按各类产品的特性、适用范围、护理功能不同分为清洁护理用品、油漆护理用品、汽车整容及装饰用品。

一、车身美容护理用品

常用车身美容护理用品主要有车用清洗剂和车蜡两大类。

1. 车用清洗剂

用一般的洗衣粉、洗洁精来清洁车身表面，虽能达到清洁车身的目的，但会把车身表面的蜡层清洗掉，这些清洁剂一般呈碱性，对车身漆面及金属具有强烈的腐蚀性，导致漆面失光、生锈。为此，汽车清洁需用专用清洗剂。

（1）水系清洗剂　目前在国内外汽车专业美容行业中广泛使用水系清洗剂，其配方基本不含碱性物质，一般由多种表面活性剂配制而成，具有很强的浸润和分散能力，能有效地去除车身表面的尘埃、油污，防止交通膜的形成，保护车身不受有害物质的侵蚀，保持漆面原有的光泽。常用的水性清洗剂有不脱蜡洗车液、脱蜡洗车液、上光洗车液、泡沫上光洗车剂、天然洗车液等。

（2）有机清洗溶剂　它主要用来去除车身表面的油脂、润滑油、污垢、石蜡、硅酮抛光剂、橡胶加工助剂以及手印等。目前经常使用的有机溶剂有煤油、汽油、甲苯、二甲苯、三氯乙烯、四氯化碳及200号溶剂汽油。

（3）二合一清洗剂　它亦称二合一香波，是一种高级表面清洗剂。它既有清洗功能，又有上蜡功能，可以满足快速清洗兼打蜡的要求。二合一清洗剂主要由多种表面活性剂配制而成。上蜡成分是一种具有独特配方的水蜡，清洗作业中，在漆面形成一层蜡膜，增加车身的鲜艳程度，可有效地保护车漆。常用的二合一清洗剂有汽车清洁上蜡香波、电脑洗车机用高泡香波、电脑洗车机用上蜡香波等。

2. 车蜡

汽车打蜡的目的主要是保持车身漆面亮丽整洁，保护车漆。车蜡的主要成分是聚乙烯乳液或硅酮类高分子化合物，并含有油脂成分，它可以在漆面形成一层油膜而散发光泽。由于车蜡中所含的添加成分不同，使其在物质形态、性质上有所区别，进而划分为不同的种类。

（1）按物理状态不同　车蜡可分为固体蜡和液体蜡两种。在日常作业中，液体蜡应用较多，例如龟牌蜡、即时抛等。

（2）按其作用不同　车蜡可分为防水蜡、防高温蜡、防静电蜡、防紫外线蜡等。

（3）按其功能不同　车蜡可分为去污蜡、亮光蜡、镜面蜡、彩色蜡等。

（4）按生产国别不同　车蜡可分为国产蜡和进口蜡。国产蜡最常用的是即时抛。中高档车蜡多用进口蜡，这些高级美容蜡含有特殊材料成分，不论用水冲洗多少次，一般都不会流失，也不用担心光泽在较短时间失去，施工后车蜡表面水滴呈扁平状，透镜作用不明显，可有效地保护漆面。另外，进口蜡还有一种活性非常强的渗透剂，能使车蜡迅速渗透于漆层内，和漆面之间产生牢固的结合力，上漆后的漆面看起来浑然一体，效果非常好。

二、车身漆面处理材料

现代意义的汽车，其车身的维护重要性超过任何系统。若钣金及面漆不良，汽车的使用价值将大打折扣。

漆面处理作为现代汽车美容的重要组成部分，包括漆面失光处理、漆面浅划痕处理、漆面深划痕处理、喷涂等内容。漆面失光处理在汽车美容作业中采用特殊处理工艺与方法，配合专用的护理用品，可以有效地去除失光，再现漆面的亮丽风采。但对于因摩擦、硬伤所产生的各种划痕处理，浅划痕采用抛光研磨的方法，深划痕则需采用喷涂施工完成。车身漆面处理材料分为车身漆面护理材料和车身漆面修补材料两大类。

1. 车身漆面护理材料

（1）研磨剂　研磨是利用坚固的浮岩作为摩擦材料去除车漆原有的缺陷，是漆房、修理厂及做深度划痕（露底漆）的汽车美容护理中心必不可少的用品。研磨剂有普通漆研磨剂和透明漆研磨剂两种。

透明漆研磨剂的摩擦材料比普通漆研磨剂有了很大的革新，微晶体物和合成磨料或陶土替代了浮岩。这种新型的摩擦材料在一定的热量下，可通过化学反应变小或变无，不会把透明漆磨掉。这些新型研磨剂不仅适用于透明漆，同样适用于普通漆。

常用的透明漆研磨用品有透明漆微切研磨剂、透明漆中切研磨剂、透明漆深切研磨剂

(不含硅氧烷)。

(2) 抛光剂　抛光是去除研磨遗留的缺陷，消除研磨造成的细微划痕，处理车漆的轻微损伤和污斑，为还原、打蜡(镀膜)做好准备。抛光剂不含上光材料。

常用的抛光剂有普通漆抛光剂、全能抛光剂、镜面釉-抛光剂等。镜面釉-抛光剂是国外现代汽车护理的高科技产品，含有高分子釉剂，能把任何车型的漆面做成釉质镜面效果。特殊配方的抛光剂能去除抛光作业时产生的光环、划痕，使漆面特别光亮，有较强的耐清洗、抗磨损能力，不怕水、不怕油污和酸碱，使用后能在汽车漆面形成光滑、明亮、密封的釉质镜面保护膜，使汽车终年保持亮丽色彩。

(3) 增光剂　增光剂可实现最终的镜面效果。增光剂与抛光剂的唯一区别是增光剂含蜡或上光剂，因为有蜡、增光剂实际上是一种二合一用品，可以缩短工作时间，进一步完善抛光的效果。增光剂虽然有蜡的效果，但它一般保持时间不长，接触几次水后就会流失，要取得长久保持的效果，增光剂上应加一层高质量的蜡。

常用增光剂的品种有普通漆增光剂、增艳剂等。

(4) 还原剂　还原是找回车漆的本来面目，是打蜡前的最后一道完善工序。还原剂主要用来去除抛光后的车漆仍旧残存的一些发丝划痕、抛光盘旋转的印子花纹等，从而把打蜡前的车漆还原到漆色固有光泽的最高境界。

常用的还原剂品种有普通漆镜面还原剂、金属漆镜面还原剂等。后者是一种专为还原普通漆面光泽和色彩而设计的新用品，可有效去除氧化层和沥青污迹，在几秒钟内还原车漆本色，使漆面光亮如新，该剂也适用于普通烤漆的车身抛光翻新和漆面修补抛光作业。

2. 车身漆面修补材料(汽车修补漆)

深划痕指划痕深至底漆层的划痕。这种划痕若不进行及时处理则会损伤金属底漆。深划痕处理工艺一般程序是底漆—腻子施工—面漆涂装。

(1) 底漆　汽车修补底漆的作用主要是填平金属或基材表面缺陷，防止腐蚀，增加附着能力。底漆主要有以下几种：醇酸类底漆，其底漆附着力好、耐热、防老化性好，但耐潮湿性较差；酚醛树脂底漆，其耐水性较好，常用作发动机总成、车桥等的汽车零部件；环氧类底漆，其性能优于醇酸和酚醛树脂底漆，是目前汽车主要应用的底漆。

(2) 腻子　它主要用于车辆表面凹坑填平，刮在底层上，主要用在汽车修补上。腻子主要有酚醛腻子、醇酸腻子、硝基腻子、环氧腻子、聚酯腻子、原子灰几种类型。

(3) 面漆　面漆是最后一层涂料，它直接影响汽车的装饰性、耐候性和外观。常用的面漆品种有：醇酸树脂面漆，其原料价格低廉易得，制造工艺成熟，综合性能突出，应用于普通汽车；硝基纤维素面漆，其特点是干燥快、漆膜坚硬，但固体含量低，往往需要多道喷涂才能保证漆膜厚度，光泽度较差，应用于普通汽车；丙烯酸树脂面漆，是由丙烯酸甲基丙烯酸酯通过聚合反应而生成的聚合物，是目前世界上涂装行业中使用较广泛的汽车面漆，适用于中高档轿车。其他品种还有氨基树脂面漆、聚氨树脂面漆、氨基烘漆、沥青磁漆等。

三、汽车内饰清洁护理用品(汽车专业保护剂)

随着汽车业的发展，人们对车室内的装饰要求越来越高。车内真皮座椅、顶篷、仪表板、地毯等长期使用后极易藏污纳垢，久而久之使细菌滋生而产生异味，影响使用者的健康。使用专业清洁保护剂，不仅有美容功能，还有防污、抗尘、防水、杀菌除臭等作用。专业保护剂是较新的汽车美容用品,也是发展最快的汽车美容用品。汽车专业保护剂主要有以下几类。

1. 皮革类专业保护剂

高级轿车中越来越广泛地装饰真皮座椅、真皮门边蒙皮、真皮把套等,这些真皮饰件在使用中易出现松面、裂浆、露底、僵硬等。在汽车美容中有专用的皮革清洁护理用品,它们可以对皮革进行清洗、上光,令皮革恢复原有光泽,也可在表面形成一层保护膜,防止老化。

皮革类专业保护剂主要品种有水性真皮清洁柔顺剂、油性真皮上光保护剂、20001 配方皮革保护剂,其他还有硬质皮革清洗液、超级防护剂等多种皮革专业保护剂。

2. 化纤类专业保护剂

现代汽车中,车室内纤维物覆盖面所占比例较大,广泛用于顶篷、座椅、地毯等处。清洁时,严禁使用碱性较强的洗衣粉或洗洁精清洗纤维织物,因为这些碱性物质在清洁结束后会使纤维织物变黄、腐蚀。

常用的化纤专用保护剂有化纤保护剂、化纤皮革清洁保护剂、丝绒清洁保护剂、地毯洗涤保护剂等。

3. 塑胶类专业保护剂

汽车车室的塑料、橡胶件在使用过程中易出现老化、失去光泽、划伤、腐蚀等缺陷。使用专用的塑胶类保护剂进行处理,会消除这些缺陷,美容效果非常明显。

常用的塑料专业保护剂有塑胶护理上光剂、皮塑防护剂、塑件橡胶润光剂等。

4. 电镀件专业保护剂

现代汽车中镀铬件的应用大大提高了汽车的装饰效果。对镀铬件表面最有害的是空气中的硫化气体和海滨地区空气中的盐分,这些腐蚀性物质附在镀铬层表面会造成镀铬件失光,影响其装饰效果。所以,对镀铬件的保护及翻新处理尤为重要。

常用的电镀件专业保护剂有电镀件除锈保护剂、汽车镀铬抛光剂等,使用后可使锈蚀发暗的镀铬表面恢复原有的光泽,并延缓日后的腐蚀。

5. 玻璃专业保护剂

为了使车用玻璃光洁明亮,保证行车安全,玻璃清洁尤为重要。常用的玻璃保护剂有玻璃清洁防雾剂、玻璃抛光剂等。它们可以有效去除风窗玻璃上沾染的污斑、昆虫及不易用一般清洁剂清除的污垢,能改善刮水器产生的擦痕,使玻璃晶莹透亮,并对已发乌的旧玻璃有很好的还原能力,适用于风窗玻璃、后视镜及玻璃门窗的清洁和上光。

四、汽车发动机的清洁护理用品

发动机清洁翻新作为汽车美容的一部分,对汽车发动机的性能影响非常大。油泥、灰尘及污物的附着,不但影响发动机的美观,而且还易造成发动机附件的故障,更主要的是影响发动机的散热能力,加速发动机运动副的磨损,使发动机的使用寿命降低。

发动机美容护理用品主要有发动机清洁剂、发动机强力清洗剂、发动机外部清洗机、气门清洁剂等。

五、汽车改装用的材料

随着汽车逐步进入家庭,汽车的形象设计也开始流行起来。汽车形象设计也称为汽车改

项目九　汽车美容材料

装。目前国内一些大城市的汽车装饰店或专业改装店(即汽车形象设计店),已经开始展开汽车外形改装业务,以满足现代车主追求个性的需求。

汽车改装所用的材料一般有两种:玻璃钢和碳纤维。由于碳纤维成本较高,而玻璃钢具有质量小、抗撞性好、价格低廉等优点,所以汽车改装时使用较多的是玻璃钢。

此外,还可进行汽车太阳膜装饰。贴上太阳膜除了能降低车内的温度、减轻空调的负担之外,太阳膜还有装饰的作用。若太阳膜的颜色能与车型和车身的颜色搭配得当,将产生意想不到的效果。

课题三　常用汽车美容材料的选用及美容护理工艺

在进行汽车美容时,除充分了解各种汽车美容材料的性能和用途之外,还需要正确选用美容用品,并采取适当的护理工艺。

一、车身打蜡美容护理

车身是一辆汽车最重要、最显眼的外表,要保持汽车车容的整洁亮丽,打蜡是必不可少的。

1. 汽车美容蜡的正确选用

正确地选择使用汽车漆面美容蜡是打蜡成败的关键。目前市场上车蜡种类繁多,性能不同,其产生的作用和效果也不一样,选择不当不仅不能保护车体,反而会对车身表面产生不良影响,严重的还会令车漆褪色或变色。所以,要求美容者要根据汽车漆面的实际情况加以正确选择。选择时,应注意以下几方面的问题:

1)区分漆面类型。例如风干漆与烤漆,虽然都可作抛光处理,但选用的抛光蜡不一样,用错会造成漆膜变软、裂口及变色。

2)浅色漆与深色漆的抛光蜡不能混用。

3)分清机蜡和手蜡。机蜡配合专用抛光机使用,手蜡直接用手涂擦抛光。

4)素色漆与金属漆的抛光蜡应区分使用。

5)分清漆膜保护增光蜡与镜面处理蜡。镜面处理蜡是对漆面进行增光处理的专用蜡,其保护作用不如保护增光蜡。保护增光蜡含有许多成分,可在漆面上形成一层保护膜,抵御外界紫外线、酸雨、静电粉尘、水渍等的侵害。

6)尽量不用砂蜡。一般的砂蜡对漆面有很强的研磨作用。

在选择车蜡时,应根据各种车蜡的作用特点、车辆的新旧程度、车漆的不同颜色和车辆的行驶环境等因素进行综合考虑。对于高级轿车,可选用高级的车蜡,新车最好选用彩涂上光蜡,以保护车体的光泽和颜色。夏天宜用防紫外线车蜡,行驶环境较差时,选用保护作用突出的树脂蜡比较合适。金属漆面使用钻石蜡、三重蜡,普通漆面使用水晶蜡、镜面蜡,雨季或硬水地区使用水晶蜡。当然,选用车蜡还必须考虑与车漆颜色相配合,一般深颜色的车漆选用黑色、红色或绿色车蜡,浅颜色的车漆选用银色、白色或珍珠色系列的车蜡。

2. 打蜡的基本工艺过程

1)打蜡前最好用专用的洗车水对车身进行彻底的清洗,把附在车身表面上的泥沙和尘土清除干净。切记不可盲目地使用洗洁精或肥皂水,因其所含的氢氧化钠等碱性成分会侵蚀车身表面的漆层和蜡膜以及橡胶件,使车身表面失去光泽、橡胶件老化变硬甚至脱落。

2)打蜡时应将汽车停放在阴凉处,以保证车体不致过热;不可将车停在太阳光下,边晒边打蜡,因为随着温度的升高,车蜡会变硬、附着性变差,影响打蜡效果。

3)在打蜡处理时,应把整个作业过程连续完成。车身均匀涂抹蜡层后5~10min即可用干净柔软的干毛巾进行擦抹,一些快速水蜡可以边涂边擦,而抛光蜡则需专业抛光机进行处理。

4)车身打蜡后,会在车灯、车牌、玻璃、门缝处残留下一些车蜡,需要及时清除。如果想让车蜡保留的时间长些,可以在打完蜡的车身上喷抹一层护车素,既可保护车蜡又可提高车身表面的光泽度,还可以起到防晒、防雨、防酸的作用。

二、汽车漆面浅划痕处理

由于汽车平时停放或行驶在露天的环境中,遭受风吹雨打太阳晒及酸雨和空气中强氧化物的侵蚀,漆面会逐渐变色和粗糙,失去原有的光泽;行驶中不注意被刮擦、创伤的情况时有发生,导致漆面出现浅划痕,这些漆面瑕疵如果不及时进行处理,不但影响汽车的美观,同时会使漆面受到腐蚀的可能大大增加,导致汽车使用寿命降低。所以在汽车美容作业中一般采用抛光研磨的方法,对漆面上出现的浅划痕予以去除。

1. 漆面浅划痕处理用品的正确选用

抛光研磨的作用是消除漆面细微划痕(发丝划痕),治理汽车漆面轻微损伤及各种斑迹,进而达到光亮无瑕的漆面效果。

抛光研磨的主要方法是依靠研磨,即用非摩擦材料把细微划痕去除,再依靠车蜡的光泽来弥补漆面残存的缺陷。但若不注意选择研磨剂摩擦材料颗粒的大小,在处理细微小划痕的同时,研磨剂的砂粒可能造成新的划痕。所以在抛光研磨时要根据漆面的状况和质量,划痕的大小、深浅,合理选用研磨剂。深切用研磨剂粒度的选择,以能保证抛去漆面95%左右的划痕为宜,其粒度一般应在320~400目。中切用研磨剂的粒度应在400~600目为宜,微切用研磨剂的粒度一般在600目以上。

2. 浅划痕处理具体工艺过程

(1)洗车 其目的是清除汽车车身表面的污染物、泥土等,避免造成意外的伤害。

(2)开蜡 开蜡的目的是保证抛光效果。开蜡作业要求使用专用开蜡水,去除漆面原有的蜡质层,在对蜡质层进行彻底分解的同时,不损伤漆面及塑料。

(3)漆面研磨抛光 在进行研磨抛光作业前,要根据漆面的状况及质量(如厚度、硬度、耐磨性等),选择合适的抛光剂。其研磨抛光过程可分以下4个步骤进行。

1)深切研磨。其目的是去除漆面较深的划痕,提高作业效率,保证抛光质量。具体操作方法是:首先,用小块毛巾将研磨剂均匀涂抹在待抛漆面上,涂抹面积以操作人员不需移动脚步且能自如抛光为宜;然后,将海绵抛光盘安装在抛光机上,沾满水,保持抛光盘平面与待抛漆面基本平行(局部抛光除外),起动抛光机,使其转速设置在1500~1800r/min进行抛光。(抛光时,为保持海绵抛光盘湿润,应不断向抛光盘上洒洁净的清水,以降低摩擦表面的温度,避免由于摩擦升温过高而造成的抛光盘焦化和损坏面漆);研磨抛光作业在清除95%左右划痕时停止即可,然后用洁净清水冲洗抛光表面,擦去残余物,检查抛光效果。

2)中切研磨。中切的主要目的是清除粗切留下的砂痕。其具体操作方法与粗切相同,一定要更换中切用抛光盘。

3）微切研磨。微切的主要目的是清除中切留下的细微砂痕，进行表面磨光处理，以进一步提高漆面光泽度。其具体操作方法与前述相同，需更换微切用抛光盘。

4）抛光。抛光的作用是清除研磨留下的细微划痕。根据不同车蜡的说明，一般涂抹车蜡后 5~10min 即可进行抛光。抛光时应遵循先上蜡先抛光的原则，确保抛光后的车表不受污染，抛光作业通常使用无纺布毛巾做往复直线运动，适当用力按压，可消除剩余车蜡。

（4）漆面还原增艳。抛光作业结束后，漆面浅划痕已基本消除，对于抛光作业中残留的一些发丝划痕、旋印等，可通过漆面还原进行处理。漆面还原时，用小块无纺布将还原剂均匀地涂抹于漆面，然后用无纺毛巾抛光即可。经还原处理后的漆面亮丽如新。

（5）漆面保护。漆面保护通过对漆面上保护剂来实现，其作用原理是在漆面形成高分子附着层，有效地保护漆面，使其保持亮丽风采。

项目小结

1. 汽车美容材料分为车身美容护理用品、车身漆面处理材料、汽车内饰清洁护理用品、汽车发动机清洁护理用品等几大系列。
2. 现代汽车美容项目包括车身美容、漆面处理、内饰美容、发动机美容。
3. 常用的汽车美容护理用品分为清洁保护用品、油漆护理用品、汽车整容及装饰用品。
4. 在进行汽车美容时，除充分了解各种汽车美容材料的性能和用途之外，还需要正确选用美容用品，并采取适当的护理工艺。

强化训练

一、选择题

1. 一辆新车在开蜡后首先应当使用（　　）。
   A. 新车蜡　　B. 新车保护蜡　　C. 抛光蜡　　D. 增艳蜡
2. 普通车蜡的成分中含有一定的（　　），久经紫外线照射后会锈蚀涂面，留下点点黑斑。
   A. 硒　　　　B. 苯　　　　　C. 硅　　　　D. 硫
3. 车身漆面护理材料一般包括研磨剂、抛光剂、增光剂和（　　）4种。
   A. 溶剂　　　B. 快干剂　　　C. 固化剂　　D. 还原剂
4. 优质汽车清洁香波的 pH 值应当为（　　）。
   A. 5.5~6.5　B. 6.5~7.0　　C. 7.0~7.5　D. 7.5~8.0
5. 汽车涂料的作用一般有保护作用、装饰作用、特殊作用和（　　）。
   A. 警示作用　B. 美化作用　　C. 标志作用　D. 防腐作用

二、判断题（正确的画"√"，错误的画"×"）

1. 溶剂挥发型涂料主要依靠溶剂的挥发使涂料发生化学变化并干燥成膜。（　　）

2. 汽车清洗中，能用强力型的产品就不用柔和型的。（   ）
3. 汽车去污蜡应该趁车身温热时使用。（   ）
4. 使用机蜡进行手工抛光，费工费时但效果较好。（   ）
5. 当汽车经常行驶在环境较差的道路上时，应选用硅酮树脂类车蜡。（   ）
6. 涂面抛光剂在抛光时能渗入涂面内补充涂面失去的油分。（   ）
7. 抛光剂实质是一种含颗粒更细的摩擦材料的研磨剂。（   ）
8. 面漆涂膜应坚硬耐磨，具有足够的硬度和抗擦伤性。（   ）
9. 煤油是一种较好的开蜡用品。（   ）
10. 汽车美容装潢使用的部分材料如果使用不当有可能会引起爆炸。（   ）

三、填空题

1. 车用清洗剂的作用是清洁车身表面及零部件，需采用_____。
2. 汽车专用清洗剂分为_____、_____、_____ 3 种。
3. 汽车打蜡的目的主要是保持_____亮丽整洁，保护_____。
4. 车蜡按其作用不同分为_____、_____、_____、_____等。
5. 车身漆面处理材料分为_____和_____两大类。
6. 汽车改装的材料一般有_____和_____两种。

四、简答题

1. 什么是汽车美容？现代汽车美容服务项目有哪些？
2. 常用车蜡的种类有哪些？作用是什么？
3. 汽车内饰美容包括哪些主要内容？其美容护理用品有哪些？
4. 漆面处理包括哪些主要内容？
5. 简述车身打蜡美容护理用品的选用及打蜡的基本工艺过程。

参 考 文 献

[1] 《汽车工程手册》编辑委员会. 汽车工程手册：制造篇 [M]. 北京：人民交通出版社，2001.
[2] 嵇伟，孙庆华. 汽车运行材料 [M]. 北京：人民交通出版社，2007.
[3] 熊云，王九，王崇强. 车用油液基础及应用 [M]. 北京：中国石化出版社，2005.
[4] 朱张校. 工程材料 [M]. 北京：高等教育出版社，2006.
[5] 王爱珍. 工程材料与改性处理 [M]. 北京：北京航空航天大学出版社，2006.
[6] 齐乐华. 工程材料与机械制造基础 [M]. 北京：高等教育出版社，2006.
[7] 王先会. 新编润滑油品选用手册 [M]. 北京：机械工业出版社，2001.
[8] 杨江河. 汽车美容 [M]. 北京：机械工业出版社，2001.
[9] 黄武全，符旭. 汽车材料 [M]. 北京：机械工业出版社，2011.